L'intégration économique et juridique en Afrique

Collection « Études africaines »
dirigée par Denis Pryen et son équipe

Forte de plus de mille titres publiés à ce jour, la collection « Études africaines » fait peau neuve. Elle présentera toujours les essais généraux qui ont fait son succès, mais se déclinera désormais également par séries thématiques : droit, économie, politique, sociologie, etc.

Dernières parutions

Martial JEUGUE DOUNGUE, *La garantie des droits fondamentaux au Cameroun*, 2017.
Mamadou Billo BARRY, *Gouvernance et coopération internationale en éducation, Le cas de la Guinée*, 2017.
Christine THÉODORE, *Objets d'initiation. Rencontre avec un chasseur dozo. Échanges d'objets d'initiation et modifications des interactions*, 2017.
Pierre GIGUÈRE, *L'accès à l'habitat dans l'Afrique des villes. Un toit pour l'Afrique*, 2017.
Daniel MULENDA LOMENA EMAMBA, *La gestion de l'intégration des entreprises par la préservation des écosystèmes naturels*, 2017.
Christelle BELPORO, *La responsabilité des entreprises multinationales pour les violations des droits de l'homme en Afrique*, 2017.
Jean-François NGANDU KAMUNGA, *Les baluba d'hier et d'aujourd'hui, permanences, ruptures, transformations et extinctions des traditions africaines*, 2017.
Firmin AHOUA, Benjamin OHI ELUGBE, *Typologie et documentation des langues en Afrique de l'Ouest*, 2017.
Alphonse MAKENGO NKUTU, *Les partis politiques de la République démocratique du Congo. Analyse faite à partir de différents textes légaux portant organisation et fonctionnement des partis politiques (1990 à nos jours)*, 2017.
Pierre-Flambeau NGAYAP, *Le droit parlementaire au Cameroun*, 2017.
Hygin Ignace AMBOULOU, *Code des investissements et des activités économiques. Première édition*, 2017.
Hygin Ignace AMBOULOU, *Traité de fiscalité des entreprises. Première édition*, 2017.
Hygin Ignace AMBOULOU, *La problématique du conflit de normes et de compétences dans la situation de coexistence des juridictions communautaires*, 2017.

Alhousseini Mouloul

L'intégration économique et juridique en Afrique

L'Harmattan

Du même auteur

Comprendre l'OHADA (édité en sept langues : français, anglais, espagnol, portugais, mandarin, hindi et arabe), fascicule de 116 pages, NIN, avril 2000.
Le régime juridique des sociétés commerciales dans l'espace OHADA : l'exemple du Niger », préface du Pr Philippe Delebecque, LGDJ/EJA/2005.
Les Touaregs du Niger. Chroniques des années de braise », éditions L'Harmattan, octobre 2016.

5-7, rue de l'École-Polytechnique, 75005 Paris
http://www.editions-harmattan.fr
ISBN : 978-2-343-11298-5
EAN : 9782343112985

SOMMAIRE

ACRONYMES 11
INTRODUCTION 15

Chap. I- L'OPTION POUR L'INTÉGRATION ÉCONOMIQUE 17

1. Le processus d'intégration économique 17
2. Les avantages de l'intégration économique 21
3. Les instruments de l'intégration économique 22
4. Les contraintes de l'intégration économique 30
5. Le Droit, outil technique de l'intégration économique 31
6. Les avantages de l'intégration juridique 34

Chap. II- LA FAIBLESSE DE L'INTÉGRATION JURIDIQUE A TRAVERS LES COMMUNAUTÉS ÉCONOMIQUES RÉGIONALES (CER) 39

S1- L'INTÉGRATION ÉCONOMIQUE ET JURIDIQUE EN AFRIQUE ORIENTALE ET AUSTRALE 43

A- L'expérience de la Communauté de Développement de l'Afrique Australe (SADC) 43

I- Œuvre d'intégration régionale 50

II- Les contraintes de la SADC 53

B- L'expérience du Marché Commun des États de l'Afrique de l'Est et de l'Afrique Australe (COMESA) (*Common Market for Eastern and Southern Africa)* 54

I- Œuvre d'intégration régionale 60

II- Les défis et les contraintes majeurs du COMESA 63

C- L'expérience de la Communauté de l'Afrique de l'Est (CAE), (*East African Community, EAC*) 64

I- Œuvre d'intégration régionale 66

II- Les défis 70

D- L'expérience de l'Autorité Intergouvernementale pour le Développement (IGAD) en Afrique de l'Est 72

I- Œuvre d'intégration régionale 74

II- Les défis 77

E- Les regroupements sous-régionaux en Afrique Orientale et Australe 78
I- L'expérience de l'Union Douanière de l'Afrique Australe (*Southern African Custom Union* (SACU) 78
II- La Commission de l'Océan Indien (COI) 79
III- L'Association pour la Coopération Régionale des Pays Riverains de l'Océan Indien (ARC/IOR) 80

SII- L'INTÉGRATION ÉCONOMIQUE ET JURIDIQUE EN AFRIQUE CENTRALE 83
A- La Communauté Économique et Monétaire de l'Afrique Centrale (CEMAC) 83
I- Œuvre d'intégration régionale 86
II- Difficultés de la CEMAC 90
III- Les défis 91
B- La Communauté Économique des États de l'Afrique Centrale (CEEAC) 92
I- Œuvre d'intégration régionale 96
II- Difficultés de la CEEAC 99
C- La Communauté Économique des Pays des Grands Lacs (CEPGL) 100
I- Œuvre d'intégration sous-régionale 102
II- Contraintes 102

SIII- L'INTÉGRATION ÉCONOMIQUE ET JURIDIQUE EN AFRIQUE DU NORD : L'Union du Maghreb Arabe (UMA) 103
A- Œuvre d'intégration régionale 105
I- Les rencontres 106
II- Dans le domaine de la libre circulation des personnes, des biens, des services et des capitaux 107
III- Sur le plan de l'intégration physique 108
B- Difficultés et défis 108

SIV- L'INTÉGRATION ÉCONOMIQUE
ET JURIDIQUE EN AFRIQUE DE L'OUEST 111
A- La Communauté Économique des États
de l'Afrique de l'Ouest
(CEDEAO ou *ECOWAS*) 111
I- Œuvre d'intégration régionale 115
II- Difficultés et défis 123
B- L'Union Économique et Monétaire
de l'Afrique de l'Ouest (UEMOA) 124
I- L'œuvre d'intégration sous-régionale 129
II- Les défis 137
C- L'Union du Fleuve Mano (UFM) 137
I- Les réalisations de l'Union 138
II- Difficultés 138

SV- LA COMMUNAUTÉ DES ÉTATS SAHÉLO-
SAHARIENS (CEN-SAD) : organisation *sui generis* 141
A- Œuvre d'intégration régionale 143
I- Libre circulation des personnes 144
II- Libre circulation des biens,
des services et des capitaux 144
III- Paix et sécurité 145
IV- Environnement et sécurité alimentaire 146
V- Intégration physique des États membres 147
B- Les défis 147

Chap. III- L'HARMONISATION DE CERTAINS PANS
DU DROIT A L'ÉCHELLE CONTINENTALE.
L'HARMONISATION JURIDIQUE SECTORIELLE 149

SI- L'HARMONISATION DU DROIT
DE LA SÉCURITÉ SOCIALE 151
A- L'expérience de la Convention générale
de sécurité sociale de l'OCAM 151
B- La Conférence Interafricaine
de la Prévoyance Sociale (CIPRES) 151

SII- L'ORGANISATION AFRICAINE
DE LA PROPRIÉTÉ INTELLECTUELLE (OAPI) 157
A- Les objectifs de l'OAPI 158

B- Les organes de l'OAPI 159
C- L'harmonisation juridique 160

SIII- LA CONFÉRENCE INTERAFRICAINE DU MARCHÉ DES ASSURANCES (CIMA) 163

SIV- L'ORGANISATION POUR L'HARMONISATION EN AFRIQUE DU DROIT DES AFFAIRES (OHADA) 169
A- La genèse de l'OHADA 169
I- Les raisons de la création de l'OHADA 169
II- Les atouts en faveur de l'harmonisation juridique 173
III- Le processus ayant conduit à la naissance de l'OHADA 177
B- Le Traité portant création de l'OHADA 181
I- Les objectifs de l'OHADA 182
II- L'entrée en vigueur du Traité portant création de l'OHADA 184
III- Les États membres de l'OHADA 185
C- Les Institutions de l'OHADA 186
I- La Conférence des Chefs d'État et de Gouvernement 187
II- Le Conseil des Ministres 187
III- Le Secrétariat Permanent (SP) 190
IV- La Cour Commune de Justice et d'Arbitrage (CCJA) 192
V- L'École Régionale Supérieure de la Magistrature (ERSUMA) 202
VI- Le financement de l'OHADA 204
D- Œuvre d'intégration juridique 206
I- Le choix de la technique d'intégration juridique 206
II- Caractères des instruments juridiques de l'OHADA 212

CONCLUSION GÉNÉRALE 219
BIBLIOGRAPHIE 225
TABLE DES MATIÈRES 231

ACRONYMES

Al.	Alinéa
ARC	Association pour la Coopération Régionale des Pays Riverains de l'Océan Indien
Art.	Article
AU	Actes Uniformes
AU/DA	Acte Uniforme sur le Droit de l'Arbitrage
AU/DSC/GIE	Acte Uniforme relatif au Droit des Sociétés Commerciales et du GIE
AU/DCG	Acte Uniforme sur le Droit Commercial Général
AU/DS	Acte Uniforme relatif au Droit des Sûretés
AU/PCAP	Acte Uniforme sur les procédures collectives d'apurement du passif
AU/PSR/VE	Acte Uniforme sur les procédures simplifiées de recouvrement et les voies d'exécution
BAD	Banque Africaine de Développement
BAMREL	Bureau Africain et Mauricien de Recherches et d'Études législatives
CAE/CAO/EAC	Communauté de l'Afrique de l'Est
CCEAO	Chambre de Compensation de l'Afrique Occidentale
CCJA	Cour Commune de Justice et d'Arbitrage
CEA	Communauté Économique Africaine
CEAO	Communauté Économique de l'Afrique de l'Ouest
CEDEAO	Communauté Économique des États de l'Afrique de l'Ouest
CEE	Communauté Économique Européenne
CEEAC	Communauté Économique des États de l'Afrique Centrale
CEMAC	Communauté Économique et Monétaire de l'Afrique Centrale
CEN/SAD	Communauté des États Sahélo-Sahariens
CEPGL	Communauté Économique des Pays des Grands Lacs
CER	Communauté Économique Régionale

CIMA	Conférence Interafricaine du Marché des Assurances
CIPRES	Conférence Interafricaine de Prévoyance Sociale
CM	Conseil des Ministres
COI	Commission de l'Océan Indien
COMESA	Marché Commun de l'Afrique Orientale et Australe
CUA	Commission de l'Union Africaine
ERSUMA	École Régionale Supérieure de la Magistrature
FCFA	Franc de la Communauté Financière Africaine
GEPGL	Communauté Économique des Pays des Grands Lacs
GIE	Groupement d'Intérêt Économique
GP	Gazette du Palais
IGAD	Autorité Intergouvernementale pour le Développement
JAE	Jeune Afrique Économie
JORN	Journal Officiel de la République du Niger
OAPI	Organisation Interafricaine de la Propriété Intellectuelle
OCAM	Organisation Commune Africaine et Mauricienne
OHADA	Organisation pour l'Harmonisation en Afrique du Droit des Affaires
OUA	Organisation de l'Unité Africaine
PNUD	Programme des Nations Unies pour le Développement
PRN	Présidence de la République du Niger
RCA	République Centrafricaine
Rev.	Revue
RIDC	Revue Internationale de Droit Comparé
SACU	Union Douanière de l'Afrique Australe
SADC	Communauté de Développement de l'Afrique Australe
UA	Union Africaine
UAM	Union Africaine et Malgache
UAMCE	Union Africaine et Malgache de Coopération Économique
UE	Union Européenne

UFM	Union du Fleuve Mano
UEMOA	Union Économique et Monétaire de l'Afrique de l'Ouest.
UDEAC	Union Douanière et Économique de l'Afrique Centrale
UMA	Union du Maghreb Arabe
UMAC	Union Monétaire de l'Afrique Centrale
UN/ECA	Commission Économique des Nations Unies pour l'Afrique
UNIDA	Association pour l'Unification du Droit en Afrique
V.	Voir
ZEP	Zone d'Échanges Préférentiels
ZLE	Zone de Libre Échange

INTRODUCTION

Au lendemain des indépendances africaines, l'intégration économique et juridique n'a pas été perçue par les dirigeants des pays nouvellement indépendants au rang des priorités. Les nouveaux États ont essentiellement axé leurs efforts sur le parachèvement du processus de décolonisation, d'une part, et, d'autre part, sur des unions à caractère politique dans la perspective de l'avènement des « États-Unis d'Afrique », comme l'ont prôné certains leaders africains. Ce double objectif politique a été conduit sous l'égide de l'Organisation de l'Unité Africaine (OUA) et de plusieurs organisations politiques régionales et sous-régionales ; il a été atteint et parachevé dans la décennie 1990 avec la fin du régime d'apartheid en Afrique du Sud. Cependant, les « États-Unis d'Afrique » restent encore à construire. Il s'agit, cette fois, d'un processus encore plus long, jalonné d'embûches qu'il faudra surmonter, et de multiples défis à relever.

Dans la même décennie, l'Afrique se trouve confrontée à la mondialisation de l'économie et des échanges commerciaux. Désormais, au plan des échanges, les frontières nationales n'ont plus qu'une signification théorique et la globalisation devient une réalité. En outre, la plupart des pays africains font face à la récession économique et à une baisse drastique des investissements étrangers. Les économies africaines deviennent peu attractives, malgré les énormes potentialités que recèle le continent noir, et le pouvoir de négociation des pays africains se révèle insignifiant dans les instances internationales.

Face à ces nouvelles réalités, les responsables africains devront s'organiser pour peser dans le concert des nations, rendre leurs économies plus attractives et promouvoir le secteur privé. Dès lors, le vieil adage « l'union fait la force » va s'imposer. Les Africains réalisent aussi que les États-Unis d'Afrique doivent être bâtis sur un socle solide d'économies qui pèsent dans les relations internationales afin que le continent sorte du carcan infernal du sous-développement. Il faudra alors mutualiser les efforts en optant pour l'intégration des économies des différents États (chapitre I).

Chap. I- L'OPTION POUR L'INTÉGRATION ÉCONOMIQUE

La décolonisation du continent achevée et dans la perspective de l'avènement des « États-Unis d'Afrique », les États africains ont érigé en objectif prioritaire l'intégration économique du continent dont les jalons ont été posés en même temps que se déroulait la lutte anti-coloniale. Le processus d'intégration économique connaît aujourd'hui des avancées significatives ; plusieurs Communautés Économiques Régionales (CER) et sous-régionales ont été créées et sont actuellement opérationnelles. En outre, les États africains ont décidé, depuis la décennie 1980, de la création de la Communauté Économique Africaine (CEA), qui semble devenir la nouvelle appellation des « États-Unis d'Afrique » dont plus personne ne parle. La perspective de l'Union Africaine a conduit les États africains à remplacer l'Organisation de l'Unité Africaine (OUA), trop « politique », par la Commission de l'Union Africaine (CUA), dont les activités sont essentiellement centrées tant sur les aspects politiques de l'intégration africaine que sur les aspects économiques. Au terme du processus, les CER et la CEA doivent converger vers l'UA.

Ainsi, depuis le début des années 1960, l'accent a été mis surtout sur les aspects politique et économique de l'intégration africaine ; l'intégration juridique du continent étant reléguée au second rang. En effet, seules quelques expériences régionales ont été menées avec des succès mitigés ; rares étaient les pans du droit ayant fait l'objet d'harmonisation, encore moins d'uniformisation. Cependant, la récession économique des années 90 a amené les États africains à s'interroger sur l'efficacité et l'attractivité de leurs arsenaux juridiques ; elle a révélé l'insécurité juridique et judiciaire qui caractérise l'environnement juridique des entreprises, cause de la réticence des investisseurs étrangers à investir en Afrique.

1. Le processus d'intégration économique

1- L'intégration économique régionale est présente dans les stratégies de développement des pays africains depuis les indépendances de la décennie 1960 ; elle a motivé la création de plusieurs organisations sous-régionales et régionales, notamment :

- Le Conseil de l'Entente, en 1959[1] ;
- L'Union Monétaire Ouest-Africaine (UMOA), en 1962 ;
- L'Organisation de l'Unité Africaine (OUA), en1963[2], dont l'objectif premier était d'œuvrer en vue de la décolonisation totale du continent africain ;
- La Banque Africaine de Développement (BAD), en 1963 ;
- L'Union Douanière et Économique de l'Afrique Centrale (UDEAC), en 1964, qui devient Communauté Économique et Monétaire de l'Afrique Centrale (CEMAC), en février 1998 ;
- L'Union Douanière des États de l'Afrique Occidentale (UDEAO), le 3 juin 1966 ;
- La Communauté des États de l'Afrique de l'Ouest (CEAO), créée à Abidjan le 17 avril 1973 et dissoute le 14 mars 1994 ;
- La Communauté Économique de Développement des États de l'Afrique de l'Ouest (CEDEAO), en 1975 ;
- L'Union Économique et Monétaire de l'Afrique de l'Ouest (UEMOA), en 1994[3].

Au niveau continental, l'option pour l'intégration a été réaffirmée à travers le Plan d'Action de Lagos (PAL), en 1980 ; le Traité d'Abuja signé le 3 juin 1991, entré en vigueur le 12 mai 1994 et créant la Communauté Économique Africaine (CEA) ; la Conférence Interafricaine des Marchés d'Assurances (CIMA) ; en 1992, et la Conférence Interafricaine de Prévoyance Sociale (CIPRES), en 1993, enfin, la Déclaration de Syrte, le 9 septembre 1999.

La création d'unions économiques vise l'instauration de véritables marchés régionaux intégrés, et permet la poursuite de politiques structurelles communes. Pour faire face aux défis qu'impose la globalisation, mais aussi pour tirer avantage des opportunités qu'elle offre, les pays africains se doivent d'intégrer leurs économies pour créer des blocs compétitifs ; ils prendront ainsi une part significative dans les échanges internationaux. En effet, « la

---

[1] États membres : Bénin, Burkina Faso, Côte d'Ivoire, Niger, Togo.

[2] Créée par la Charte signée à Addis-Abeba le 28 mai 1963, elle devient Union Africaine en mai 2001.

[3] Plusieurs organisations ont disparu, notamment : le Comité Consultatif Permanent du Maghreb, la Conférence des Chefs d'État de l'Afrique Équatoriale, l'Union Africaine et Malgache de Coopération Économique (UAMCE), l'Organisation Africaine et Malgache de Coopération Économique (OAMCE), l'Union des Républiques de l'Afrique Centrale (URAC), l'Organisation Commune Africaine et Mauricienne (OCAM).

mondialisation de plus en plus croissante des économies nécessite que le continent africain dispose de marchés de plus en plus vastes pour attirer des investissements directs étrangers, bénéficier d'économies d'échelle et représenter un poids important dans les négociations internationales sur les enjeux de ce monde [4]».

Le choix de l'intégration économique a été encore réaffirmé le 12 juillet 2000 par la signature de l'Acte constitutif de l'Union Africaine (UA), qui abroge la Charte de l'OUA et certaines dispositions du Traité d'Abuja. La nouvelle Union vise, entre autres, à « accélérer l'intégration politique et socioéconomique, promouvoir les positions communes africaines, promouvoir les institutions démocratiques, la participation populaire et la bonne gouvernance, protéger les droits de l'homme, promouvoir le développement durable et l'intégration des économies africaines, travailler pour éradiquer les maladies que l'on peut éviter et promouvoir la bonne santé [5] ». Pour permettre à l'UA de jouer pleinement son rôle, le « Secrétariat » a été transformé en « Commission » ; les institutions fondamentales ont été créées : l'Architecture Africaine de Paix et de Sécurité (AAPS) avec un Conseil de Paix et de Sécurité, le Parlement Panafricain (PAP), le Conseil Économique, Social et Culturel (ECOSOCC), la Cour Africaine des Droits de l'Homme et des Peuples (CADHP)[6].

Au regard de ce qui précède, l'Afrique a fait le choix de l'intégration économique, aux niveaux sous-régional et continental, à travers les Communautés Économiques Régionales (CER)[7]. Selon les objectifs recherchés, l'intégration économique peut prendre plusieurs formes : Zone de Libre Échange (ZLE), Union Tarifaire, Union Douanière, Marché Commun ou Union Économique[8].

---

[4] Septime Martin, Économiste-pays, BAD, Département ORSB, « Les Communautés Économiques Régionales au sein du NEPAD, quelles perspectives pour un développement économique et social durable en Afrique ? » (CEA – Addis-Abeba).

[5] Union Africaine, « Situation de la mise en œuvre du programme d'intégration régionale en Afrique », Assembly/AU/12 (XI), juin-juillet 2008, *p. i.*

[6] Le Protocole portant création de la CADHP est entré en vigueur le 1er janvier 2004 et les 11 juges qui la composent ont été élus en janvier 2006, à l'occasion de la 6e session ordinaire de la Conférence de l'UA.

[7] Afrique Australe, Afrique Centrale, Afrique de l'Est, Afrique du Nord et Afrique de l'Ouest.

[8] Voir Joseph Issa-Sayegh, Jacqueline Lohoues-Oble, « OHADA - Harmonisation du droit des affaires », p. 39, n° 86, note 3, éd. Bruylant – Juriscope, 2002.

Le Plan d'Action de Lagos (PAL) et l'Acte Final de Lagos (AFL) ont défini un processus évolutif pour réaliser cette intégration ; dans ce processus, les Communautés Économiques Régionales (CER) doivent constituer les bases sur lesquelles sera édifiée la Communauté Économique Africaine (CEA). En vertu du Traité d'Abuja, la CEA devra être réalisée en six étapes, de durée variable, sur une période de trente-quatre ans selon un processus qui se présente comme suit[9] :

- La 1re étape (cinq ans), qui doit prendre fin en 1999, est centrée sur la création et le renforcement des CER afin qu'elles soient transformées en Zones de Libre Échange (ZLE), en Unions Douanières et en Marchés Communs ;
- La 2e étape (huit ans), qui prend fin en 2007, est consacrée au renforcement de l'intégration au sein des CER et de l'harmonisation entre les CER afin d'aboutir :

. A la standardisation des barrières commerciales et des taxes internes au niveau régional ;

. Au renforcement de l'intégration sectorielle au niveau régional et continental ;

. A la coordination et à l'harmonisation des activités entre les CER.

- La 3e étape (dix ans au maximum), qui devra être réalisée à l'échéance 2017. Pendant cette phase, il devra être procédé à la création d'une ZLE et d'une Union Douanière dans chaque bloc régional ;
- La 4e étape (deux ans au maximum), qui devra être achevée en 2019. Elle sera consacrée à la création d'une Union Douanière élargie à tout le continent et opérera comme une ZLE ;
- La 5e étape (au moins quatre ans), qui devra être opérationnelle en 2023, sera consacrée à la création d'un Marché Commun Africain ;
- La 6e étape (cinq ans au maximum) devra être réalisée en 2028 et verra la naissance d'une Union Économique et Monétaire Africaine. Seront alors réalisés :

. La consolidation du Marché Commun Africain ;

. L'achèvement de l'établissement de l'Union Monétaire Africaine ;

---

[9] Union Africaine, « Situation de la mise en œuvre du programme d'intégration régionale africaine », doc. Assembly/AU/12(XI), 11e session ordinaire de la Conférence de l'UA, Sharm El Sheikh, 30 juin-1er juillet 2008, p. 71, n° 528 et 529.

. La mise en place du Parlement et des organes exécutifs de la CEA.

La fin de toutes les périodes de transition devra intervenir au plus tard en 2034.

Ce chronogramme semble accuser beaucoup de retard, mais, dans l'ensemble, des progrès ont été réalisés dans la voie de l'intégration économique ; cependant, le processus est encore lent et la création de la CEA est entravée par des conflits et par des problèmes politiques, économiques et de gouvernance qui se posent dans plusieurs pays africains. L'une des recommandations majeures à l'endroit des États africains afin d'accélérer le processus de leur intégration consiste à faire preuve de plus de volonté politique en appliquant les Traités et Protocoles qu'ils ont passés.

Finalement, la lenteur du processus d'intégration économique s'explique par diverses causes que nous verrons tout au long des développements qui suivent.

2. Les avantages de l'intégration économique

L'intégration économique présente plusieurs avantages[10], que l'on peut résumer comme suit :

- Elle offre la possibilité de regroupement de marchés peu importants pour être attractifs, et aux petites entreprises de devenir compétitives ;
- Elle permet l'élargissement des marchés et, subséquemment, l'accroissement des investissements des États membres, l'amélioration de la productivité et le transfert des connaissances et des technologies. Finalement, l'intégration régionale permet la création de marchés homogènes et s'accompagne souvent de la libéralisation commerciale ; deux facteurs qui favorisent une meilleure insertion dans les échanges internationaux ;
- Les États pourvus de peu de ressources vont tirer avantage de la mise en commun des ressources des États membres ;
- L'intégration, en tant qu'elle instaure la confiance, facilite la coopération dans le domaine de la sécurité ;
- Enfin, les États pouvant négocier en groupe, elle permet de renforcer leur pouvoir de négociation.

---

[10] Voir Edu Koku Raven, Contribution au symposium « Quel avenir pour l'Afrique ?, La question de l'intégration régionale », Forum des peuples, Fana, 2005.

Pour bénéficier de ces avantages, il a été considéré comme impératif d'éliminer les barrières aux échanges ; c'est pourquoi les États africains se mirent à créer une multitude de groupements régionaux et sous-régionaux comme instruments de l'intégration économique.

3. Les instruments de l'intégration économique

1- On relève aujourd'hui une prolifération d'Unions Économiques ou de Communautés Économiques Régionales, qui entraîne des chevauchements et les rend inefficaces. En effet, il existe en Afrique quatorze groupements d'intégration régionale et un grand nombre d'organisations sectorielles sous-régionales ; on peut citer, entre autres :

- En Afrique de l'Ouest : l'UEMOA, la CEDEAO et l'Union du Fleuve Mano ;
- En Afrique Centrale : la CEEAC, la Communauté Économique des Pays des Grands Lacs (CEPGL), la CEMAC ;
- En Afrique Orientale et Australe : le COMESA, la Communauté d'Afrique de l'Est (CAE), l'Autorité Intergouvernementale pour le Développement (IGAD), la Commission de l'Océan Indien (COI), la SADC, l'Union Douanière de l'Afrique Australe ;
- En Afrique du Nord : l'Union du Maghreb Arabe (UMA) ; la CEN-SAD ; mais celle-ci s'étend à d'autres pays sahélo-sahariens.

Au moins deux de ces organisations sont présentes dans toutes les sous-régions. En outre, sur 53 États africains, 26 sont membres d'au moins deux communautés économiques différentes ; 20 sont membres de trois communautés ; un (la RDC) est membre de quatre communautés et seuls six États ne sont membres que d'une seule communauté[11].

Le choix de certains États de participer à plusieurs groupements économiques relève d'une démarche dite « à géométrie variable ». Pour quelques uns[12], cette démarche permet de progresser dans une organisation tout en maintenant les avantages acquis dans une autre dont on est également membre ; d'autres[13], par contre, estiment qu'appartenir à plusieurs groupements est un frein à

[11] V. UN/ECA, Étude sur l'état de l'intégration régionale en Afrique.
[12] Lyakurwa et al. (1977).
[13] Aryeetey et Oduro (1996).

l'intégration régionale et à la rationalisation, conformément à l'esprit du Traité d'Abuja.

Ces participations à des communautés économiques différentes entraînent l'inefficacité des institutions en cause, d'une part, et, pour les États concernés, de lourdes charges qu'ils auraient pu éviter, d'autre part.

La multiplicité des ensembles économiques régionaux représente une barrière majeure à la consolidation de la Communauté Économique Africaine et à la réalisation de l'Union Africaine. Cette situation révèle deux courants :

- Les tenants des adhésions multiples qui y voient des aspects « positifs » :

. L'appartenance à plusieurs groupements est révélatrice d'une volonté des États concernés d'aboutir à l'intégration par différentes voies ; en ce sens, on peut dire qu'elle est positive ;

. Il s'agit aussi d'une volonté de maximiser les avantages de l'intégration et de minimiser les pertes grâce à une répartition des risques ; il s'agit là d'une bonne démarche pour les pays économiquement faibles, car elle pourrait leur permettre de bénéficier des avantages découlant de tous les organismes auxquels ils appartiennent. « D'abord, les avantages de l'intégration régionale qui sont, entre autres, la création et le déplacement des courants d'échanges, l'augmentation des investissements, le renforcement du pouvoir de négociation, la coopération et la croissance économiques, de même que la préservation de la paix et de la sécurité…, pourraient être multipliés pour un État qui adhère à plus d'une communauté, car ce dernier bénéficiera de ces avantages dans l'une et dans l'autre CER, et, de même, les risques et pertes liés à la construction communautaire seront partagés, ce qui permettrait d'en atténuer les effets.

Ensuite, chacune des deux communautés économiques pourrait utiliser les acquis et les avancées de l'autre dans des domaines particuliers pour refaire le retard qu'elle accuse, et ainsi se hisser à son niveau, ce qui aurait pour effet de faciliter le suivi et la coordination des programmes mis en œuvre[14] ».

« Les projets peuvent donc être développés dans le cadre d'une des communautés en tenant compte de ce qui a déjà été réalisé dans le cadre de l'autre, et ainsi réduire au maximum les duplications et les

[14] Daniel Duplex Nde Tawembe, « L'impact des chevauchements entre CER sur le processus de l'intégration en Afrique : le cas de l'Afrique Centrale ».

répétitions. Cela permettrait parallèlement de faire des économies de temps et de moyens[15] ».

- Le courant de pensée opposé se base sur des études relatives à l'intégration africaine, études qui démontrent l'existence de difficultés qui découlent de l'existence de plusieurs CER dont les effectifs se chevauchent, entraînant des doubles emplois en pure perte, l'affaiblissement des efforts collectifs pour atteindre l'objectif commun, à savoir l'Union Africaine. Ces chevauchements créent aussi une concurrence nuisible entre les institutions ; enfin, ils entraînent un alourdissement des charges des États.

En présence des dédoublements de regroupements économiques, « le monde des affaires se retrouve avec plus d'un système de règles d'origine, plusieurs réglementations douanières et des régimes commerciaux éventuellement contradictoires à appliquer, ce qui n'est pas de nature à faciliter la fluidité des transactions et des échanges[16] ».

Enfin, même si l'on peut être tenté de penser que le fait d'appartenir à plusieurs communautés économiques permettrait de maximiser les avantages de l'intégration et de minimiser les pertes grâce à une répartition des risques, il n'en demeure pas moins que l'appartenance à deux communautés économiques régionales qui ont des objectifs quasiment identiques cause des doubles emplois souvent en pure perte, et les chevauchements affaiblissent les efforts collectifs déployés en vue de l'objectif commun.

2- Au regard des expériences en matière d'intégration économique, plusieurs conditions doivent être réunies pour réaliser une intégration économique réussie[17]. On peut citer, entre autres :

- Un engagement politique des États qui se traduira par des efforts en vue de renforcer l'organisation continentale, l'Union Africaine (UA) ; cet engagement doit aussi se traduire par l'application effective des conventions passées en vue de réaliser l'intégration ;
- La stimulation du commerce intra-régional en procédant à une véritable intégration des marchés (libéralisation du commerce, harmonisation des politiques commerciales, etc.). En effet, dans le

---

[15] Daniel Duplex Nde Tawembe, *ibidem*.

[16] Daniel Duplex Nde Tawembe, *op. cit.*

[17] V. Edu Koku Raven, « Contribution au symposium « Quel avenir pour l'Afrique ? ». La question de l'intégration régionale », Forum des peuples, Fana, 2005.

contexte de mondialisation, le modèle d'intégration qui pourrait être recommandé pour l'Afrique est l'intégration des marchés ;
- Le renforcement de la capacité de négociation du continent afin qu'il joue un rôle plus important sur le marché mondial ;
- La création d'un cadre monétaire, des institutions et des marchés financiers permettant une plus grande coopération financière et l'unification monétaire.
3- Pour réaliser ces conditions, la rationalisation des communautés économiques régionales, dont le grand nombre entraîne une dispersion des ressources, des chevauchements et des charges supplémentaires dont certains États devraient se passer, est un impératif. A cet effet, les États devront accepter la réduction par suppression, absorption, fusion ou dissolution de certaines organisations ; seules celles qui doivent servir de piliers à l'UA doivent être maintenues.

A cet égard, le Nouveau Partenariat pour le Développement Économique de l'Afrique (NEPAD), lancé en 2001, doit être l'élément moteur qui œuvrera avec les Communautés Économiques Régionales dans la coordination des actions, la mobilisation et la mise en commun des ressources pour consolider l'intégration physique de l'Afrique[18]. Les dirigeants africains fondateurs du NEPAD estiment que trois conditions sont nécessaires pour assurer le développement durable de l'Afrique[19] :
- La paix et la sécurité sur le continent ;
- La bonne gouvernance politique et économique ;
- La régionalisation du développement.

Le NEPAD a recommandé, dans la perspective de l'intégration régionale africaine, de concentrer les « efforts de développement sur huit Communautés Économiques Régionales (CER) en vue de leur renforcement institutionnel et en ressources humaines, afin qu'elles jouent à l'avenir le rôle de fer de lance de l'intégration économique en

---

[18] Mécanismes institutionnels de mise en œuvre du NEPAD :
- Comité de Pilotage composé des chefs d'État initiateurs ; le Comité de mise en œuvre est composé de 15 États à raison de 3 par région : Afrique Centrale (Cameroun, Gabon, Sao Tomé et Principe), Afrique de l'Est (Éthiopie, Ile Maurice, Rwanda), Afrique du Nord (Algérie, Égypte, Tunisie), Afrique de l'Ouest (Mali, Nigeria, Sénégal).
- Cinq groupes thématiques placés chacun sous la présidence d'un chef d'État initiateur : Sénégal (Infrastructures, Environnement, NTIC), Afrique du Sud (Paix et Sécurité), Nigeria (Gouvernance), Algérie (Développement Humain), Égypte (Accès aux Marchés).
[19] Voir Septime MARTIN, « Les CER au sein du NEPAD… », *op. cit.*

Afrique ; il s'agit de la CEDEAO, la CEEAC, la SADC, le COMESA, l'EAC, la CEN-SAD, l'UMA, et l'IGAD ». Ces huit CER ont également été retenues par l'Union Africaine qui suggère néanmoins qu'elles soient rationalisées en cinq CER :

- La CEDEAO (quinze États membres avec environ 342,5 millions d'habitants) ;
- La CEEAC (onze États membres, 121,2 millions d'habitants) ;
- Le COMESA reformulé (dix États membres, 260 millions d'habitants) ;
- La SADC reformulée (douze États membres, 172 millions d'habitants) ;
- Et l'UMA (Union du Maghreb Arabe).

La rationalisation en cinq CER correspond mieux au découpage régional de l'Afrique qui consacre cinq régions : Afrique Australe, Afrique Centrale, Afrique de l'Est, Afrique du Nord et Afrique de l'Ouest.

Rappelons que, dans le cadre du programme d'intégration africaine, la priorité est accordée à la coordination et l'harmonisation des activités des CER. A cet égard, l'Acte constitutif de l'Union Africaine (UA)[20] privilégie une démarche harmonieuse pour réaliser l'intégration africaine. L'UA met l'accent sur la nécessité d'un consensus politique solide pour pareille unité d'objectifs et d'actions. Pour rationaliser les CER, il faudrait notamment procéder à :

- La mise en cohérence des programmes de coopération sectorielle avec les politiques macroéconomiques mises en œuvre par ces communautés, de même que l'inclusion dans les schémas nationaux de développement des objectifs, plans et programmes communautaires d'intégration[21] ;
- « Il est par ailleurs tout aussi important d'instituer des mécanismes et structures chargés, tant au niveau régional qu'au niveau national, de l'organisation, de la coordination, de la mise en œuvre, du contrôle, du suivi et de la révision du processus d'intégration, et surtout de les doter de moyens nécessaires pour leur fonctionnement efficient [22] ». Il s'agit là d'un défi auquel certains groupements ont répondu en initiant des rapprochements entre eux. En effet :

---

[20] La Déclaration de Syrte en date du 9 septembre 1999 appelle à la mise en place de l'UA en lieu et place de l'OUA.

[21] Daniel Duplex Nde Tawembe, *op. cit.*

[22] Daniel Duplex Nde Tawembe, *op. cit.*

. La CEDEAO et l'UEMOA adoptent un programme d'action commun pour la libéralisation des échanges et la convergence des politiques macroéconomiques, d'une part, et, d'autre part, elles adoptent les mêmes règles d'origine pour faciliter le commerce. Afin de renforcer ce rapprochement, la CEDEAO adopte les formules de déclaration en douane et les mécanismes de compensation de l'UEMOA ;

. La CEEAC est en train d'adopter un régime commercial qui tient compte des dérogations accordées par la CEMAC. A cet égard, le processus d'harmonisation des règles commerciales a démarré (règles d'origine, réduction des tarifs, TVA). Le défi principal à relever en vue du renforcement de l'intégration en Afrique Centrale est sans doute le rapprochement des communautés économiques que sont la CEMAC et la CEEAC, plus concurrentes que complémentaires[23] ;

. L'IGAD et la COI appliquent la plupart des instruments d'intégration adoptés par le COMESA, tandis que la CAE et le COMESA concluent un mémorandum d'entente pour faciliter l'harmonisation de leurs politiques et programmes. La CAE, l'IGAD et l'IOC ont conclu un mémorandum d'entente par lequel elles acceptent de mettre en œuvre le programme de libéralisation et de facilitation du commerce du COMESA. Rappelons néanmoins que sur six États membres de l'IGAD appartenant également au COMESA, seuls trois[24] appartiennent à l'ALE du COMESA.

. Le COMESA et la SADC ont créé des groupes de travail qui traitent des problèmes communs et pour harmoniser leurs programmes ; à partir de 2007, la Communauté de l'Afrique de l'Est (CAE) a rejoint ces groupes. Le COMESA et la SADC s'invitent mutuellement aux réunions sur des questions générales et techniques ; en outre, le COMESA a signé un mémorandum d'entente avec la Communauté de l'Afrique de l'Est, l'IGAD et la COI. Ces communautés acceptent désormais d'adopter et de mettre en œuvre le programme de libéralisation et de facilitation du commerce du COMESA.

. Un accord tripartite a été passé, à Sharm El Cheikh (Égypte), le 10 juin 2015, entre la SADC, le COMESA et la CAE pour harmoniser leur TEC et réaliser la CEA avec d'autres CER. Rappelons que le 20 octobre 2008 la CAE, le COMESA et la SADC avaient tenu

---

[23] Daniel Duplex Nde Tawembe, *ibidem*.

[24] Djibouti, Kenya, Soudan.

un Sommet tripartite à Kampala (Ouganda), qui a consacré la permanence de ce type de rencontres pour piloter l'intégration des trois CER par la mise sur pied d'une ZLE.

Les États membres de l'IGAD étant aussi membres du COMESA, elle peut être invitée à rejoindre ce processus pour éviter des chevauchements. Finalement, vingt-six pays[25] ont adhéré à cet accord dit « Tripartite », soit une population de 625 millions d'habitants et un PIB global de 900 milliards d'euros. L'Accord Tripartite prévoit la création de tarifs douaniers préférentiels et l'élimination des barrières non tarifaires ; il sera aussi procédé à l'harmonisation des politiques commerciales des États parties.

Plusieurs Communautés de l'Afrique Orientale et Australe[26] ont créé un Comité Interrégional de coordination (IRCC) dont l'objectif est de mettre en place des mécanismes de coordination entre les CER concernées et de suivre la mise en œuvre du Programme Indicatif Régional par lesdites CER.

. La CEN-SAD harmonise ses programmes de lutte contre la désertification avec ceux de l'UMA et de l'UEMOA ; elle a également tenu une réunion, en 2007, avec les autres CER en vue d'harmoniser ses programmes avec les leurs, notamment dans les domaines des affaires sociales et de la condition féminine. En outre, les États membres de la CEDEAO étant également membres de la CEN-SAD, celle-ci pourrait harmoniser ses programmes avec la première ; tandis que ses États membres, également membres de la CEEAC, pourraient conclure un accord d'union douanière avec cette dernière.

Ces initiatives permettent de réduire les écarts entre les CER et de régler les problèmes de chevauchement des effectifs afin d'aller rapidement vers l'UA[27].

Outre ces rapprochements entre groupes d'intégration économique à l'échelle continentale, le protocole qui régit les relations entre les CER et la CEA prévoit la création d'un Comité de Coordination, au niveau des responsables des Secrétariats.

---

[25] L'Angola, l'Afrique du Sud, le Botswana, le Burundi, les Comores, la République Démocratique du Congo, Djibouti, l'Érythrée, l'Égypte, l'Éthiopie, le Kenya, le Lesotho, la Libye, Madagascar, le Malawi, Ile Maurice, le Mozambique, la Namibie, l'Ouganda, le Rwanda, les Seychelles, le Swaziland, le Soudan, la Tanzanie, la Zambie et le Zimbabwe.

[26] COMESA, CAE, COI, IGAD, SADC.

[27] Le Protocole qui régit les relations entre les CER et l'UA a été signé le 27 janvier 2008.

Le Traité d'Abuja et l'AFL sont les cadres de convergence des protocoles des CER ; mais, souvent, ces protocoles ne visent que les préoccupations des CER concernées sans prévoir d'interactions avec d'autres groupements économiques. Le protocole qui régit les relations entre la CEA et les CER tente de remédier à cette situation en faisant contrôler les opérations des CER par la CEA, avec une plus grande coordination et harmonisation des activités.

A cet égard, un mécanisme de coordination solide au niveau continental est nécessaire ; de même qu'il est nécessaire de combiner les efforts d'harmonisation isolés avec des partenariats bilatéraux internationaux, en particulier l'accord de Cotonou et les accords de création de partenariats économiques pour achever la transformation des ZLE en Unions Douanières et autres formes d'intégration plus étroites.

Toujours dans le cadre d'une démarche harmonieuse, les CER doivent aligner leurs instruments juridiques sur le Traité de la CEA, ce qui n'est pas toujours le cas. Le Traité d'Abuja prévoit 29 Protocoles ; toutefois, les Protocoles existants souffrent de certaines limites :

- Absence de complémentarité entre CER ;
- Lenteur du processus de négociation qui entraîne le non-respect des échéances ;
- Aléas de la signature, de la ratification et de la mise en œuvre ;
- Intérêt inégal envers les dispositions des protocoles.

Parmi les handicaps qui freinent ou ralentissent l'intégration, on peut ajouter :

- La défectuosité des moyens de communication ;
- La diversité des réglementations commerciales ;
- Le fait que les gouvernements ne traduisent pas toujours leurs engagements régionaux dans les textes nationaux ;
- Les gouvernements hésitent à céder une partie de leur souveraineté aux organisations régionales ou à subordonner les intérêts immédiats aux intérêts à plus long terme ;
- L'absence de mécanisme de suivi de la mise en œuvre et du respect des échéances fixées par les décisions adoptées constitue aussi un véritable handicap ;
- Les politiques nationales ne tiennent pas toujours compte des objectifs de la CEA ou de l'appartenance aux CER.

Il faut, aussi, que leurs programmes soient conformes aux exigences de l'intégration africaine. Enfin, les États doivent prévoir des institutions (ministères par exemple) chargées de la mise en œuvre des engagements qu'ils prennent.

4. Les contraintes de l'intégration économique

Pour bénéficier des avantages de l'intégration économique, les États africains doivent accepter de supporter certaines conséquences économiques et/ou politiques inéluctables ; ce sont « les coûts de l'intégration » :

- Les produits intra-communautaires peuvent voir croître leurs coûts par rapport aux produits importés, notamment des pays asiatiques ;
- Avec la suppression des barrières douanières intra-communautaires, les États verront leurs recettes douanières diminuer ; il leur faudra alors trouver des mécanismes alternatifs de mobilisation des ressources internes ;
- Enfin, chaque État doit accepter de consentir un abandon partiel de souveraineté sur les domaines objets d'harmonisation/intégration, au profit des organisations régionales ou sous-régionales.

Outre les défis que nous venons d'évoquer, le financement de l'intégration constitue aussi une contrainte majeure. En effet, les CER sont généralement financées par les contributions des États membres ; or il apparaît que ces contributions ne sont pas régulièrement payées, d'une part, et, d'autre part, elles sont insuffisantes pour couvrir les besoins de financement du fonctionnement des CER et de leurs programmes économiques. Pour juguler cette contrainte, certains États ont adopté le système de taxe spécifique sur les importations de pays tiers, pour financer les institutions (cas de l'UEMOA, suivie par la CEDEAO et, bientôt, par la CEMAC). Ce système paraît plus fiable que celui des contributions des États.

Concluons en relevant que l'expérience a montré que l'intégration économique africaine souffre de plusieurs autres entraves[28], notamment : l'absence d'une réelle volonté politique des dirigeants, le non-respect des termes des Traités, l'insuffisance des ressources humaines et financières, la diversité des monnaies

[28] V. Edu Koku Raven, « Contribution au symposium « Quel avenir pour l'Afrique ? » La question de l'intégration régionale », Forum des peuples, Fana, 2005.

nationales non convertibles, l'incapacité de prévenir et de régler les conflits, la marginalisation de la société civile et du secteur privé.

En considération de tout ce qui précède, on ne doit pas s'étonner de la lenteur du processus d'intégration économique du continent africain ; il convient aussi de s'interroger sur la pertinence des choix et des instruments pour réaliser cette intégration. A cet égard, nous pensons que le Droit est l'outil par lequel se réalisera l'intégration économique africaine et, à terme, l'Union Africaine.

5. Le Droit, outil technique de l'intégration économique[29]

Depuis plus d'une décennie, les relations internationales sont marquées par la mondialisation, ou globalisation des échanges, qui se traduit par la construction d'espaces économiques qui visent, le plus souvent, l'intégration économique des États membres, d'une part, la promotion du développement économique et social, d'autre part, celle de l'investissement privé en rendant les marchés plus attractifs et les entreprises nationales ou communautaires plus compétitives.

Les États africains ne sauraient rester en marge de ce processus ; c'est pourquoi des organisations ont été créées[30], avec comme objectif de réaliser d'abord l'intégration économique, aux niveaux régional et sous-régional, ensuite l'avènement de la Communauté Économique Africaine (CEA) et l'Union Africaine (UA). Certaines de ces organisations ont eu une existence éphémère pour n'avoir pas disposé de ressources humaines et financières conséquentes, d'autres organisations survivent sous perfusion de la communauté internationale, car les États membres sont souvent, eux-mêmes, confrontés à des difficultés financières qui se traduisent par des appels aux institutions de Bretton Woods.

---

[29] Voir Alhousseini Mouloul, « L'intégration juridique des États de la SADC et les perspectives d'adoption du droit des affaires de l'OHADA pour l'assainissement de l'environnement juridique des affaires », Actes de la « Conférence internationale sur les questions de l'intégration régionale et le droit de la SADC », Université Eduardo Mondlane du Mozambique, Maputo, du 23 au 25 avril 2008 ; *Adde* Gilles Cistac, « L'intégration régionale dans « tous » ses états : SADC et OHADA », Actes de la « Conférence internationale sur l'harmonisation du droit commercial et ses avantages sur les investissements chinois en Afrique », Université de Macao, Faculté de Droit, Macao, le 27 novembre 2007.

[30] L'UMA ; la CEDEAO et l'UEMOA pour l'Afrique de l'Ouest ; la GEPGL et la CEMAC pour l'Afrique Centrale…

Les Communautés Économiques Régionales (CER) sont les socles sur lesquels devra reposer l'intégration économique du continent africain, « mais leur efficacité est entravée par le morcellement de l'ensemble législatif hérité » des puissances coloniales[31] et par les contraintes que nous avons relevées ci-dessus. Il est également apparu que, dans la plupart des cas, les CER ne prévoient pas l'intégration juridique des États membres, alors que le droit, comme on le verra, est l'instrument par lequel se réalisera l'intégration économique ; dès lors, l'intégration juridique est-elle nécessaire pour bâtir un espace économique fiable et viable ?

Le Professeur Joseph Issa-Sayegh définit l'intégration juridique achevée comme étant « le transfert de compétences étatiques de deux ou plusieurs États à une organisation internationale dotée de pouvoir de décision et de compétences supranationales ou super-étatiques pour réaliser un ensemble juridique unique et cohérent dans lequel les législations nationales s'insèrent ou se fondent pour atteindre les objectifs économiques et sociaux que les États membres se sont assignés [32] ».

Etienne Cerexhe[33], notait, au sujet de l'intégration des économies des États de la CEE : « L'intégration des économies des neuf pays de la CEE par la réalisation de libertés communautaires et le rapprochement des politiques économiques pourrait difficilement sortir ses effets dans un ensemble dominé par une diversité, voire une divergence des droits. Un minimum d'unité juridique s'imposait si l'on voulait garantir la fluidité du marché et l'application uniforme des politiques communes. En d'autres termes, l'intégration économique, et c'est le propre de toute intégration, suppose un environnement juridique plus ou moins harmonisé ». Selon le Professeur Gilles Cistac, « l'harmonisation du droit est non seulement une condition pour la réussite d'un phénomène d'intégration, mais elle peut aussi constituer un élément moteur d'une intégration et ce, à double titre : comme élément de rapprochement des peuples et comme élément de rapprochement des économies [34] ». En outre, et ce n'est

[31] Yves Guyon, Conclusion, *op. cit.*

[32] Pr. Joseph Issa-Sayegh, « l'Intégration juridique des États Africains de la zone franc », Revue Penant, n° 823, janvier-avril 1997, p. 5.

[33] Etienne Cerexhe, « Problématique de l'entreprise et de l'harmonisation du droit des sociétés », RJPIC, 1978, n° 1.

[34] Gilles Cistac, « L'intégration juridique dans « tous » ses états : SADC et OHADA », Actes de la Conférence Internationale sur « L'harmonisation du droit

« un secret pour personne si le droit n'est pas une condition suffisante du développement, il en est une condition nécessaire [35] ». A l'occasion de la réunion de la IVe session de la Conférence des Ministres francophones de la Justice, on pouvait lire dans le préambule de la déclaration qu'ils ont adoptée que « l'instauration d'un environnement juridique stable, favorable aux échanges et aux investissements... (est un des) éléments déterminants pour promouvoir la paix et le développement durable [36] » ; les ministres ajoutent être convaincus que « l'efficacité de la justice et l'approfondissement du processus d'intégration juridique et judiciaire constituent également les enjeux du développement et de la bonne gouvernance, à l'exemple de l'harmonisation et de l'intégration du droit des affaires, du droit des assurances, du droit de la propriété intellectuelle, du droit d'auteur et des droits associés [37]».

En considération de ce qui précède, pour répondre aux défis qu'impose la mondialisation économique et réaliser l'intégration économique des États africains, il faut :
« a- Un droit unique...
b- Un droit adapté au particularisme des économies africaines ;
c- Un droit adapté aux besoins réels des entreprises, en particulier dans le domaine du financement et du management ;
d- Un droit qui assure la sécurité des créanciers, des tiers et des investisseurs ;
e- Un droit qui peut favoriser et accompagner l'essor économique des économies des pays... de la région toute entière [38] ». Les professeurs Joseph Issa-Sayegh et Jacqueline Lohoues-Oble écrivent aussi que « quels que soient la forme et le degré, primaires ou achevés, de l'intégration économique, ils impliquent une intégration juridique qui lui correspond, principalement en droit économique ou en droit des affaires[39] ». Nous sommes également d'avis que les pays africains, comme la plupart des pays, sont concernés « par la mondialisation de

---

commercial et ses avantages sur les investissements chinois en Afrique », Université de Macao, Faculté de droit, le 27 novembre 2007.

[35] Yves Guyon, « Conclusion », « Petites Affiches », n° 205, du 13 octobre 2004, n° spécial OHADA, p. 59.

[36] Déclaration de la IVe conférence des ministres de la justice ayant le français en partage, Paris, le 14 février 2008.

[37] *Ibidem.*

[38] Jean Paillusseau, « Le droit de l'OHADA.... », *op. cit.*

[39] *In* OHADA-Harmonisation du droit des affaires, *op. cit.*, p. 40, n° 86.

l'économie. Sa conséquence est la nécessité d'une intégration régionale, avec, partout, le même droit des sociétés, ce qui facilite singulièrement les investissements [40] ».

De par le monde, on assiste à un phénomène de « mondialisation du droit » qui « se traduit par :

- Un affaiblissement de la souveraineté des États par suite du renforcement des facilités d'établissement, de circulation des personnes, des biens, des services et des facteurs de production ;
- Une concordance plus ou moins grande et nette des régimes juridiques applicables aux activités économiques, quel que soit le lieu de leur accomplissement ;
- Un ensemble de droits et d'obligations communs à tous les acteurs économiques où qu'ils exercent leurs activités (Code de conduite des entreprises) ;
- Une tendance très nette et constante à la dénationalisation du règlement des conflits de nature économique (arbitrage et procédures non juridictionnelles [41] ».

Au regard des considérations que nous venons d'évoquer, les interactions entre l'intégration juridique et l'intégration économique sont évidentes ; la pertinence de ces observations ne fait aucun doute pour le cas des États africains. La tendance actuelle étant l'internationalisation des affaires, l'harmonisation juridique devient un impératif, car une harmonisation bien menée favorise les échanges, la libre concurrence, restaure la confiance et prépare l'intégration économique. Les États africains n'ont d'autre choix que de consolider l'intégration de leurs économies, réduire l'extraversion de ces économies et créer des conditions favorables à l'investissement. Dans ce contexte et dans cette perspective, la nécessité de l'intégration juridique n'est plus à démontrer.

6. Les avantages de l'intégration juridique[42]

L'harmonisation étant largement fondée, quels sont les avantages qu'elle présente ? Ces avantages sont multiples : il s'agit d'abord des avantages qu'offre un espace juridiquement intégré,

---

[40] Jean Paillusseau, « L'Acte Uniforme sur le droit des sociétés », « Petites Affiches », n° 205, du 13 octobre 2004, pp. 19-29.

[41] Joseph Issa-Sayegh, Jacqueline Lohoues-Oble, « OHADA-Harmonisation du droit des affaires », Éd. Bruylant-Juriscope, 2002, pp. 5 et 6.

[42] Voir Me Kéba Mbaye, « L'histoire et les objectifs de l'OHADA », *op. cit.*

ensuite, comme nous l'avons déjà évoqué, l'intégration juridique favorise l'intégration économique, qui est la voie pour réaliser l'unité africaine. Ces avantages déterminent les États à opter pour l'intégration juridique.

En tant qu'elle vise l'amélioration de l'environnement juridique des entreprises et l'élargissement des marchés, l'harmonisation juridique doit être perçue comme étant un « outil technique » de l'intégration économique qui présente plusieurs avantages[43] :

- La mise à la disposition de chaque État de textes juridiques simples et techniquement performants, ce, quelles que soient ses ressources humaines ;
- La facilitation des échanges transfrontaliers et la création des conditions de la libre concurrence ;
- La communication et le transfert des techniques modernes de gestion des entreprises ;
- La restauration d'un climat de confiance par le règlement du handicap que constitue l'insécurité juridique et judiciaire ;
- L'encouragement de la délocalisation des grandes entreprises vers l'Afrique ;
- La promotion de l'arbitrage comme instrument rapide et discret du règlement des différends commerciaux ;
- L'élimination des conflits de lois dans l'espace juridiquement harmonisé ;
- Enfin, renforcer l'unité africaine.

Il faut également noter que, dans l'état actuel[44] caractérisé par la diversité du droit des sociétés applicables dans les États africains, il est quasiment impossible de transférer une société d'un État dans un autre sans procéder à une dissolution suivie d'une reconstitution[45], situation inconcevable dans le cadre d'un espace économique intégré. Avec l'harmonisation ou l'uniformisation juridique, l'existence de sociétés de droit communautaire permet de remédier à ce handicap. En outre, comme l'écrivait Jean Paillusseau, « il est évident que, pour une entreprise qui exerce ses activités dans plusieurs pays, l'unité des règles applicables facilite considérablement ses opérations, qu'il

---

[43] Voir M. Kirsch, *supra,* p. 1.
[44] Avant l'entrée en vigueur des Actes Uniformes.
[45] Dans ce sens, voir E. Cerexhe, *op. cit.*, p. 45.

s'agisse de son organisation juridique, de son fonctionnement ou de ses échanges commerciaux et financiers [46] ».

Finalement, « les régions intégrées sont plus attractives pour les investisseurs internationaux et possèdent un éventail d'avantages en termes d'infrastructures et d'institutions susceptibles de promouvoir un développement durable. Elles constituent également une voie d'accès plus sûre à la concurrence dans une économie globale. (…). Un droit africain des affaires à l'échelle continentale peut renforcer la voie vers la crédibilité de l'Afrique, améliorer le flux d'investissement et l'accélération du développement et avoir une influence sur la globalisation du droit des affaires dans son ensemble [47] ».

Concernant le modèle spécifique de l'OHADA, « le Traité est incontestablement de nature à favoriser l'émergence au sein de la région d'un véritable droit économique indispensable pour le développement durable des économies[48] ».

La pertinence des observations et analyses qui viennent d'être brièvement évoquées ne fait plus de doute.

En considération de tout ce qui précède, plusieurs avantages peuvent être relevés en faveur de l'harmonisation du droit des affaires, notamment :

- La réduction de l'insécurité juridique par l'application d'un même droit dans un même espace juridique, d'abord régional, puis à l'échelle continentale ;
- La réduction de l'insécurité judiciaire par la création d'une Cour « supérieure » qui veille à l'application du droit harmonisé par les juridictions inférieures.

Finalement, un espace juridique sécurisé stimule :

- La confiance des investisseurs : la sécurité juridique et judiciaire entraîne la confiance des chefs d'entreprise et des investisseurs ;
- L'augmentation des investissements extérieurs : la création d'un espace juridique sécurisé permet d'encourager la délocalisation vers l'Afrique des grandes entreprises privées, de même qu'elle améliore les conditions de la libre concurrence.

---

[46] Jean Paillusseau, « Le droit de l'OHADA - Un droit très important et original », *op. cit.*

[47] Gilles Cistac, « L'intégration juridique dans « tous » ses états : SADC et OHADA », *op. cit.*

[48] François Gaulme, « L'intégration régionale dans le cadre de la Zone Franc : un mouvement prometteur », « Marchés Tropicaux » du 15 novembre 1991.

La sécurisation juridique constitue « la base d'initiatives transfrontalières par le biais de la création de sociétés multinationales soumises aux mêmes règles, ou d'initiatives publiques et privées par la création de sociétés à capitaux mixtes [49] » ; en outre, parlant de l'Acte Uniforme sur le Droit des Sociétés Commerciales et du Groupement d'Intérêt Économique (AU/DSC/GIE) de l'Organisation pour l'Harmonisation en Afrique du Droit des Affaires (OHADA), certains auteurs écrivent : « l'unification opérée par l'OHADA permet aux sociétés commerciales ayant leur siège social sur le territoire d'un des États membres d'être à présent assujetties au même droit dans toute la zone d'application du Traité, qu'elles soient détenues par des capitaux locaux ou étrangers. Il s'agit d'une évolution majeure en matière d'uniformisation du droit africain [50] ».

L'environnement international va s'imposer à l'Afrique, qui tente de répondre aux nouveaux défis en prônant l'intégration économique à travers des Communautés Économiques Régionales (CER) ; toutefois, comme on l'a souligné ci-dessus, l'intégration économique ne saurait se concevoir dans un espace caractérisé par la diversité juridique.

Les traités fondateurs de quelques rares CER ont prévu les instruments de l'intégration juridique, mais, dans la grande majorité des cas, celle-ci n'a pas connu les succès escomptés. Il convient donc de s'interroger sur le processus et les moyens de réaliser l'intégration juridique. A cet égard, l'intégration juridique régionale à travers les CER a rarement donné les résultats escomptés (chapitre II), tandis que l'intégration juridique continentale, par pans du Droit ou intégration juridique sectorielle, paraît plus satisfaisante (chapitre III).

---

[49] Benoît Le Bars et Boris Martor, « Management et financement de la société anonyme de droit OHADA », « La Semaine Juridique », n° 44, du 28 octobre 2004, Supplément n° 5, pp. 12-20.

[50] *Ibidem.*

Chap. II- LA FAIBLESSE DE L'INTÉGRATION JURIDIQUE À TRAVERS LES COMMUNAUTÉS ÉCONOMIQUES RÉGIONALES (CER)

L'examen des processus d'intégration économique régionale à travers les différentes CER révèle, d'une part, la lenteur desdits processus et le non-respect des délais et des décisions prises, d'autre part ; il révèle également que l'harmonisation juridique ou l'uniformisation juridique n'a pas été perçue comme étant le moteur de l'intégration économique. Certes, les différentes CER prévoient la coordination ou l'harmonisation des politiques économiques et commerciales, la libre circulation des biens, des services et des capitaux, des projets intégrateurs, l'intégration physique des États membres, etc. ; mais ces politiques, projets ou programmes sont rarement accompagnés de textes juridiques appropriés qui s'imposent à tous en permettant leur mise en œuvre, ce qui en fait de simples professions de foi.

En effet, le droit étant « l'outil technique de l'intégration économique », les unions économiques ou monétaires ne peuvent fonctionner efficacement « que si les pays qui les composent ont, sinon un droit unique, au moins un droit harmonisé dans les domaines essentiels des activités économiques [51] ».

Selon les régions, les États africains appartiennent à des unions économiques et/ou monétaires ayant chacune sa propre législation ; à l'échelle continentale, l'OHADA constitue une originalité, car le droit qu'elle élabore est non pas celui d'une union économique ou monétaire, mais celui d'un espace juridique commun[52].

Les techniques d'intégration juridique varient selon le degré d'intégration recherché ; ainsi, on peut parler de rapprochement des droits, de leur coordination, de leur harmonisation, ou encore de leur unification. Ce sont ces deux dernières techniques qui retiendront notre attention, car, à notre sens, elles sont les seules à s'inscrire dans une démarche d'intégration économique à moyen terme.

Les degrés d'intégration juridique étant variables, il convient de définir les deux concepts : « harmonisation juridique » et « uniformisation juridique ».

[51] Jean Paillusseau, « Le droit de l'OHADA... », *op. cit.*
[52] Voir en ce sens, Jean Paillusseau, « Le droit de l'OHADA... », *op. cit.*

Le Professeur Joseph Issa-Sayegh[53] définit ces deux méthodes en ces termes : « L'harmonisation ou coordination... est l'opération consistant à rapprocher les systèmes juridiques d'origine et d'inspiration différentes (voire divergentes) pour les mettre en cohérence entre eux en réduisant ou en supprimant leurs différences et leurs contradictions de façon à atteindre des résultats compatibles entre eux et avec les objectifs communautaires recherchés », tandis que « l'uniformisation ou l'unification du droit est, *a priori*, une forme plus brutale mais aussi plus radicale d'intégration juridique. Elle consiste à instaurer, dans une matière juridique donnée, une réglementation unique, identique en tous points pour tous les États membres, dans laquelle il n'y a pas de place, en principe, pour des différences ».

Les méthodes d'intégration juridique étant définies, quelle option pourrait convenir aux États africains ?

Les ministres de la justice des pays francophones ont déclaré être « convaincus que l'intégration juridique par l'harmonisation du droit, à l'exemple de l'Organisation pour l'Harmonisation en Afrique du Droit des Affaires (OHADA), participe, au-delà de l'établissement de la sécurité juridique et judiciaire, à la consolidation des institutions de l'État de droit et favorise le développement, le progrès et la solidarité... [54] ». En outre, « à l'heure de la mondialisation de l'économie, lorsque les principaux pays du monde se regroupent pour constituer des unions économiques - et le cas échéant monétaires -, il était impératif pour tous les pays concernés d'adopter un même droit des affaires moderne, réellement adapté aux besoins économiques, clair, simple, sécurisant les relations et les opérations économiques [55] ».

L'harmonisation, puis l'unification juridique permettent de tenir compte d'abord des réalités économiques africaines, où coexistent de grandes sociétés commerciales occidentales ou leurs succursales, avec toutes les exigences que leur présence impose, notamment au plan organisationnel, et des micro-entreprises africaines

---

[53] Joseph Issa-Sayegh, « L'intégration juridique des États africains de la zone franc, » Revue Penant, n° 823, janvier-avril 1997, pp. 5 et suiv. *Adde* Joseph Issa-Sayegh, Jacqueline Lohoues-Oble, « OHADA-Harmonisation du droit des affaires », *op. cit*, n° 92.

[54] Déclaration issue de la IVe session de la conférence des ministres de la Justice des pays ayant le français en partage, Paris le 14 février 2008.

[55] Jean Paillusseau, « Le droit de l'OHADA... », *op. cit*.

qui ne peuvent pas être soumises à un formalisme excessif et à une législation complexe qui risquent d'entraver leur création, décourageant ainsi des investisseurs potentiels.

L'uniformisation des règles applicables, quant à elle, permet d'éliminer les conflits de lois en cas de litige, car la même loi sera appliquée même lorsque les parties en conflit résident dans des États différents.

En outre, le caractère d'ordre public dont sont revêtus les textes communautaires permet d'éviter que les parties n'écartent leur application, ce qui aboutirait à rétablir les différences que les signataires ont voulu supprimer.

Cependant, en prenant l'exemple de l'Europe, qui a réalisé l'harmonisation au moyen de Directives, on peut dire que, « si l'harmonisation permet l'adaptation, dans une certaine mesure, de textes communs à des spécificités nationales, elle comporte aussi de nombreux effets pervers. Ainsi, au nom de « l'attractivité du droit », ou de celui de « la concurrence entre les droits » pour attirer les investissements des entreprises, les législateurs nationaux cherchent les moyens de soustraire aux règles communautaires, avec plus ou moins de succès, certaines organisations juridiques. Quand, en France, la société par actions simplifiée a été instituée, on a cherché à la soustraire au droit communautaire. Ces mouvements centrifuges tendent à une « désharmonisation » des textes. L'unification évite cet inconvénient [56] ».

Ces appréciations sont valables pour l'ensemble des pays africains ; c'est ce que nous verrons à travers l'examen des processus d'intégration dans les différentes régions du continent africain.

[56] Jean Paillusseau, « Le droit de l'OHADA… », *op. cit.*

S1- L'INTÉGRATION ÉCONOMIQUE ET JURIDIQUE EN AFRIQUE ORIENTALE ET AUSTRALE

Ces régions (Afrique Orientale et Afrique Australe), que nous étudierons ensemble compte tenu de l'appartenance des États aux mêmes organisations, comptent deux CER majeures, la SADC et le COMESA, et plusieurs organisations sous-régionales poursuivant, souvent, les mêmes objectifs que lesdites CER, avec, comme conséquences, des duplications, la dispersion et l'insuffisance des ressources humaines et matérielles, qui les rendent inefficaces. Malgré la multiplicité des organisations d'intégration économique, celle-ci est très peu avancée pour des raisons multiples, que nous verrons pour chacune de ces organisations.

Enfin, l'intégration économique que ces organisations prônent n'est pas mise en œuvre par des textes juridiques communautaires ; néanmoins, lorsque ces textes existent, ils sont rarement suivis d'effet, ce qui les rend caducs.

A- L'expérience de la Communauté de Développement de l'Afrique Australe (SADC)

Pour conquérir leur souveraineté, les peuples de l'Afrique Australe ont dû lutter contre une double domination, la domination coloniale et celle du régime de l'apartheid. Ceux parmi ces pays qui ont accédé les premiers à l'indépendance ont d'abord formé le groupe des « Pays de la Ligne de Front » pour lutter contre cette double domination et aider les mouvements indépendantistes des autres territoires encore sous domination coloniale. Cette expérience a été positive, car, finalement, les pays de l'Afrique Australe se sont libérés de la colonisation et du dernier régime d'apartheid de l'Afrique du Sud. La conjugaison des efforts a donc été une expérience positive et lesdits pays entendent la capitaliser et la traduire en coopération élargie pour le développement économique et social de leurs peuples et de l'Afrique en général.

1- Les premières consultations ministérielles se sont déroulées en 1977 et en mai 1979 ; les ministres des Affaires Étrangères des États de la Ligne de Front (ELF) se retrouvent à Gaborone (Botswana) avec les ministres en charge du développement pour convenir d'une stratégie commune de lutte contre la colonisation et l'apartheid. Cette rencontre a été rééditée en juillet 1979 à Arusha (Tanzanie). De ces deux rencontres est née, un an plus tard, la Conférence de Coordination pour le Développement de l'Afrique Australe (SADCC)[57]. Celle-ci a été créée par le sommet des chefs d'État[58] réunis à Lusaka le 1er avril 1980 ; elle se voit confier la mission de coordonner les programmes et projets pour réduire la dépendance des États membres à l'égard de l'Afrique du Sud de l'apartheid. Ses principaux objectifs sont :

- Réduire la dépendance des États membres de l'extérieur, et en particulier de l'Afrique du Sud de l'apartheid ;
- Mettre en place des programmes et des projets ayant un impact national et régional ;
- Mobiliser les ressources des États membres afin d'atteindre l'autosuffisance collective ;
- Obtenir la compréhension et le soutien internationaux.

Le Programme d'action de la SADCC couvre plusieurs secteurs : transports et communications, alimentation et agriculture, industrie, développement de la main-d'œuvre et de l'énergie.

Au début de la décennie 1990, avec l'accession de la Namibie à l'indépendance, la totalité des États de l'Afrique Australe s'est libérée de la domination coloniale, d'une part, et, d'autre part, il a été mis fin au régime d'apartheid en Afrique du Sud. Désormais, il faudra repenser la coopération des États concernés pour l'orienter de manière plus ciblée vers l'autosuffisance collective et le développement économique et social de leurs peuples.

Parallèlement, sous l'égide de l'Organisation de l'Unité Africaine (OUA), les États africains signent en 1991 le Traité d'Abuja (Nigéria), qui établit la Communauté Économique Africaine (CEA). Comme on l'a vu ci-dessus, celle-ci reposera sur les Communautés Économiques Régionales (CER) qui lui serviront de socle.

C'est dans ce contexte que neuf chefs d'État de l'Afrique Australe [59] se retrouvent à Windhoek (Namibie) le 17 août 1992 pour décider de la transformation de la SADCC en Communauté de Développement de l'Afrique Australe (SADC). Pour marquer l'évolution, le sommet adopte, le 17 août 1992, la « Déclaration de

---

[57] Southern African Development Coordination Conference.

[58] Angola, Botswana, Lesotho, Malawi, Mozambique, Swaziland, Tanzanie, Zambie, Zimbabwe.

[59] Angola, Botswana, Lesotho, Malawi, Mozambique, Swaziland, Tanzanie, Zambie, Zimbabwe.

Lusaka. Afrique Australe : vers la libération économique ». La nouvelle organisation apparaît comme étant une réponse aux défis régionaux et aux tendances internationales.

Le Traité portant création de la SADC est entré en vigueur le 30 septembre 1993. Ce Traité redéfinit la coopération en passant d'une association peu rigoureuse à une organisation à statut légal. Depuis sa création, plusieurs États ont adhéré à la SADC, qui regroupe désormais quinze États membres[60].

2- L'article 5 du Traité portant création de la SADC lui assigne plusieurs missions :

- Réaliser le développement et la croissance économique des États membres ; élever le niveau et la qualité de vie des peuples de l'Afrique Australe et soutenir les plus défavorisés par l'intégration régionale ;
- Développer les valeurs politiques, les systèmes et les établissements communs ;
- Promouvoir et défendre la paix et la sécurité ;
- Promouvoir le développement auto-entretenu sur la base de l'interdépendance collective et de l'interdépendance des États membres ;
- Réaliser la complémentarité entre les stratégies et les programmes nationaux et régionaux ;
- Favoriser et maximiser l'emploi et l'utilisation des ressources de la région ;
- Atteindre l'utilisation durable des ressources naturelles et la protection effective de l'environnement ;
- Renforcer et consolider les affinités de longue date et les liens historiques, sociaux et culturels des peuples de la région.

Les objectifs stratégiques assignés à la SADC peuvent être résumés comme suit :

- La réalisation de la ZLE en 2008 ;
- La mise en place de l'Union Douanière en 2010 ;

[60] Afrique du Sud, Angola, Botswana, Lesotho, Madagascar, Malawi, Maurice (Ile), Mozambique, Namibie, République Démocratique du Congo (RDC), Swaziland, Tanzanie, Zambie, Zimbabwe. Les Seychelles, après avoir adhéré à la SADC le 8 septembre 1997, la quittent le 1er juillet 2004 pour y revenir en 2008. La candidature du Rwanda a été rejetée en 2005 pour des questions de procédure.

- La promotion d'un climat propice aux affaires et aux investissements ; la réalisation de la convergence des indicateurs macro-économiques ;
- Le renforcement de la compétitivité industrielle et la diversification des économies des pays de la région en assurant la promotion du commerce intra-régional, l'investissement productif et la coopération technologique ;
- La conception d'un modèle de politique de la concurrence qui, selon la feuille de route, devra être mis en œuvre d'ici 2010 ;
- La réalisation du Marché Commun en 2015 et de l'Union Monétaire en 2018.

Ainsi, la SADC vise la constitution d'une zone économique intégrée, dont la vision future repose sur une destinée commune au sein d'une communauté régionale qui assure le bien-être économique, l'amélioration du niveau et de la qualité de vie, la liberté et la justice sociale, la paix et la sécurité aux peuples de l'Afrique Australe. On peut relever que le Traité fondateur de l'organisation ne lui assigne aucune mission spécifique tendant à l'harmonisation des législations des États membres et, conséquemment, les instruments de l'intégration juridique ne sont pas prévus. Comme on l'a vu ci-dessus, il est difficile de promouvoir les échanges commerciaux intra-régionaux et l'intégration économique dans la diversité juridique.

3- Pour faire face à sa mission, la SADC se dote de plusieurs institutions et se développe comme étant une organisation ayant un Programme d'Action qui couvre plusieurs secteurs de la vie économique ; chaque secteur est coordonné par un État membre et certains membres coordonnent plusieurs secteurs. L'organisation originelle de la SADC s'étant révélée inefficace et pour juguler les difficultés rencontrées par la SADC après sa création, les chefs d'État et de gouvernement se réunissent en sommet extraordinaire à Windhoek (Namibie) le 9 mars 2001. Le sommet approuve la restructuration de l'organisation ; ainsi, les 21 secteurs concernés par les activités de la SADC sont regroupés au sein de quatre conseils d'administration dont la gestion est centralisée par le secrétariat général sis à Gaborone (Botswana).

Le sommet extraordinaire décide de la mise en place de plusieurs institutions qui sont étoffées progressivement :
- Le sommet des chefs d'État et de gouvernement composé des chefs d'État et de gouvernement des États membres : il est placé, de façon

rotative, sous la présidence d'un chef d'État ou de gouvernement secondé par un adjoint. Ses attributions sont définies par l'Article 10 du Traité SADC ;

- La Troïka : organe original, créé lors du sommet de Maputo (Mozambique) en 1999 ; elle regroupe : le président en exercice, le président sortant et le futur président du sommet ;

- Le Conseil des Ministres composé des ministres chargés des Relations Extérieures et des ministres de la Planification de l'Économie ou des Finances. Aux termes de l'Article 11 du Traité, le conseil est chargé de la supervision du fonctionnement de la SADC et de la mise en œuvre adéquate des politiques ;

- La Commission Intégrée de Ministres composée d'au moins deux ministres de chaque État membre. Cette commission, qui se réunit une fois par an, assure la coordination adéquate en termes de politiques, la coordination et l'harmonisation des activités multisectorielles. Elle est chargée notamment :

. De contrôler les activités des secteurs clés de l'intégration : commerce, industrie, finances et investissements, infrastructures et services, alimentation, agriculture et ressources naturelles (FANR), développement social et humain ; ainsi que du contrôle des programmes spéciaux (incluant la mise en place du plan stratégique dans leurs domaines d'action) ;

. De guider le secrétariat en termes de politiques et prendre les décisions sur des questions du ressort des directions, de contrôler et d'évaluer leur travail ;

. De prendre les décisions *ad referendum* pour garantir la mise en œuvre rapide des programmes qui, autrement, attendraient la tenue d'une réunion formelle du conseil ;

. De contrôler la mise en œuvre du Programme Indicatif de Développement Régional (PIDR).

- La Cour de Justice dont le protocole fondateur a été signé au sommet de Windhoek en 2000. Elle est chargée :

. Du suivi et de l'interprétation du Traité SADC et des instruments juridiques subséquents ;

. De régler les litiges qui lui sont soumis.

La Cour de Justice applique non seulement le traité fondateur de la SADC et les textes dérivés de ce traité, mais aussi tout acte de l'Union Africaine qui est ratifié par les États membres.

- Les Commissions Nationales (ou Comités Nationaux) de la SADC : créées à l'occasion de la restructuration de 2001, au niveau national, ces commissions sont composées :

. De représentant(s) du gouvernement ;

. De représentants du secteur privé ;

. De représentants de la société civile.

Elles sont chargées de contribuer, au niveau national, à la formulation de politiques et de stratégies régionales et du programme d'action de la SADC. Elles coordonnent et supervisent la mise en place de ces programmes au niveau national. Enfin, elles sont chargées de l'initiation des projets et de l'élaboration des documents comme contribution à l'élaboration du PIDR.

- La Commission Permanente de Cadres Supérieurs : il ressort de l'article 13 du Traité SADC qu'il s'agit d'une commission consultative pour le conseil. Elle est composée :

. D'un Secrétaire Permanent Principal ou un représentant du gouvernement de chaque État ;

. D'un président et d'un vice-président nommés par les États membres qui occupent respectivement la présidence et la vice-présidence du conseil.

- Le Secrétariat : c'est l'organe d'exécution de la SADC. Il est dirigé par un Secrétaire Exécutif et son siège est situé à Gaborone (Botswana). D'une manière générale, le Secrétariat est chargé de la planification stratégique, de la coordination et de la gestion des programmes de la SADC. Aux termes de l'article 14 du Traité SADC, le Secrétariat est notamment chargé :

. De la planification stratégique et de la gestion des programmes de la SADC ;

. De la mise en œuvre des décisions du sommet et du conseil ;

. De l'organisation et de la gestion des réunions du sommet et du conseil ;

. De l'administration financière et générale ;

. De la représentation et de la promotion de la SADC ;

. De la promotion et de l'harmonisation de politiques et de stratégies des États membres.

Pour mener à bien ses missions, le Secrétariat dispose d'une administration composée de la façon suivante :

. Le bureau du Secrétaire Exécutif ;

. Le secrétariat Exécutif Adjoint ;

. Le département de la Planification stratégique, genre, développement et harmonisation des politiques, avec quatre Directions :

. La direction du Commerce, Industrie, Finances et Investissements (TIFI), mise en place en 2001 ;

. La direction des Infrastructures et Services ;

. La direction de l'Alimentation, Agriculture et Ressources Naturelles (FANR), mise en place en 2001 ;

. La direction du Développement Social et Humain, et des Programmes Spéciaux.

Il faut également noter l'existence de plusieurs services :

. Affaires juridiques ;

. Audit interne ;

. Information, Communications et Technologies (y compris statistiques et services de la bibliothèque) ;

. Administration ;

. Finances.

Au regard de cette organisation, la SADC apparaît comme étant une Communauté disposant d'organes pléthoriques dont l'efficacité est incertaine.

Aussi, en mars 2001, la SADC opère une réforme de ses institutions pour renforcer la cohérence de l'organisation. Les unités sectorielles sont dissoutes et leurs activités sont reprises par le Secrétariat, qui se trouve renforcé par la mise en place d'instruments de coordination tels que le poste de directeur général, le comité intégré de ministres et les comités nationaux dans les États membres. Il a également été élaboré un plan régional de développement sur quinze ans afin de fixer des lignes directrices aux politiques de développement de la région, le « *Regional Indicative Strategic Development Plan* » (RISDP) (voir ci-dessous). La mise en application de ces orientations est prévue dans 24 protocoles (notamment ceux portant sur : le commerce, les finances et les investissements, la gestion des fleuves transfrontaliers et nationaux...).

En outre, en avril 2006, a été mise en place à Windhoek la conférence consultative SADC/partenaires de coopération. Une Déclaration sur les principes de l'aide entre la SADC et ses partenaires a été adoptée et il a été procédé à la définition de cinq domaines prioritaires et la création de groupes thématiques pour la coopération avec les bailleurs de fonds.

I- Œuvre d'intégration régionale

Plusieurs textes ont été adoptés dans le cadre de la mise en œuvre des programmes de la SADC, mais leur application semble rencontrer des difficultés multiples ; de même que semble piétiner le programme d'intégration économique.

1- Adoption de textes

Depuis la création de la SADC, outre l'élaboration du programme d'action de la SADC (SPA), plusieurs réalisations doivent être mises à son actif.

En 2000, 21 secteurs ont fait l'objet d'au moins 20 protocoles, chartes, déclarations. On peut relever, notamment :

- En août 2000, signature d'une déclaration sur la productivité qui engage les États membres à accroître la productivité afin de faire face aux défis de la concurrence mondiale ;
- La signature du protocole sur le commerce, le 24 août 1996, entré en vigueur le 25 janvier 2000. Ce protocole a été amendé le 14 août 2001 ; amendement entré en vigueur le même jour ;
- Une déclaration sur les TIC a été adoptée en août 2001 ;
- Le 8 août 2002, un mémorandum sur la convergence macro-économique a été adopté ; il sera suivi d'un autre le 26 août 2003.

Le sommet extraordinaire, réuni à Windhoek le 9 mars 2001, après avoir approuvé la réforme de la SADC, charge le Secrétariat de formuler le Plan Régional Indicatif pour le Développement Stratégique (PRIDS) afin de fournir une direction et une structure pour les programmes et les politiques à long terme. En effet, il s'agit d'un schéma directeur sur quinze ans à exécuter en trois phases. A l'occasion de la réunion du conseil des ministres de la SADC à Arusha (Tanzanie) en mars 2003, le président tanzanien, président en exercice de la SADC, procède au lancement du document final du PRIDS.

Dans le cadre du programme d'action de la SADC (SPA), en fin 2006, plus de 407 projets ont été initiés pour un coût total de 8,09 Mds de dollars US, dont 90 % sur financement extérieur. La moitié, 50 % de ce montant, est déjà acquise.

En outre, toujours dans le cadre du SPA, plusieurs Protocoles ont été signés et entrés en vigueur à des degrés divers ; il s'agit, entre autres, des protocoles sur : l'énergie, les transports, les communications et la météorologie, le commerce, l'exploitation minière, la cour de justice, les affaires juridiques.

En 1995 a été créé le pool des réseaux d'électricité de l'Afrique Australe (SAPP) dont l'objectif est d'augmenter le commerce en énergie électrique, réduire les coûts de l'énergie et assurer l'approvisionnement stable des États parties.

Il faut, enfin, noter que, dans le cadre de la SADC, plusieurs réhabilitations de routes, chemins de fer et ponts ont été réalisées.

Les 16 et 17 août 2007, le 27e sommet de la SADC est réuni à Lusaka (Zambie) ; les chefs d'État et de gouvernement décident de réunir à l'Ile Maurice, le 20 avril 2008, un « sommet spécial » afin d'examiner les étapes à suivre pour réduire la pauvreté, qui affecte environ 40 % des populations de la SADC.

Quid de l'intégration juridique des États membres ? Comme il apparaît ci-dessus, la SADC n'a pas reçu pour mission de réaliser l'intégration juridique des États membres et, conséquemment, nous verrons ci-après que les instruments de cette intégration ne sont pas prévus.

Ces différents protocoles, accords ou décisions posent les jalons de l'intégration économique et/ou physique des États membres ; mais l'intégration économique ne peut se réaliser qu'au moyen de l'intégration juridique qui, elle, reste à l'état de projet dont il faut définir les instruments de réalisation.

2- Zone de Libre Échange

En vertu du communiqué rendu public suite au sommet des chefs d'État et de gouvernement réuni le 23 octobre 2007, la Zone de Libre Echange (ZLE) sera opérationnelle en 2008. Le sommet se déclare également déterminé à réaliser l'Union Douanière de la SADC en 2010. Enfin, les prochains objectifs que se fixe la SADC sont : la suppression des tarifs douaniers sur 85 % des marchandises d'ici à 2008 ; la mise en place du marché commun d'ici à 2015 et une monnaie commune d'ici à 2018.

Officiellement, la ZLE est entrée en vigueur en janvier 2008 ; mais c'est le sommet des chefs d'État et de gouvernement réuni à Sandton (Afrique du Sud) en août 2008 qui a procédé à son lancement.

3- Libre circulation des personnes

Dans ce domaine, le Protocole de 1997 reste à appliquer bien que des évolutions positives peuvent être notées. En effet, l'entrée des citoyens d'un État membre dans un autre État membre n'est plus soumise à l'obtention d'un visa pour une période maximale de quatre-vingt-dix jours par an. Afin de favoriser la libre circulation des personnes, les ministres de la SADC se réunissent en mars 2008 pour examiner la question de la mise en place d'un visa unique pour les pays de la région.

Le droit de résidence et d'établissement est, quant à lui, soumis à l'obtention d'un permis délivré par les autorités du pays hôte.

4- Libre circulation des biens, des services et des capitaux

En ce qui concerne la libre circulation des biens, des services et des capitaux, un document administratif douanier unique (SADC-CD) a été mis au point en vue d'harmoniser les déclarations en douane dans l'espace SADC.

On peut également noter d'autres initiatives :

- La mise au point d'une loi pour faciliter l'harmonisation des législations douanières nationales ;
- L'adoption d'une nomenclature douanière commune ;
- L'élaboration d'un projet de cadre régional de transit ;
- Depuis 2007, la revue des règles d'origine a démarré ;
- La promotion d'un guichet unique aux postes frontaliers et la mise en œuvre du régime de la SADC « *Train Chain Bond* » ;
- La mise en place d'un groupe d'action avec la CAE et le COMESA pour assurer l'harmonisation de la libéralisation des échanges ;
- L'élaboration d'un projet de protocole sur le commerce des services et un protocole sur la circulation des personnes, des biens, des services et des capitaux ;
- Enfin, l'élaboration de cadres régionaux de qualification ; l'harmonisation des systèmes d'éducation dans la zone pour faciliter la libre circulation des personnes et de la main-d'œuvre.

Pour réaliser ses objectifs stratégiques tels qu'évoqués ci-dessus, la SADC aura à faire face à plusieurs contraintes, d'une part, et, d'autre part, elle doit intégrer dans ses projets l'harmonisation des législations des États membres.

II- Les contraintes de la SADC

Plusieurs contraintes ont entravé la réalisation des objectifs de la SADC ; on peut relever à cet égard :

- Les premières difficultés qu'il a fallu affronter sont d'ordre institutionnel ; il s'agit essentiellement de l'absence de réformes institutionnelles pour s'adapter au passage de la SADCC à la SADC. En effet, la SADC, héritière de la SADCC, doit passer de la phase de simple coordination de programmes et projets à une étape plus profonde et plus complexe, à savoir la réalisation de l'intégration économique des États membres ;
- L'absence de synergie entre les objectifs du Traité de Windhoek et le programme d'action existant et la structure institutionnelle ;
- Le manque d'organisme pour traduire les engagements politiques en actions concrètes. Il apparaît nécessaire d'organiser la délégation des pouvoirs à des organes spécialisés, dont les capacités de décision sont renforcées, pour mettre en œuvre l'agenda de la SADC ;
- La faible capacité de mobilisation des ressources internes à la région pour la mise en œuvre de son programme ;
- La dépendance excessive, de l'ordre de 80 %, du financement extérieur pour réaliser le programme d'action de la SADC (SPA), compromettant la réalisation et la pérennité du programme.

Il faut également noter une difficulté que les États membres de la SADC doivent résoudre, à savoir la double appartenance de certains États à au moins deux CER, notamment la CAE et le COMESA.

Conscients de ces difficultés, les chefs d'État et de gouvernement de la SADC se réunissent en sommet extraordinaire à Windhoek (Namibie) le 9 mars 2001, pour adopter les réformes qu'impose cette situation[61].

En août 2003, à l'occasion du sommet réuni à Dar-es-Salam (Tanzanie), les participants relèvent la lenteur dans la ratification des protocoles. En effet, à la date du 23 juin 2003, seuls 15 protocoles sont ratifiés et entrés en vigueur ; en août 2003, 12 protocoles sont ratifiés et prêts à être exécutés, tandis que 8 sont en attente de ratification par les deux tiers des États membres nécessaires pour leur mise en application. Finalement, à la date du Sommet, sur les 37 instruments juridiques adoptés par la SADC, 22 sont entrés en vigueur.

---

[61] V. *supra*.

B- L'expérience du Marché Commun des États de l'Afrique de l'Est et de l'Afrique Australe (COMESA[62]) *(Common Market for Eastern and Southern Africa)*

1- Le COMESA résulte de l'évolution d'un processus démarré en 1965, année au cours de laquelle la CEA/NU (*UN/ECA*) organise, à Lusaka (Zambie), une réunion ministérielle des États indépendants de l'Afrique de l'Est et de l'Afrique Australe ; cette réunion a examiné des propositions de création d'un mécanisme en vue de promouvoir l'intégration économique sous-régionale. Au terme de cette rencontre, les conférenciers adoptent une recommandation dans laquelle ils suggèrent la création d'une Communauté Économique des États de l'Afrique de l'Est et de l'Afrique Australe.

En 1978, les ministres du Commerce, des Finances et du Plan de ces États se réunissent à nouveau à Lusaka (Zambie) et adoptent une recommandation qui vise la création d'une communauté économique sous-régionale dont le processus de mise en place démarrerait par l'institution d'une Zone d'Échanges Préférentiels sous-régionale qui se transformera, progressivement et sur une période de dix ans, en un Marché Commun, puis en une communauté économique. Selon ce schéma, la réunion adopte la déclaration d'intention de Lusaka et s'engage à créer la Zone d'Échanges Préférentiels (ZEP). Celle-ci est créée lors de la réunion des chefs d'État et de gouvernement tenue à Lusaka le 21 décembre 1981. Les chefs d'État et de gouvernement signent le traité portant création de la ZEP, qui entre en vigueur le 30 septembre 1982.

Selon son traité fondateur, la ZEP est créée « en vue de tirer profit d'un marché plus étendu, de partager le patrimoine et le destin communs de la région et de permettre une grande coopération socio-économique, l'objectif ultime étant la création d'une communauté économique ».

Le 5 novembre 1993, plusieurs États de l'Afrique de l'Est et de l'Afrique Australe signent à Kampala (Ouganda) le traité portant création du COMESA[63]. Ce traité a été ratifié à Lilongwe (Malawi) le

---

[62] Common Market for Eastern and Southern Africa

[63] Membres : Angola, Burundi, Comores, RDC, Djibouti, Égypte, Érythrée, Éthiopie, Kenya, Libye, Madagascar, Malawi, Ile Maurice, Ouganda, Rwanda, Seychelles, Soudan, Soudan du Sud, Swaziland, Zambie, Zimbabwe. Ont quitté l'Organisation : le Lesotho (1997), le Mozambique (1997), la Tanzanie (2000), la

8 décembre 1994, et le siège du COMESA a été fixé à Lusaka (Zambie).

Le COMESA se trouve être le plus grand regroupement régional en Afrique, avec une population de 400 millions de personnes, une superficie de 12,89 millions de km2 et un PIB de 230 milliards de dollars US.

Certains pays (qui ne sont pas tous membres fondateurs) quittent l'organisation peu après le démarrage de ses activités : le Mozambique et le Lesotho en avril 1997, la Tanzanie en août 1999, la Namibie en 2004, tandis que l'Angola suspend sa participation la même année.

2- Le VIIe Sommet des chefs d'État et de gouvernement du COMESA a réaffirmé l'objectif général de l'intégration économique et des objectifs sectoriels sur lesquels se focalisent les activités du COMESA ; il s'agit :

- De la création d'une communauté économique régionale pleinement intégrée au niveau international ;
- De plusieurs domaines d'intégration :

. Le commerce des biens et services, l'intégration monétaire, y compris les mécanismes de paiement et de règlement. Il était prévu, à court terme, la mise en place d'une zone de libre échange avec suppression des barrières douanières internes, ainsi qu'une union douanière entre les États membres en fin 2004[64].

. La promotion et la facilitation de l'investissement ;

. Le développement des infrastructures (transport aérien, routier, maritime, TIC, énergie, etc.) ;

. Le commerce électronique ;

. La paix et la sécurité.

3- Plusieurs institutions ont été mises en place pour conduire et animer les activités du COMESA ; il s'agit principalement :

- De la Conférence des chefs d'État et de gouvernement[65] : la Conférence détermine la politique et l'orientation générale du COMESA. Elle se réunit une fois par an et peut se réunir en session extraordinaire à la demande de l'un des pays membres. Lorsque la conférence est réunie, ses décisions sont prises par consensus.

Namibie (2004).

[64] Art. 45 du Traité COMESA, qui prévoyait sa mise en place sur une période de dix ans à compter de 1994.

[65] Voir article 8 du Traité COMESA.

- Du Conseil des Ministres[66] composé des ministres désignés par les États membres. Il a pour principales fonctions de :

. Assurer le contrôle et le suivi permanents du bon fonctionnement et du développement du COMESA ;

. Formuler des recommandations à l'intention de la conférence sur des questions de politique générale relatives au bon fonctionnement du Marché ;

. Recueillir des avis consultatifs auprès de la Cour de Justice du COMESA ;

. Analyser et approuver les budgets du Secrétariat et de la cour de Justice;

. Envisager les mesures à prendre par les États membres dans le but de promouvoir la réalisation des objectifs du COMESA ;

. Identifier les zones économiquement défavorisées du Marché Commun.

Les règlements, directives et décisions du conseil s'imposent aux États membres, et aux organes du COMESA, à l'exception de la cour de Justice.

Le conseil se réunit une fois par an ; il peut se réunir en session extraordinaire à la demande d'un État membre, avec le soutien d'au moins un tiers des États parties.

- Du Secrétariat Général, dont le siège est à Lusaka (Zambie) : il est dirigé par un Secrétaire Général nommé par la conférence pour un mandat de cinq ans renouvelable une fois. Le Secrétaire Général est le responsable exécutif du COMESA, qu'il représente à l'égard des tiers[67]. Il est assisté de deux Secrétaires Généraux Adjoints nommés par la Conférence. Dans l'exercice de leurs fonctions, le secrétaire Général, les Secrétaires Généraux Adjoints et le personnel du Secrétariat ne peuvent solliciter ni recevoir d'instructions d'aucun État membre, ni d'aucune autre autorité extérieure au Marché commun. Enfin, il peut être créé des bureaux sous-régionaux ou des branches du Secrétariat dans les États membres sur décision du conseil.

- D'une Cour de Justice instituée en vertu de l'Article 7 du Traité COMESA. La Cour veille au respect de l'application du droit et de l'interprétation du Traité. Elle est composée de douze juges nommés par la Conférence, en raison d'un juge par État, pour un mandat de

---

[66] Voir article 9 du Traité COMESA.

[67] Sur les attributions du Secrétaire Général, voir article 17 du Traité.

cinq ans renouvelable une fois[68]. Cependant, la Conférence peut, à la demande de la Cour, nommer un nombre supplémentaire de juges. Sept juges siègent à la chambre de première instance, et cinq à la chambre d'appel[69]. La Conférence nomme le président de la Cour parmi les juges de la chambre d'appel.

Enfin, le conseil nomme un greffier choisi parmi les ressortissants des États membres qualifiés pour exercer de hautes fonctions judiciaires dans leurs États respectifs.

La Cour peut être saisie par les États membres, par le Secrétaire Général ou encore par les personnes morales et physiques[70] ; étant entendu que lorsque l'affaire est relative à un acte (à caractère législatif ou règlementaire) pris par un État membre, la personne ne peut saisir la Cour qu'après avoir épuisé tous les recours devant les juridictions nationales.

La Cour de Justice est compétente pour connaître de toute revendication contre le Marché Commun ou ses institutions pour des actes posés par leurs agents dans l'exercice de leurs fonctions. Elle est également compétente pour connaître des litiges résultant d'une clause compromissoire contenue dans un contrat, conférant une telle compétence, auquel le Marché Commun ou l'une de ses institutions est partie ; enfin, elle connaît des différends, entre les États membres, relatifs à l'application du Traité.

La Cour est également un organe consultatif pour la Conférence, le Conseil ou un État membre, qui peut lui demander un avis sur des questions de droit découlant des dispositions du Traité et ayant des incidences sur le Marché Commun.

La Cour établit le règlement de procédure qui régit son fonctionnement, conformément aux dispositions du Traité COMESA.

L'exécution d'un arrêt de la Cour, qui impose une obligation pécuniaire à une personne, est régie par les règles de procédure civile en vigueur dans l'État membre sur le territoire duquel a lieu l'exécution. L'ordonnance d'exécution doit être annexée au jugement de la Cour qui ne nécessite que la vérification de l'authenticité de l'arrêt par le greffier, après quoi, la partie en faveur de laquelle l'exécution doit se faire peut poursuivre cette exécution conformément aux règles de procédure civile en vigueur dans cet État membre.

---

[68] Sur le mandat, démission et destitution des juges, voir articles 21 et 22 du Traité COMESA.

[69] Voir article 20 du Traité COMESA.

[70] Sur la saisine de la Cour, voir les articles 24, 25 et 26 du Traité COMESA.

- D'un Comité des Gouverneurs des Banques Centrales composé des gouverneurs des autorités monétaires désignés à cet effet par les États membres. Entre autres missions[71], ce Comité est responsable de l'élaboration des programmes et plans d'action dans le domaine de la coopération financière et monétaire. A cet égard, il peut soumettre des rapports et des recommandations au Conseil. En outre, il suit et veille à la bonne exécution des programmes et plans adoptés. Le Comité des Gouverneurs des Banques Centrales se réunit une fois par an.
- D'un Comité Consultatif des Groupes d'Intérêt composé d'autant de représentants des milieux d'affaires et des autres groupes d'intérêt des États membres, que le Comité consultatif détermine. Le Comité Consultatif sert de pont et facilite le dialogue entre les milieux d'affaires et les autres groupes d'intérêt et les autres organes du marché commun. Il est principalement chargé de veiller à ce que les intérêts des milieux d'affaires et des autres groupes d'intérêt du Marché Commun soient pris en considération par les organes du COMESA.

Le Comité Consultatif se réunit autant de fois que nécessaire et détermine son propre règlement intérieur.
- D'un Comité Intergouvernemental composé de Secrétaires Généraux ou Directeurs Généraux des ministères désignés à cet effet par les États membres. Le Comité Intergouvernemental est chargé de :

. Elaborer les programmes et plans d'action dans tous les secteurs de coopération, hormis le secteur financier et monétaire ;

. Suivre et veiller au bon fonctionnement et au développement du Marché Commun conformément aux dispositions du Traité ;

. Surveiller la mise en œuvre des dispositions du Traité ; à cet effet, il peut demander à un comité technique de mener une enquête sur toute question particulière ;

. Présenter périodiquement, à sa propre initiative ou à la demande du Conseil, des rapports et recommandations à ce dernier ;

. Accomplir toutes autres fonctions qui lui sont conférées par le Traité COMESA ou en vertu de ce dernier.

Le Comité Intergouvernemental se réunit une fois par an, et détermine son propre règlement intérieur.

Outre les organes ci-dessus, le COMESA compte plusieurs institutions spécialisées pour mettre en œuvre son programme d'activités ; il s'agit :

---

[71] Voir article 13 du Traité.

- Des comités techniques spécialisés[72] qui réunissent des représentants désignés par les États membres à cet effet. Le Conseil peut créer autant de comités techniques que nécessaire pour la réalisation des objectifs du Traité[73] ;
- De la banque PTA, chargée de la promotion des investissements ; elle fournit des facilités de financement du commerce ;
- De la Chambre de Compensation, qui a pour mission de mettre en place un système approprié pour effectuer les paiements et les règlements transfrontaliers entre banques centrales de l'espace COMESA ;
- De la Compagnie de Réassurance (ZEP-RE), créée en 1992, qui occupe aujourd'hui une place importante dans le secteur des assurances dans dix-neuf pays de la région ;
- De l'Institut du Cuir et des Produits du Cuir du COMESA (LLPI) : Créé en 1990, cet Institut aide les États membres à développer le secteur du cuir et apporte son appui aux entreprises du secteur pour réaliser des études de projets. Cet institut a préparé et aidé à la réalisation de plusieurs programmes et projets en vue du développement du secteur des cuirs et produits dérivés.
- De l'Agence Africaine d'Assurance Commerciale (ATI) : Cette agence a été créée en 2001 et a pour mission d'assurer la couverture des risques de nature politique pour promouvoir le commerce dans les États du COMESA. Elle bénéficie du soutien de la Banque Mondiale et est ouverte à tous les États membres de l'Union Africaine. L'agence offre les services d'assurance suivants : assurances risques politiques et commerciaux, assurance tous risques politiques et commerciaux, assurance investissements étrangers directs, couverture prêt-projet, couverture d'actifs mobiles, garantie appel abusif de caution et de lettres de crédit standby, couverture assurance crédit, assurance dommages, violence politique et guerre et dommages indirects.

---

[72] Voir article 15 du Traité COMESA.

[73] Sur le rôle des Comités, voir article 16 du Traité COMESA. Notamment : le Comité des affaires administratives et budgétaires, le Comité agricole, le Comité des systèmes globaux d'information, le Comité énergétique, le Comité des affaires financières et monétaires, le Comité industriel, le Comité du travail, des ressources humaines et des affaires sociales et culturelles, le Comité juridique, le Comité des ressources naturelles et de l'environnement, le Comité du tourisme et de la faune et de la flore sauvages, le Comité du commerce et douanes et le Comité des transports et communications.

En 2007, l'ATI a accordé 4 000 millions de dollars US en police d'assurance couvrant les risques politiques et commerciaux[74] dans sept pays africains pour des opérations dans les secteurs suivants : télécommunications, agrobusiness, mines.

I- Œuvre d'intégration régionale

Outre la mise en place des institutions que nous venons de présenter brièvement, le COMESA a, pour atteindre ses objectifs, réalisé plusieurs actions.

1- Dans le domaine de la libre circulation des personnes et des biens

Le protocole sur la libre circulation des personnes, de la main-d'œuvre, des services et le droit d'établissement et de résidence, adopté par le sixième sommet des chefs d'État et de gouvernement du COMESA, au Caire (Égypte) en mai 2001, n'est pas encore entré en vigueur, car n'ayant pas encore été signé et ratifié par au moins sept États parties. Le protocole sur l'assouplissement progressif, puis la suppression de l'obligation de visa au sein de l'espace COMESA, adopté par le sommet réuni à Bujumbura (Burundi) le 22 décembre 1984, est en vigueur en vertu de l'article 163 du Traité COMESA.

Le calendrier adopté par le COMESA en vue d'instaurer la libre circulation des personnes, puis le libre établissement et la libre résidence pour les ressortissants de la zone, s'établit comme suit[75] :
- de 2000 à 2002 : élimination progressive de l'obligation de visa ;
- de 2002 à 2006 : libre circulation de la main-d'œuvre qualifiée et des services ;
- de 2006 à 2010 : libre établissement ;
- 2014 : droit de résidence.

Ce calendrier n'a pas été respecté, mais les États membres du COMESA mènent plusieurs activités en vue de s'y conformer. Aujourd'hui, on enregistre dans l'espace COMESA une certaine flexibilité dans le traitement des visas pour les ressortissants des pays

---

[74] Principaux types d'opérations assurées : risques commerciaux et politiques ; investissements étrangers directs ; couverture de prêts pour projets ; couverture des engins motorisés ; assurance des crédits ; dommages de guerre ou d'actes de terrorisme.

[75] Voir « Situation de l'intégration en Afrique (SIA) », *op. cit.*, p. 44.

membres ; de même que la promotion de la mobilité de la main-d'œuvre et des services ainsi que du droit de résidence et d'établissement.

2- L'établissement d'une Zone de Libre Échange

Le 1er novembre 2000, la Zone de Libre Échange (ZLE) a été lancée à l'occasion du sommet réuni à Lusaka et devient effective entre plusieurs États[76], avec, comme objectif prioritaire, la promotion, à moyen terme, de l'intégration régionale par le commerce et l'investissement. En 2003, deux nouveaux États[77] rejoignent la ZLE ; ainsi, onze pays membres du COMESA font partie de ladite zone, qui s'élargit pour totaliser, en 2008, quatorze États membres. Désormais, les droits de douane sont nuls entre plusieurs États membres[78].

La ZLE connaît des succès intéressants, car dès les deux premières années, les échanges entre les États membres passent à 30 %.

3- Libre circulation des biens, des services et et des capitaux

Afin de faciliter le commerce intra-régional, un programme pour l'élimination des barrières non tarifaires est en train d'être mis en œuvre : suppression des licences d'importation, suppression des quotas d'importation ou d'exportation, suppression des barrages routiers, simplification des formalités et prolongation des horaires d'ouverture des postes frontières.

La suppression de ces barrières est importante pour la réalisation de l'Union Douanière, dont la mise en place a été reportée, d'une part, et, d'autre part, la progression des échanges commerciaux entre les États membres du COMESA a été freinée par l'existence de multiples barrières non-tarifaires.

Les États membres ont tenu une réunion à Blantyre (Malawi) en septembre 2007 pour examiner la question relative à l'élimination

---

76 Djibouti, Égypte, Kenya, Madagascar, Malawi, Ile Maurice, Soudan, Zambie, Zimbabwe.

77 Burundi et Rwanda.

78 Djibouti, Égypte, Kenya, Madagascar, Malawi, Ile Maurice, Soudan, Zambie et Zimbabwe.

desdites barrières. Les participants ont relevé que, malgré la réduction des tarifs, les barrières non tarifaires, qui se traduisent par des procédures douanières et administratives excessives, constituent un frein à la libre circulation des produits. Selon une étude mise à la disposition des États à l'occasion de cette réunion : « 56 % de toutes les barrières non tarifaires enregistrées concernent les procédures douanières et administratives d'entrée, notamment l'évaluation douanière, les règles d'origine, l'inspection avant l'expédition, des barrières techniques au commerce, des mesures sanitaires et phytosanitaires, et des règles d'importation ». Au terme de la réunion de Blantyre, les États membres ont décidé d'installer des points nationaux d'information dans chaque pays pour rapporter, surveiller et éliminer les barrières non tarifaires.

A l'occasion de la réunion du XIe Sommet des chefs d'État et de gouvernement[79], les États membres ont été invités à mettre en place rapidement la feuille de route pour l'élimination des barrières non tarifaires. En effet, le COMESA envisage d'établir un espace économique unique dans lequel les barrières tarifaires et non tarifaires, qui entravent la libre circulation des biens, des services, des capitaux et des personnes, seront totalement éliminées à l'horizon 2025.

Le sommet des chefs d'État et de gouvernement du COMESA réuni à Kampala (Ouganda) le 8 juin 2004 réaffirme l'objectif de création d'une Union Douanière forte entre les États membres ; toutefois, la mise en place de l'Union Douanière a été reportée par ledit sommet, la soumettant à la réalisation préalable des études sur le Tarif Extérieur Commun (TEC). À cet égard, le XIe Sommet des chefs d'État et de gouvernement[80] a demandé que le TEC soit mis au point avant le XIIe Sommet.

Aujourd'hui, la structure du TEC est adoptée ; mais il reste à harmoniser les législations régissant le commerce, ainsi que les tarifs douaniers nationaux avec le TEC. Les États parties doivent également procéder à la finalisation de la liste des produits sensibles et mettre en œuvre les modalités des sept principes de l'Union Douanière déjà adoptés par le Conseil.

---

[79] Djibouti, 2006.
[80] Djibouti, 2006.

Finalement, le COMESA a décidé de lancer l'Union Douanière en décembre 2008[81].

4- L'intégration monétaire des États membres du COMESA

À Lusaka (Zambie), le 30 novembre 2001, la XIIe réunion des ministres du COMESA décide :
- La libéralisation des échanges interbancaires ;
- L'institution d'un Fonds COMESA devant servir à financer les projets d'intégration régionale et de favoriser les investissements directs étrangers. Le Protocole relatif à ce Fonds est entré en vigueur le 14 novembre 2006.
- À l'occasion de la réunion du XIe Sommet des chefs d'État et de gouvernement, le Comité des Gouverneurs des Banques Centrales a décidé de la création d'un Institut monétaire du COMESA chargé de préparer l'Union Monétaire, qui doit être lancée avant 2018. La mise en place de cet institut doit être accélérée, car elle constitue une étape importante pour la création de l'Union Monétaire ; les activités dudit Institut devraient démarrer le 1er janvier 2011. Cependant, l'Union Monétaire a été officiellement lancée le 7 juin 2009 et le COMESA a envisagé l'harmonisation des politiques financières et budgétaires d'ici à 2014.

En outre, la Chambre de Compensation du COMESA doit accélérer la création du Système Régional de Paiement et de Règlement (SRPR), programmé pour être opérationnel avant la fin de l'année 2007.

Pour favoriser la promotion du commerce transfrontalier et pour le développement d'une stratégie d'information commerciale, il a été créé une Agence d'Investissement Régionale (AIR), dont les organes ont été mis en place.

II- Les défis et les contraintes majeurs du COMESA

A l'instar de plusieurs autres organisations régionales, le COMESA est confronté à plusieurs défis inhérents au processus de

[81] Voir Travaux du XIe Sommet des chefs d'État et de gouvernement du COMESA.

l'intégration africaine, d'une part, et, d'autre part, spécifiques à cette région, notamment[82] :

- L'adhésion de tous les États à la ZEP ;
- La mise en œuvre des instruments relatifs aux transports pour la facilitation du commerce ;
- La création d'une Autorité conjointe de la concurrence, entre le COMESA, la SADC et la CAE, pour la mise en œuvre de règles communes de la concurrence dans le domaine des transports aériens ;
- La création de l'Institut Monétaire du COMESA ;
- La signature et la ratification des protocoles et des accords passés en vue d'accélérer le processus d'intégration ;
- La mise en œuvre des décisions du sommet tripartite COMESA-CAE-SADC pour l'harmonisation des projets et programmes des trois CER.

C- L'expérience de la Communauté de l'Afrique de l'Est (CAE) (*East African Community*, *EAC*)

1- L'Afrique de l'Est a une longue expérience d'intégration qui commence dès 1900 avec une union douanière entre le Kenya et l'Ouganda, qui seront rejoints par la Tanzanie (le Tanganyika) en 1922. Prenant le relais, la CAE originelle a été créée[83] en 1967 et a fonctionné jusqu'en 1977. Cette période a été suivie d'une longue période de stagnation et de négociation pour relancer la coopération sous-régionale, qui a abouti à la signature de l'accord pour la mise en place d'une commission tripartite permanente pour la coopération en Afrique de l'Est, le 30 novembre 1993. La coopération dans cette sous-région est devenue une réalité à partir du 14 mars 1996, avec l'établissement du Secrétariat de la Commission Tripartite permanente à Arusha. Les États parties adoptent la Première Stratégie de Développement, qui consacre le cadre politique ayant abouti à la signature du traité portant création de la CAE le 30 novembre 1999 ; il est entré en vigueur le 7 juillet 2000. Le Rwanda et le Burundi ont rejoint le Traité le 18 juin 2007 et sont devenus membres à part entière le 1er juillet 2007.

[82] Voir « Situation de l'intégration en Afrique (SIA) », *op. cit.*, pp. 45 et 46.
[83] Par le Kenya, l'Ouganda et la Tanzanie.

Les États membres[84] comptent une population de 120 millions d'habitants, avec un PIB global de 41 milliards de dollars US.

2- Les principaux objectifs de la CAE sont :

- La promotion et le développement de la région de l'Afrique de l'Est ainsi que la protection de l'environnement et l'utilisation rationnelle des ressources naturelles ;
- Le renforcement et la consolidation des liens politiques, économiques, sociaux et culturels et les rapports séculaires entre les populations de la région en vue d'encourager le développement mutuel humain ;
- L'amélioration et le renforcement de la participation du secteur privé et de la société civile ;
- L'intégration de la question genre dans tous les programmes et le renforcement du rôle des femmes dans le processus de développement ;
- La promotion de la bonne gouvernance, l'adhésion aux principes de démocratie, du respect de la loi, de l'obligation de rendre compte, de la transparence, de la justice sociale, de l'égalité des chances et de l'égalité entre hommes et femmes ;
- Enfin, la promotion de la paix, de la sécurité et de la stabilité dans la région.

Il faut également noter que la CAE avait envisagé la réalisation de l'Union Monétaire (à l'horizon 2012), qui sera suivie d'une Fédération politique des États de l'Afrique de l'Est.

Compte tenu du potentiel de la région en ressources naturelles (terres fertiles, minerais, eaux, énergie, forêts et faune), l'objectif primordial de la CAE est de renforcer la productivité à travers la promotion des investissements, des industries et du commerce.

3- Outre les institutions classiques, la CAE dispose d'une Assemblée Législative de l'Afrique de l'Est (EALA), dont le premier mandat a pris fin en 2001 et la deuxième législature a été lancée en juin 2007. Dans ladite Assemblée, chaque État partie dispose de neuf membres désignés dans les collèges électoraux constitués par les Parlements nationaux.

---

[84] Le Burundi, le Kenya, l'Ouganda, le Rwanda et la Tanzanie. D'autres pays envisagent d'y adhérer, il s'agit principalement du : Malawi, de la République Démocratique du Congo, de la Zambie et du Soudan du Sud.

I- Œuvre d'intégration régionale

Les activités de la CAE ont connu une léthargie de 1967 à 1977 ; elles ont été véritablement relancées en 1996, d'une part, et, d'autre part, la CAE n'a été institutionnalisée que par un traité du 30 novembre 1999.

Au regard de ce qui précède, ses principales réalisations sont :

1- Dans le domaine de la libre circulation des personnes

L'institution du passeport de la CAE a été adoptée par le Conseil des Ministres et devrait être opérationnelle en 2011. Cependant, cette échéance n'a pas été tenue ; aussi, le 17ème sommet des chefs d'État de la CAE, réuni à Arusha (Tanzanie) le 02 mars 2016, a décidé de mettre en circulation le nouveau passeport à compter de janvier 2017. Toutefois, cette mise en circulation ne semble toujours pas effective. Le passeport CAE permettrait aux ressortissants des États membres des entrées et sorties multiples pour une période de six mois.

Il faut également relever une initiative remarquable, à savoir la mise en œuvre de politiques qui autorisent l'octroi de nationalité aux ressortissants des États membres et la facilitation de l'accès aux services de santé, de l'éducation, de la formation, les affaires légales et judiciaires, du tourisme et des communications.

En outre, la CAE a réalisé des études sur « l'harmonisation des politique de l'emploi en Afrique de l'Est » et sur « l'harmonisation des législations du travail en Afrique de l'Est ». Ces études ont été présentées aux ateliers tenus à Kampala (Ouganda) le 20 juin et à Nairobi (Kenya) le 27 juin, à Dar-es-Salam (Tanzanie) le 18 juillet 2007, enfin à Zanzibar (Tanzanie) le 20 juillet 2007.

La CAE renforce de plus en plus son identité, car, outre la mise en circulation d'un passeport qui lui est propre, elle a introduit un drapeau et un hymne de la communauté.

2- La libre circulation des biens, des services et des capitaux

- Pour faciliter les échanges intra-communautaires, l'Union Douanière a été lancée en janvier 2005 et évolue vers le processus d'intégration régionale ; elle devra être consolidée pendant la période de couverture de la Troisième Stratégie de Développement de la CAE (2006-2010). Cette Stratégie porte aussi sur la création du Marché Commun, l'intensification et le développement des infrastructures, l'industrialisation ; la promotion de programmes de développement rural et le développement d'aménagement du Bassin du Lac Victoria.

Les États parties sont convenus de l'élimination des barrières non tarifaires, de la création d'un Tarif Extérieur Commun, de l'élaboration de législations relatives : aux règles d'origines, au dumping, aux subventions et aux droits compensatoires, à la concurrence, au remboursement des droits de douane et la remise des droits de douane et des impôts, à la coopération douanière, la réexportation des marchandises, la simplification et l'harmonisation des documents et procédures commerciaux.

La première phase de réduction des tarifs intérieurs est entrée en vigueur le 1er janvier 2006 ; le taux de 0 % de droits sur les produits de la Communauté sera effectif au 1er janvier 2010. La première phase de réduction sur les produits en provenance du Kenya vers la Tanzanie et l'Ouganda a été mise en œuvre le 1er janvier 2006 et la deuxième phase le 1er janvier 2007. Le Protocole relatif à la mise en œuvre du Marché Commun devrait effectif en 2010, pour permettre la libre circulation des biens, du travail et des capitaux sur tout son territoire. Ce marché est le premier du genre en Afrique.

Enfin, les États membres ont adopté un modèle de code des investissements.

- L'harmonisation des politiques monétaires et fiscales a été réalisée et les États parties avaient envisagé la création d'une monnaie commune à l'horizon 2012, qui se nommerait « le Shilling Est-Africain » ; cependant, le lancement de cette monnaie est reporté et, selon certains observateurs, il pourrait intervenir autour de 2016.

Ainsi, en 2010, la CAE lance son propre marché commun des biens, du travail et des capitaux avec comme objectif initial la création d'une monnaie commune en 2012 et d'une fédération politique en 2015, comme nous le verrons ci-après.

À cet effet, des questions importantes sont en discussion : la convertibilité des monnaies des États membres (acquise depuis 1997), l'harmonisation des règlements bancaires, l'harmonisation des consultations périodiques pré et post-budgétaires des ministères des Finances, l'échange d'informations sur les questions budgétaires. Il faut également noter : la libéralisation des marchés des capitaux, les réunions régulières des gouverneurs des Banques Centrales, le lancement d'une étude sur la création d'une Bourse des Valeurs. En outre, les monnaies des pays membres de la CAE sont convertibles entre elles ; les actions des sociétés des États membres sont échangeables dans toutes les Bourses des valeurs desdits États ; les négociations sur le Marché Commun ont commencé.

Dans le domaine de la coopération financière, la Banque de Développement de l'Afrique de l'Est constitue l'institution financière pour le développement régional.

- Enfin, toujours dans le cadre de la facilitation des échanges, les États membres ont conclu un accord sur le transport routier inter-États ; ils ont harmonisé les procédures et les conditions qui régissent le transit des véhicules et des biens d'équipement pour faciliter le passage des frontières. A cet égard, plusieurs dispositions ont été prises : la réduction des documents exigés des équipages et des véhicules pour la traversée des frontières, l'harmonisation des règles relatives à l'octroi des licences, les règlements relatifs aux transactions douanières et l'immigration, la création d'un Conseil Sectoriel des Transports, des Communications et de la Météorologie.

3- L'intégration physique des États membres

Plusieurs projets ont été identifiés dans les domaines suivants : six voies ferrées, dans le domaine de l'aviation civile, les poteaux, les télécommunications, l'énergie, le programme de développement du lac Victoria.

- Dans le domaine des transports, on peut relever les réalisations suivantes : un projet de « Corridor de l'Afrique de l'Est » concernant la remise en état des réseaux de transport dans plusieurs États (Tanzanie, Ouganda, Kenya) ; des projets importants ont été réalisés : le « Corridor Nord (route Mombassa-Katuna), le « Corridor Central » (route Dar-es-Salam-Mutukula). D'autres projets routiers et de chemin de fer sont également en cours d'études.

Dans le sous-secteur de l'aviation civile, la session extraordinaire du Conseil des Ministres de la CAE réunie à Arusha (Tanzanie) le 18 avril 2007 a créé l'Agence du Contrôle de la Sûreté et de la Sécurité de l'Aviation Civile (CASSOA), qui est devenue opérationnelle en mai 2007 après qu'eurent été nommés son premier Directeur Exécutif et les autres membres du personnel.

- Des potentiels énergétiques importants ont été mis en évidence. La IIIe conférence de la CAE sur le pétrole, tenue à Arusha en mars 2007 fait suite aux résultats positifs des prospections faisant état de traces de pétrole à Albertine Graben (Ouganda) en 2006, des gisements de gaz naturel dans le bassin de Mkuranga (sud de Dar-es-Salaam en Tanzanie), l'exploitation du gaz de Mnazi Bay, qui alimentera en électricité les régions de Mtwara et de Lindi, les découvertes de gaz à Songo Songo ; le premier forage en eaux profondes au large des côtes kényanes et l'exploitation en cours du potentiel géothermique dans la section kényane de la Great Rift Valley.

La CAE dispose d'un Plan-Cadre dans le domaine de l'énergie qui prévoit sur une période de sept ans la réalisation d'un système régional d'alimentation électrique de pointe, avec la création d'un bassin usinier comme groupe central. Le coût de la mise en œuvre du Plan-Cadre s'élève à 1,2 milliard de dollars US et 600 millions de dollars US pour, respectivement, la production et la distribution sur la période de mise en œuvre.

4- Paix et sécurité

Dans le domaine de la Paix et de la Sécurité, une stratégie régionale a été adoptée et la conclusion d'un Protocole sur la Paix et la Sécurité Régionale était prévue pour fin 2009. Ce Protocole trouve son fondement juridique dans l'article 5 et les articles 124 et 125 du Traité CAE de 1999, qui pose les principes de paix, de sécurité et de bon voisinage entre les États parties et sur la base desquels lesdits États ont conclu un Protocole d'accord sur la coopération en matière de défense.

Il existe également des mécanismes de coopération entre les Polices des États membres de la CAE.

5- Autres actions d'intégration

- En 2006, les États membres de la CAE ont signé les instruments portant sur le développement de l'agriculture et la sécurité alimentaire, tandis qu'une stratégie de développement rural a été adoptée en 2006.
- Dans le domaine de l'Environnement, les États membres ont conclu et mis en œuvre un Programme de gestion environnementale du lac

Victoria. La Commission de Développement du lac Victoria a été lancée le 11 juillet 2007.

On peut, enfin, relever plusieurs autres réalisations de la CAE :
- La signature de plusieurs Protocoles dans le domaine du Tourisme : Protocole sur la gestion de l'Environnement et des Ressources naturelles ; Protocole relatif au classement des hôtels, restaurants et autres institutions touristiques. Notons, enfin, la création d'un Conseil d'Administration du Tourisme de la CAE ;
- La mise en œuvre du projet de l'Automatisation Postale de la CAE ;
- La conclusion d'un accord tripartite sur les voies navigables intérieures ratifié en 2004. Les parties ont procédé à l'harmonisation des législations en matière de transport par les voies navigables intérieures ;
- La coordination des activités de pêche sur le lac Victoria par l'Organisation des Pêches du lac Victoria ;
- L'achèvement de l'étude sur l'examen du statut des ports du lac Victoria ;
- La création de nouvelles commissions : Commission des Sciences et de la Technologie, Commission pour la Recherche Médicale dont les programmes seront mis en œuvre pendant la période prévue pour la troisième stratégie de développement de la Communauté (2006-2010) ; la Commission pour le Kiswahili ; le Conseil Inter-Universitaire qui regroupe 46 Universités des États de la CAE.

II- Les défis

Des efforts réels ont été réalisés en vue de l'intégration sous-régionale, mais la CAE est confrontée à certains défis, notamment :
- La prise en charge de la question de la pauvreté ;
- La relance de la production compte tenu du vaste potentiel de la région ;
- L'amélioration de l'environnement juridique et institutionnel afin de favoriser l'attraction des investissements intérieurs et étrangers ;
- La promotion des industries de fabrication ;
- Le maintien de la paix et la bonne gouvernance dans les États parties ;
- Enfin, la mise en place de la Fédération politique : les chefs d'État et de gouvernement de la CAE ont tenu un Sommet extraordinaire à Nairobi (Kenya), du 27 au 29 août 2004, au cours duquel ils adoptent

une déclaration appelant à la mise en place rapide d'une Fédération politique de l'Afrique de l'Est. A cet effet, ils ont créé le *« Committee on Fast Tracking East African Federation »* dit le « Comité Wako ». A l'occasion du Sommet tenu en novembre 2004, le Comité Wako soumet son rapport aux chefs d'État et de gouvernement. Le Comité recommande la mise en place de la Fédération de l'Afrique de l'Est d'ici à l'an 2013. Cependant, c'est à l'occasion du Sommet extraordinaire, réuni à Dar-es-Salam (Tanzanie), les 29 et 30 mai 2005, que les chefs d'État et de gouvernement ont examiné le rapport du Comité et réaffirmé l'objectif d'une Fédération Est-Africaine. Pour atteindre cet objectif, plusieurs mesures ont été prises, notamment la création au sein du Secrétariat de la CAE d'un poste de Secrétaire Général chargé de la coordination du processus accéléré en vue du lancement de la Fédération ; ils ont également ordonné la mise en place de mécanismes de consultation nationaux en vue de recueillir les avis des populations concernées. Ces consultations ont commencé en octobre 2006 et ont été terminées en juin 2007. Le rapport issu des consultations révèle une adhésion massive des populations est-africaines au projet de Fédération. Le Sommet extraordinaire réuni à Arusha (Tanzanie) en août 2007 demande le renforcement de la sensibilisation des populations et la création du Marché Commun d'ici à 2010, d'une part, et, d'autre part, de l'Union Monétaire d'ici à 2012.

Finalement, les progrès réalisés depuis 1996 ont permis de jeter les bases de la réalisation des objectifs de la CAE. Cependant, pour atteindre ces objectifs, la CAE aura besoin d'un engagement ferme de ses partenaires.

En se référant à leur programmation initiale, les principales étapes des projets de la CAE peuvent être résumées comme suit, même si cette programmation n'a pas été respectée :

- novembre 1999 : signature du Traité créant la CAE entre le Kenya, la Tanzanie et l'Uganda ;
- Juin 2000 : entrée en vigueur du Traité ;
- Mars 2004 : signature du protocole sur l'Union Douanière (UD). Le protocole a prévu une phase transitoire de cinq ans au cours de laquelle certaines exportations kényanes vers l'Ouganda et la Tanzanie seront soumises à un Droit de Douane de 10 %, dégressif chaque année de 2 % ;
- Janvier 2005 : entrée en vigueur du protocole sur l'UD ;
- Décembre 2009 : adoption du TEC. Désormais, le processus de mise en place de l'UD serait achevé ;

- Juillet 2010 : mise en place du Marché Commun.

En considération de tout ce qui précède, on est fondé à conclure que des efforts d'intégration assez importants ont été réalisés dans le cadre de la CAE. L'harmonisation juridique n'a pas été perdue de vue dans la mesure où les États membres ont décidé d'harmoniser leurs législations sociales, la réglementation de la concurrence et aussi le transport par les voies navigables intérieures. Toutefois, cette organisation compte un nombre d'États très limité qui sont également membres de plusieurs autres ensembles sous-régionaux et régionaux d'intégration. Il convient donc, pour les États membres de la CAE, de veiller à l'harmonisation de leurs programmes et de leurs législations d'avec ceux desdits États.

D- L'expérience de l'Autorité Intergouvernementale pour le Développement (IGAD) en Afrique de l'Est

1- L'Afrique de l'Est a connu des sécheresses et des catastrophes naturelles sévères entre 1974 et 1984, qui ont causé des famines généralisées et la dégradation écologique entraînant des difficultés économiques dans toute la région. Suite à ces fléaux, les chefs d'État de certains pays de la Corne de l'Afrique[85] se réunissent à Djibouti en janvier 1986 et créent l'Autorité Intergouvernementale pour la lutte contre la Sécheresse et le Développement (IGADD). Le siège de la nouvelle organisation a été fixé à Djibouti.

En avril 1995, les chefs d'État et de gouvernement de l'IGADD se réunissent à Addis-Abeba ; ils décident de redynamiser l'organisation et d'élargir la coopération entre les États membres. La Conférence des chefs d'État se réunit, à nouveau, à Nairobi le 21 mars 1996 et adopte la lettre d'amendement de la Charte de l'IGADD, qui prend une nouvelle appellation : l'Autorité Intergouvernementale pour le Développement (IGAD)[86].

---

[85] Djibouti, Éthiopie, Kenya, Somalie, Soudan, Ouganda. Plus tard, l'Érythrée va adhérer à l'Autorité.

[86] États membres : Djibouti, Érythrée (suspendue en 2007), Éthiopie, Kenya, Somalie, Soudan, Soudan du Sud et Ouganda.

La Conférence des chefs d'État et de gouvernement, réunie à Djibouti le 25 novembre 1996, décide de lancer l'IGAD redynamisée avec des domaines élargis de coopération et une nouvelle structure organisationnelle.

2- Les objectifs assignés à l'IGAD sont :

- La promotion de stratégies conjointes de développement et l'harmonisation graduelle des politiques et programmes macroéconomiques dans les secteurs social, technologique et scientifique ;
- L'harmonisation des politiques en ce qui concerne le commerce, les douanes, les transports, les communications, l'agriculture et les ressources naturelles, la libre circulation des personnes, des biens et des services entre les États membres ;
- La mise en place d'un environnement favorable au commerce et aux investissements extérieurs, transfrontaliers et intérieurs ;
- La réalisation de la sécurité alimentaire régionale et la lutte contre la sécheresse et autres catastrophes naturelles ;
- L'initiation et la promotion de projets et programmes visant la sécurité alimentaire régionale et le développement durable des ressources naturelles ; la protection de l'environnement ;
- Le développement et l'amélioration des infrastructures dans les domaines des transports, des télécommunications et de l'énergie ;
- La promotion de la paix et de la stabilité dans la région et la création de mécanismes de prévention, de gestion et de règlement des conflits inter-États et intra-États à travers le dialogue ;
- La mobilisation des ressources pour la mise en œuvre de programmes d'urgence à court, moyen et long terme dans le cadre de la coopération régionale ;
- La promotion et la réalisation des objectifs du COMESA et de la Communauté Économique Africaine (CEA) ;
- La facilitation, la promotion et le renforcement de la coopération en recherche et développement et application en science et technologie.

Ce sont là des objectifs ambitieux identiques à ceux qui sont déjà assignés à la SADC et/ou au COMESA et à la CAE.

3- Plusieurs institutions ont été créées pour conduire le programme d'intégration ; il s'agit de :

- L'Assemblée des chefs d'État et de gouvernement, qui est l'organe suprême de l'Autorité. Elle se réunit au moins une fois par an ;

- Le Conseil des Ministres, composé des ministres des Affaires étrangères et d'un ministre focal désigné par chaque État membre. Il se réunit au moins deux fois par an ;
- Le Comité des Ambassadeurs, composé des Ambassadeurs des États parties accrédités dans le pays du siège de l'Autorité. Le Comité conseille le Secrétaire Exécutif pour la mise en œuvre du plan de travail approuvé par le Conseil des Ministres et pour l'interprétation des politiques et des directives soumises à son examen ;
- Le Secrétariat, qui est l'organe exécutif de l'Autorité. Il est dirigé par un Secrétaire Exécutif désigné par la Conférence des chefs d'État pour un mandat de quatre ans renouvelable une fois. Le Secrétariat dispose de trois divisions : Coopération Économique, Agriculture et Environnement, Questions Politiques et Humanitaires.

Le Secrétariat met en œuvre les projets relatifs à la sécurité alimentaire, à la protection de l'environnement, au développement des infrastructures, au transport et communication, à la prévention, la gestion et le règlement des conflits, et aux activités humanitaires.

I- Œuvre d'intégration régionale

On peut mettre à l'actif de l'IGAD les réalisations suivantes :

1- Dans le domaine de la libre circulation des personnes

L'IGAD n'enregistre pas d'avancée significative, seule une suggestion a été émise pour la gestion des flux migratoires et le renforcement des capacités.

Du 12 au 14 avril 2008, la Commission de l'Union Africaine (CUA) a organisé à son siège une réunion conjointe avec l'Organisation Internationale pour les Migrations (OIM) et l'IGAD sur la gestion des flux migratoires. Cette réunion s'est terminée sur le lancement du Processus Régional Consultatif sur les migrations. Elle a aussi préconisé un dialogue permanent, l'harmonisation des procédures, des lois et des pratiques en matière de gestion des flux migratoires.

En outre, l'IGAD a conclu un mémorandum d'entente avec le COMESA dans le but d'éviter de faire double emploi en ce qui concerne la libre circulation des personnes.

2- La libre circulation des biens, des services et des capitaux

La libre circulation des biens, des services et des capitaux n'enregistre pas, non plus, d'avancée notable, mis à part la réalisation d'une étude sur l'harmonisation des Codes des investissements dans la région de l'IGAD.

Dans le domaine du commerce, pour éviter le double emploi et le gaspillage des ressources[87], l'IGAD et le COMESA ayant conclu un Protocole d'entente sur les questions commerciales, l'IGAD fait la promotion du programme du COMESA sur le commerce en ce qui concerne : l'Union Douanière, les négociations avec l'OMC, les Accords de Partenariats Economiques (APE).

L'IGAD a aussi mis en place des systèmes d'information (internet) sur la commercialisation des produits agricoles et de l'élevage.

En ce qui concerne les politiques commerciales et macroéconomiques, du 5 au 7 novembre 2008 s'est tenue à Addis-Abeba une réunion du Plan Minimum d'Intégration (MIP) qui a décidé de la réalisation d'une étude pour concevoir une feuille de route vers la création d'une ZLE.

3- Dans le domaine du maintien de la Paix et de la Sécurité

L'IGAD a adopté et mis en place un « Mécanisme d'Alerte Avancée et de Réaction en cas de Conflit » (CEWARN). Le Protocole portant création du CEWARN a été signé lors de la réunion du Conseil des Ministres de l'IGAD en janvier 2002 ; il est entré en vigueur en août 2003. Le siège du CEWARN a ouvert ses portes à Addis-Abeba en juin 2003.

Le CEWARN a pour mission de prévenir les conflits dans la région. Il doit donner la pré-alerte, réagir et favoriser la coopération entre les parties prenantes pour répondre aux conflits potentiels ou nés. Il se propose d'intervenir en temps opportun pour éviter les conflits, de même qu'il intervient pour prévenir l'escalade et pour alléger les effets des conflits violents.

[87] Les États membres de l'IGAD sont également membres du COMESA.

Actuellement, le CEWARN observe et fait des rapports sur les conflits dans les deux zones pilotes : le « bouquet somalien » (incluant des régions situées au Kenya, en Ethiopie et en Somalie), et le « bouquet du Karamoja » (couvrant des régions situées en Ethiopie, au Kenya, au Soudan et en Ouganda).

Le CEWARN se révèle être un système sophistiqué qui a développé un outil de surveillance et d'analyse des données à la pointe des progrès techniques ; il est aussi un mécanisme opérationnel grâce à ses moniteurs sur le terrain, à ses coordonnateurs nationaux, aux instituts nationaux de recherche et aux Unités d'alerte avancée et de Réaction (les CEWERU).

Les 16 et 17 février 2004, l'IGAD a organisé une réunion à Jinja (Ouganda), en présence d'un représentant du COMESA, pour discuter de la création d'une Brigade d'Intervention en Afrique de l'Est (EASBRIG) dans le cadre de la Force d'Intervention Rapide de l'Union Africaine. À cet égard, rappelons que l'UA propose la création de cinq brigades régionales d'intervention, à raison d'une par région. L'EASBRIG devra se charger du maintien de la paix et le contrôle selon les principes de l'UA. La création de l'EASBRIG a été approuvée par le Sommet de l'UA réuni à Addis-Abeba en juillet 2004.

4- L'intégration physique des États membres

- Dans le secteur des transports, l'IGAD a procédé à la modernisation du port de Djibouti, essentiellement pour permettre le ravitaillement de l'Éthiopie. Des actions sont également menées pour l'entretien de l'axe ferroviaire Djibouti-Addis-Abeba et le suivi de l'exécution du corridor d'Isiolo-Moyale reliant le Kenya et l'Éthiopie ;
- On peut aussi noter la mise en œuvre du Programme Régional de Soutien aux Technologies de l'Information et des Communications (RICTSP)[88], sur la période du 18 mai 2004 au 30 juin 2011. La phase opérationnelle d'exécution du projet prendra fin le 30 juin 2009. Le RICTSP vise à combler le fossé numérique, à faciliter aux entrepreneurs l'accès à l'information et à palier le faible niveau de compétences ;

[88] Pays bénéficiaires : Djibouti, Érythrée, Éthiopie, Somalie, Soudan.

- Enfin, l'IGAD encourage l'interconnexion électrique transfrontalière.

5- Autres actions d'intégration

On peut aussi relever plusieurs réalisations de l'IGAD dans divers secteurs :
- La mise en œuvre du Programme d'Action de l'IGAD (IGAD-SRAP) dans le cadre de la Conférence des Nations-Unies sur l'Environnement et le Développement ; l'IGAD a mis en place la Facilité Régionale d'Appui.

Les États membres de l'IGAD ont participé à la création et contribuent au Centre de Surveillance de la Sécheresse (DMC) mis en place à Nairobi par 24 pays de l'Afrique de l'Est et Australe ; un centre secondaire a été créé à Harare en 1989. Le DMC de Nairobi a été intégré, par le Xe Sommet des chefs d'Etat de l'IGAD réuni à Kampala en octobre 2003, en tant qu'institution autonome spécialisée de l'IGAD. Le DMC de Nairobi devient, en 2003, le « Centre de Prévision et d'Application Climatique de l'IGAD » (ICPAC).
- Plusieurs actions relatives au renforcement des capacités ont été menées ;
- Dans le cadre de la promotion du Genre, conscient de l'importance de la participation des femmes dans le développement économique de tous les États et dans tout processus de maintien de la paix, le Secrétariat de l'IGAD a élaboré un « Document sur la politique et la stratégie relatives à l'égalité entre les sexes » définissant les objectifs à atteindre d'ici aux cinq prochaines années.
- Enfin, il a été créé un comité ministériel en charge de la santé et du VIH/SIDA qui a élaboré et lancé un programme de lutte contre la pandémie depuis janvier 2008.

II- Les défis

L'IGAD est confrontée à plusieurs défis, notamment dans le domaine de l'agriculture, le déficit d'emploi au niveau de la région, la pandémie du VIH/SIDA et les conflits intra-étatiques.

En outre, au regard des adhésions multiples, les États membres de l'IGAD devront assurer la cohérence de leurs programmes avec ceux de certaines autres CER, notamment le COMESA, afin d'éviter le double emploi. Dans ce cadre, l'IGAD est membre du Comité

Interrégional de Coordination (IRCC), qui vise à créer des mécanismes de coordination avec le COMESA, la CAE, la COI et la SADC.

Dans le cadre du processus d'intégration régionale, bien qu'elle soit en train de mettre en place sa ZLE, l'IGAD est en retard et se trouve encore au stade de l'harmonisation des politiques.

E- Les regroupements sous-régionaux en Afrique Orientale et Australe

Nous évoquerons ici les trois principales organisations sous-régionales en Afrique Orientale et Australe, à savoir l'Union Douanière de l'Afrique Australe (SACU), la Commission de l'Océan Indien (COI) et l'Association pour la Coopération Régionale des Pays Riverains de l'Océan Indien (ARC/IOR).

I- L'expérience de l'Union Douanière de l'Afrique Australe (*Southern African Custom Union)* (SACU)

1- En 1910, trois Protectorats britanniques[89] signent un accord avec l'Union Sud-Africaine ; ils donnent ainsi naissance à la SACU, la plus ancienne union douanière existante dans le monde. Elle fut créée sous le nom de « *Customs Union Agreement* » entre l'Union Sud-Africaine et la Haute Commission des territoires du Bechuanaland, du Basutoland et du Swaziland.

Le 11 décembre 1969, après l'indépendance du Botswana, du Lesotho et du Swaziland, intervenue entre 1966 et 1968, ils signent un nouvel accord d'Union Douanière avec l'Afrique du Sud ; l'accord, entré en vigueur le 1er mars 1970, remplace l'Accord d'Union Douanière de 1910. La Namibie rejoint le regroupement après son indépendance, en 1990.

Ce processus a abouti à la création de la SACU, qui regroupe cinq États membres[90].

2- L'Union prévoit le libre échange des marchandises, avec un TEC. Les recettes douanières et assises collectées à l'occasion des

---

[89] Le Basutoland (Lesotho), le Bechuanaland (Botswana), le Swaziland.
[90] Afrique du Sud, Botswana, Lesotho, Namibie, Swaziland.

échanges commerciaux sont payées à l'Afrique du Sud (Trésor National), qui veille à les répartir entre les États parties selon les termes de l'Accord.

En fait, aux termes de l'article 10 de l'Acte portant création de l'Union, les États parties doivent appliquer les lois douanières et de régie conformes à celles qui sont en vigueur en Afrique du Sud, d'une part, et, d'autre part, le Comité Sud-Africain du Commerce et des Tarifs décide et conseille en matière douanière sur la base des conditions et des besoins industriels sud-africains.

3- Les activités de l'organisation sont mises en œuvre par plusieurs organes :

- Le Conseil des Ministres, qui est composé d'un ministre par État membre. Il se réunit par sessions trimestrielles ;
- La Commission, composée de hauts fonctionnaires et des comités de liaison ;
- Le Tribunal, qui fait rapport au Conseil des Ministres.
- Un Secrétariat est responsable de l'administration de l'Union.

Ainsi, l'Union est pilotée par une « Commission de l'Union Douanière », composée des représentants des États parties.

Il existe aussi des comités de liaison, notamment : le comité de liaison des Douanes, le comité du commerce et de l'industrie, le comité de liaison *ad hoc*, la sous-commission de l'agriculture, qui se réunissent trois fois par an.

Finalement, la SACU apparaît comme étant une simple union douanière qui fonctionne dans l'intérêt « exclusif de l'Afrique du Sud » ; c'est pourquoi, après la formation du nouveau gouvernement sud-africain, en avril 1994, les États membres sont convenus de renégocier la Convention de 1969 afin de démocratiser l'organisation pour mieux répondre aux besoins des États membres. À cet effet, les ministres en charge du Commerce se sont réunis une première fois à Pretoria le 11 novembre 1994 et ont mis en place un Comité Spécial des Douanes chargé de faire des recommandations aux ministres. Le processus de renégociation se poursuit et le 5 septembre 2000, à l'occasion d'une réunion à Pretoria, les ministres du Commerce et des Finances sont parvenus à un consensus sur les principes de réforme institutionnelle de la SACU.

II- La Commission de l'Océan Indien (COI)

1- Créée en 1982 à Port-Louis (Ile Maurice), la COI a été institutionnalisée en 1984 par l'Accord de Victoria (Seychelles) ; elle regroupe cinq États membres[91] qui fixent le siège de la Commission à Port Louis (Ile Maurice).

2- Les objectifs de la COI portent essentiellement sur le renforcement des liens entre les pays membres dans les domaines économique, social, culturel et technique. Sa mission principale est de resserrer les liens d'amitié et de solidarité entre les populations des États membres et de bâtir des projets régionaux de développement durable destinés à les protéger, d'améliorer leurs conditions de vie et de préserver les ressources naturelles.

Elle vise aussi le renforcement de la coopération entre les différentes îles dans les domaines suivants : politique et diplomatie, économie et commerce, culture.

Seule organisation régionale africaine composée exclusivement d'îles, la COI défend les intérêts insulaires sur la scène régionale et internationale et promeut un développement plus durable et solidaire.

Cette organisation, qui regroupe des États africains et non africains, bénéficie de financements importants de l'UE à travers le FED. Depuis 2005, 26 projets ont été menés à terme pour un coût total de 205 millions d'euros.

III- L'Association pour la Coopération Régionale des Pays Riverains de l'Océan Indien (ARC/IOR)

1- L'ARC a été créée à l'Ile Maurice en 1997 et regroupe dix-huit États membres, africains et non africains[92].

[91] Les Iles Comores, l'Ile de la Réunion (France), Madagascar, l'Ile Maurice et les Seychelles.

[92] Afrique du Sud, Australie, Bangladesh (1999), Comores, Émirats Arabes Unis (1999), Inde, Indonésie, Iran (1999), Kenya, Madagascar, Malaisie, Maurice (Ile), Mozambique, Oman, Singapour, Sri Lanka, Tanzanie, Thaïlande (1999), Yémen. Les Seychelles se sont retirées en 2003.

Certains pays y ont obtenu le statut de "partenaire de dialogue" : la Chine, l'Égypte, les États-Unis, la France, le Japon et le Royaume-Uni.

Le siège de l'Association est fixé à Port Louis (Ile Maurice).

2- L'ARC vise la promotion de la coopération économique entre les pays membres. Ainsi, elle envisage de développer la coopération commerciale, industrielle et économique pour promouvoir la croissance durable, le développement équilibré des États. Elle promeut la libéralisation des échanges et l'abaissement des barrières tarifaires afin d'améliorer la circulation des biens, des services, des investissements et des technologies dans l'Océan Indien.

3- Les activités de l'ARC incluent de nombreux projets et programmes d'actions menés par les pays membres, répartis entre trois groupes de travail :

- Le groupe de travail sur le commerce et l'investissement ;
- Le forum business ;
- Et le groupe académique.

SII- L'INTÉGRATION ÉCONOMIQUE ET JURIDIQUE EN AFRIQUE CENTRALE

Plusieurs États de l'Afrique Centrale se retrouvent dans les regroupements que nous avons étudiés ci-dessus ; on les revoit, à nouveau, dans deux Communautés Économiques majeures, notamment la Communauté Économique et Monétaire de l'Afrique Centrale (CEMAC) et la Communauté Économique des États de l'Afrique Centrale (CEEAC). On relèvera à travers leurs objectifs et leurs activités que ces regroupements, comme les précédents, visent essentiellement l'intégration économique des États membres, et on enregistre des avancées peu significatives en ce qui concerne l'intégration juridique des États parties.

A- La Communauté Économique et Monétaire de l'Afrique Centrale (CEMAC)

1- Ce regroupement est le résultat d'un processus démarré en 1959. En effet, en 1959, la République Centrafricaine, le Congo-Brazzaville, le Gabon et le Tchad créent l'Union Douanière Equatoriale (UDE) ; ils sont rejoints par le Cameroun en 1961 et, le 8 décembre 1964, ils créent, à Brazzaville, l'Union Douanière des États de l'Afrique Centrale (UDEAC). En 1983, la Guinée Équatoriale rejoint, à son tour, les États.

On peut mettre à l'actif de l'UDEAC un certain nombre de réalisations, entre autres :

- L'adoption d'une convention commune sur les investissements (fondement des codes des investissements), en 1965 ;
- L'harmonisation de plusieurs dispositions fiscales :
    . Impôt sur le chiffre d'affaires intérieur (en 1969) ;
    . Impôt sur les sociétés (en 1972) ;
    . Assiette et champ d'application de l'impôt sur les revenus de capitaux et valeurs mobilières (en 1977).

Bien que l'UDEAC soit confrontée à des difficultés de tous ordres, notamment des difficultés dans les mécanismes de décision et des difficultés de financement, les États membres adoptent en 1973 un Programme Régional de Réforme fiscalo-douanière (PRR), pour définir une plate-forme minimum de mesures fiscales et douanières à prendre pour supprimer progressivement les barrières tarifaires et les restrictions quantitatives aux échanges. Le PRR concerne trois volets : le secteur des transports, le secteur financier et la fiscalité.

Cependant, les difficultés sont telles que la Conférence des chefs d'État prononce la dissolution de l'UDEAC le 5 février 1998. En effet, la CEMAC avait déjà été créée à N'Djamena, par Traité en date du 16 mars 1994[93] complété par un additif en date du 5 juillet 1996 et la Déclaration de Malabo, qui consacre le plan d'action de la CEMAC. Ces différents textes sont entrés en vigueur le 25 juin 1999.

Désormais, la CEMAC remplace l'Union Douanière des États de l'Afrique Centrale (UDEAC), qui date de 1964. La nouvelle organisation regroupe une population de 36 millions de personnes réparties sur 3 millions de km2.

2- Après la création de la CEMAC et pour lui permettre d'atteindre les objectifs qui lui ont été assignés, les États membres ont mis en place plusieurs institutions :

- La Conférence des chefs d'État, qui fixe les grandes orientations ;
- Le Conseil des Ministres de l'Union Économique de l'Afrique Centrale (UEAC) et le Conseil ministériel de l'Union Monétaire de l'Afrique Centrale (UMAC) : chacun de ces Conseils compte trois ministres par État partie. Ils assurent, respectivement, la direction de chacune des Unions (UEAC et UMAC) ;
- Le Secrétariat Exécutif de la CEMAC prépare les décisions de l'organisation et contrôle leur application ;
- Le Comité Inter-États chargé de préparer les délibérations du Conseil des Ministres ;
- Le Parlement Communautaire ;
- La Cour de Justice Communautaire, avec une Chambre Judiciaire et une Chambres des Comptes ;
- La Banque des États de l'Afrique Centrale (BEAC) ;
- La Commission Bancaire de l'Afrique Centrale ;
- La Banque de Développement des États de l'Afrique Centrale (BDEAC) ;
- Plusieurs institutions spécialisées[94]. A ce jour, on dénombre dix institutions spécialisées[95].

---

[93] États membres : le Cameroun, le Congo-Brazzaville, le Gabon, la Guinée Équatoriale, la RCA, le Tchad.

[94] Voir « Diagnostic institutionnel, fonctionnel et organisationnel de la CEMAC », Tome I, Rapport Final, pp. 60 et suiv. (ECDPM-PERFORMANCES Management Consulting, février 2006).

[95] - EIED : École Inter-États des Douanes ;

Les quatre institutions[96] qui constituent les piliers de la CEMAC font l'objet de conventions ayant la même valeur que le Traité. La convention relative au Parlement a été adoptée le 28 janvier 2004, tandis que les trois autres avaient été adoptées le 5 juillet 1996.

3- Quatre objectifs majeurs sont assignés à la CEMAC :

- Renforcer la compétitivité des activités économiques et financières en harmonisant les règles qui régissent leur fonctionnement ;
- Assurer la convergence vers des performances soutenables par la coordination des politiques économiques et la mise en cohérence des politiques budgétaires nationales avec la politique monétaire commune ;
- Créer un marché commun fondé sur la libre circulation ;
- Instituer une coordination des politiques sectorielles nationales, mettre en œuvre des actions communes, notamment dans les secteurs suivants : agriculture, élevage, pêche, industrie, commerce, tourisme, transports et télécommunications, énergie, environnement, recherche, enseignement et formation professionnelle.

A ces objectifs majeurs, il faut ajouter :

- L'organisation commune doit œuvrer pour une union de plus en plus étroite entre les peuples des États membres et raffermir leur solidarité géographique et humaine ;
- L'organisation doit aussi œuvrer pour le développement de la solidarité des pays membres au profit des pays ou des régions défavorisés ;
- Enfin, elle doit s'atteler à la création d'un véritable marché commun africain.

- CEBEVIRHA : Commission Économique du Bétail, de la Viande et des Ressources Halieutiques ;
- ISSEA : Institut Sous-Régional de Statistique et d'Économie Appliquée ;
- ISTA : Institut Sous-Régional Multisectoriel de Technologie Appliquée ;
- CICOS : Commission Internationale du Bassin Congo-Oubangui-Sangha ;
- IEF : Institut de l'Économie et des Finances ;
- IHT-CEMAC : École d'Hôtellerie et de Tourisme de la CEMAC ;
- Planification et d'Évaluation de Projets OCEAC: Organisation de Coordination pour la lutte contre les endémies en Afrique Centrale ;
- PRASAC : Pôle Régional de Recherche Appliquée au Développement des Savanes d'Afrique Centrale.
- Carte Rose CEMAC : Service d'Assurance responsabilité civile Automobile.

[96] L'UEAC, l'UMAC, le Parlement Communautaire, la Cour de Justice Communautaire.

La réalisation des objectifs de la CEMAC doit reposer sur trois socles :
« i- Un socle économique à bâtir, notamment par l'approfondissement de l'assainissement du cadre macro-économique et le renforcement de la surveillance multilatérale ;
ii- Un socle monétaire, existant, qui doit être conforté par un socle économique de qualité reflétant et sauvegardant la valeur de la monnaie locale commune ;
iii- Un socle institutionnel assurant une bonne gouvernance des activités communautaires [97] ».

I- Œuvre d'intégration régionale

La CEMAC a conçu un Programme Économique Régional (PER), pour faire de la Communauté, à l'horizon 2015, un espace économique intégré émergent, où règnent la sécurité, la solidarité et la bonne gouvernance. Le PER s'articule autour de cinq axes stratégiques, 27 programmes et 107 projets. Il doit être mis en œuvre en trois phases quinquennales soutenues, chacune, par un Plan Opérationnel qui décrit les actions et les activités à mener, à partir de 2011 :
- 1re phase, 2011-2015 : construction des fondements institutionnels de l'émergence ;
- 2e phase, 2016-2020 : ancrage des piliers de la diversification économique de la Communauté ;
- 3e phase, 2021-2025 : consolidation des phases précédentes.

Rappelons que, déjà en 1972, la coopération monétaire entre les États parties a débouché sur la création d'une monnaie commune (le Franc de l'Afrique Centrale) liée au Franc Français.

En outre, le bilan des activités de la CEMAC pour la première étape 1999-2004 peut être résumé comme suit :

---

[97] « Diagnostic institutionnel, fonctionnel et organisationnel de la CEMAC », Tome I, Rapport Final, p. 16 (ECDPM-PERFORMANCES Management Consulting, février 2006).

1- Dans le domaine de la libre circulation des personnes

La mise en circulation d'un passeport communautaire a été décidée en 2000 et, en 2003, un Règlement, portant sur les facilités accordées aux voyageurs, est adopté. Cependant, c'est à l'occasion du Sommet extraordinaire réuni à N'Djamena le 7 août 2006 que les chefs d'État et de gouvernement ont décidé de la « mise en circulation immédiate du passeport CEMAC [98] ». Cette décision n'a pas été suivie d'effet immédiat ; aussi, lors du VIIIe Sommet de la CEMAC réuni à nouveau à N'Djamena les 24 et 25 avril 2007, les chefs d'État et de gouvernement adoptent le principe d'un passeport régional et décident d'instaurer la libre circulation des personnes et des biens à partir de juillet 2007. Toutefois, en décembre 2007, seuls le Cameroun, le Congo, le Tchad et la RCA ont fait de la libre circulation une réalité.

Malgré ces difficultés de mise en œuvre des décisions, il existe des régimes d'exception dans certains pays ; en outre, la réunion des ministres en charge de l'intégration (fin 2007) a adopté un plan d'action et une feuille de route afin que la libre circulation des personnes et des biens soit une réalité en 2009.

Finalement, le 6 mai 2015, le sommet des chefs d'État de la Communauté, réuni à Libreville (Gabon), décide de supprimer le visa, pour permettre aux populations d'Afrique Centrale de circuler librement à l'intérieur du territoire communautaire avec, soit la seule carte d'identité biométrique, soit le passeport biométrique ou encore le passeport CEMAC biométrique homologué, sans avoir besoin de visa. Cette décision fait suite à l'Acte Additionnel relatif à la libre circulation des personnes sur l'ensemble du territoire de la CEMAC.

2- En ce qui concerne la libre circulation des biens

On peut noter quelques actions :
- Dans le domaine de l'intégration économique, l'UEAC devient officiellement une zone de libre échange en décembre 2000 ;
- Il faut aussi noter l'adoption d'un mécanisme autonome de financement, la Taxe Communautaire d'Intégration (TCI), par l'Acte

---

[98] Déclaration du Sommet.

additionnel du 4 décembre 2000, précisé par l'Acte additionnel du 8 décembre 2001, puis consolidé par un autre Acte en date du 28 janvier 2004. Le taux de la TCI est fixé à 1 % des importations des pays membres en provenance de pays tiers ;
- L'Union Douanière a été mise en place : le Tarif Extérieur Commun (TEC), adopté en juin 1993, a été révisé en 2001, puis en 2002. Les codes des douanes sont révisés ; des règles communes sont adoptées en matière d'investissement et de concurrence.

3- Le renforcement institutionnel

Il a été procédé à l'harmonisation progressive du règlement financier de toutes les institutions de la Communauté.

La CEMAC a procédé au renforcement de son dispositif institutionnel (Cour de Justice, Commission Interparlementaire, relance de la BDEAC, création de nouvelles institutions spécialisées).

Le bilan de la CEMAC est mitigé du fait de la non-application des décisions et du retard dans la mise en œuvre des projets communautaires. Finalement, depuis 1999, les avancées sont modestes.

Cependant, au titre des réalisations de la CEMAC, il faut noter la mise en place de l'Union Économique de l'Afrique Centrale (UEAC) et de l'Union Monétaire de l'Afrique Centrale (UMAC).

a- L'Union Économique de l'Afrique Centrale (UEAC)

1- Les objectifs assignés à cette Union, à savoir « la libre circulation des biens, des services et des capitaux, ainsi que la coordination des politiques nationales en matière, notamment, d'environnement, de transport, d'industrie, de communications et d'infrastructures[99] », visent l'intégration économique des États membres.

Aux termes de l'article 4 de la convention de l'UEAC, « au cours de la première étape, d'une durée de cinq ans à compter de l'entrée en vigueur de la présente convention et dans les conditions prévues par celle-ci, l'Union Économique :

[99] Boris Martor et Sébastien Thouvenot, *op. cit.*

a- Harmonise, dans la mesure nécessaire au fonctionnement du marché, les règles qui régissent les activités économiques et financières et élabore à cet effet des réglementations communes ;
b- Engage un processus de coordination des politiques nationales, dans les secteurs suivants : l'agriculture, l'élevage, la pêche, l'industrie, le commerce, le tourisme, les transports et les télécommunications ;
c- Initie le processus de mise en place des instruments de libre circulation des biens, des services, des capitaux et des personnes, notamment par une harmonisation de la fiscalité de l'épargne ;
d- Développe la coordination des politiques commerciales et des relations économiques avec les autres régions ;
e- Prépare des actions communes dans les domaines de l'enseignement, de la formation professionnelle et de la recherche ».

Pour lui permettre de mener à bien sa mission, treize institutions spécialisées ont été rattachées à l'UEAC[100].

2- Dans la perspective de création d'un marché commun dans la région, l'UEAC a entrepris certaines réformes :
- Etablissement d'une union douanière avec liberté des échanges dans l'espace de l'Union et un tarif commun pour les importations en provenance de pays tiers. « Le régime douanier de l'UEAC repose sur un tarif extérieur commun (TEC) et un Tarif Préférentiel Généralisé (TPG), prévoyant un taux de 0 % pour les échanges au sein de l'Union [101] ».

Par la Directive n° 1/1999/CEMAC-028-CM-03 du 17 décembre 1999, les États membres harmonisent leurs législations en matière de TVA et de Droit d'Assise (DA).
- Enfin, l'UEAC a réglementé le droit de la concurrence : réglementation des pratiques anticoncurrentielles et des pratiques étatiques qui affectent le commerce entre les États parties.

Les États membres de l'UEAC, étant aussi membres de l'OHADA, ont procédé à l'harmonisation des plusieurs pans du droit des affaires et se sont engagés, à travers les conventions qu'ils ont passées, à poursuivre le processus d'harmonisation juridique pour réaliser les objectifs assignés à l'organisation commune.

---

[100] Voir « Diagnostic institutionnel, fonctionnel et organisationnel de la CEMAC », Tome I, ECDPM-PERFORMANCES Management Consulting, février 2006, encadré n° 47, p. 84.
[101] Boris Martor et Sébastien Thouvenot, *op. cit.*

b- L'Union Monétaire de l'Afrique Centrale (UMAC)

1- Elle se propose de consolider la coopération monétaire entre les États membres de la CEMAC par l'institution d'une politique monétaire et un contrôle des changes unique. A cet effet, elle a créé la Banque des États de l'Afrique Centrale (BEAC), qui émet le Franc CFA de la zone CEMAC. En outre, la Convention du 16 octobre 1990 porte création d'une Commission Bancaire de l'Afrique Centrale (COBAC) dont le rôle est de veiller au respect, par les établissements de crédits, des dispositions législatives et réglementaires édictées par les autorités monétaires nationales et communautaires (BEAC et COBAC elle-même).

2- Enfin, l'UMAC a élaboré une réglementation bancaire[102] complétée par une réglementation relative aux établissements de crédit et aux opérations financières.

Elle a également mis en place une réglementation des changes semblable à celle de l'UEMOA[103].

II- Difficultés de la CEMAC

De 1999 à 2004, la CEMAC a été confrontée à de multiples difficultés ; en effet, deux types de blocages pénalisent les activités de la CEMAC :

- Le non-respect du mécanisme de financement : les États rechignent à reverser les prélèvements effectués au titre de la TCI. À cet égard on peut relever que les seuils des reversements se présentent comme suit[104] :

. En 2002 : 19 %

. En 2003 : 41 %

. En 2004 : 37 %.

Sur trois années, les arriérés passent de 8,2 milliards en 2002, à 32,8 milliards en octobre 2005. Finalement, seul le fonctionnement des institutions est assuré par les reversements, tandis que le Fonds de

[102] Convention du 17 janvier 1992 portant harmonisation de la réglementation bancaire dans les États de l'Afrique Centrale.

[103] Règlement CEMAC du 29 avril 2000 portant réglementation des changes au sein des Etats membres de la CEMAC et avec l'étranger.

[104] V. Diagnostic institutionnel, fonctionnel et organisationnel de la CEMAC, *op. cit.*, p. 26.

Développement de la Communauté (FODEC), auquel devaient profiter 70 % des fonds de la TCI, se retrouve sans ressources pour faire face aux contreparties et au financement de projets intégrateurs ;
- L'esprit de suspicion et de défiance à l'égard des responsables des institutions entraîne la perte de vue de l'idéal communautaire.

Pour faire face à la situation et relancer la CEMAC à l'horizon 2010, trois scénarii avaient été envisagés[105] :
- Le maintien du statu quo qui se traduira par la disparition de la CEMAC ;
- Engager un programme d'intégration graduelle en procédant à la levée des blocages et en définissant des objectifs réalistes ;
- Enfin, engager un programme d'intégration accélérée qui suppose la levée rapide des blocages, la fixation d'objectifs ambitieux pour réaliser l'union économique. Cette démarche implique un changement profond d'attitude et le transfert réel des compétences aux instances communautaires.

Malgré ces difficultés, en 2006 les pays membres de la CEMAC connaissent un taux de croissance de 3,3 %, tandis que le 19 février 2008 le Gouverneur de la BEAC a annoncé, dans une déclaration rendue publique à Brazzaville, que le taux de croissance de ces pays est passé à 6,2 %.

III- Les défis

Les responsables de la CEMAC doivent opter pour un scénario qui leur permette de faire face aux défis majeurs suivants :
- La libéralisation du commerce mondial et l'avènement de grands pôles régionaux ;
- Le développement des nouvelles technologies et la transformation des facteurs de compétitivité des nations ;
- La mise en place de l'Union Africaine.

A l'instar des autres regroupements régionaux, la CEMAC devra s'atteler au renforcement de la participation de divers acteurs au projet communautaire : parlementaires, secteur privé…

---

[105] V. Diagnostic institutionnel, fonctionnel et organisationnel de la CEMAC, *op. cit.*, pp. 27 et suiv.

B- La Communauté Économique des États de l'Afrique Centrale (CEEAC)

1- La CEEAC a été créée suite à l'adoption du PAL et de l'AFL, qui définissent le schéma d'intégration économique du continent africain. Il s'agissait, pour les États de l'Afrique Centrale, de créer une Communauté en vue de réaliser leur intégration économique et de contribuer ainsi à la création de la Communauté Économique Africaine (CEA). A cet effet, les États membres de l'UDEAC[106] et des pays membres de la Communauté Économique des Pays des Grands Lacs (CEPGL)[107] signent le Traité de Libreville (Gabon) le 18 octobre 1983, qui est entré en vigueur le 18 décembre 1984 ; mais la Communauté n'est devenue opérationnelle qu'en 1985.

Un grand bloc commercial vient ainsi de naître et comptera plusieurs États membres[108].

Aux termes de l'Article 5 du Traité, la Communauté devra être mise en place en trois étapes de quatre années chacune, soit une période de douze années. Selon la programmation ainsi retenue dans le Traité, la ZLE et l'Union Douanière (avec adoption d'un TEC), seront réalisées respectivement pendant la 2e et la 3e étape. La durée de ces étapes peut être modifiée par décision prise sur consensus, sans que cette décision ne ramène la durée totale du processus à moins de dix ans ni excéder vingt ans à partir de l'entrée en vigueur du Traité.

2- En vertu de l'Article 4 alinéas 1 et 2 du Traité CEEAC, celle-ci a pour objet de promouvoir et de renforcer une coopération harmonieuse et un développement équilibré et autocentré dans les domaines de l'activité économique et sociale, en particulier : industrie, transports et communications, énergie, agriculture, ressources naturelles, commerce, douane, questions monétaires, ressources humaines, tourisme, enseignement, culture, science et technologie, la libre circulation des personnes, des biens, des services, des capitaux, la libéralisation du commerce, l'harmonisation des politiques nationales, pour réaliser une autosuffisance collective, élever le niveau de vie des populations, accroître et maintenir la stabilité économique, renforcer les étroites relations pacifiques, contribuer au progrès et au

---

[106] Cameroun, RCA, Tchad, Congo, Guinée Équatoriale et Gabon.

[107] Burundi, RDC, Rwanda.

[108] Angola, Burundi, Cameroun, Congo Brazzaville, Gabon, Guinée Équatoriale, République Centrafricaine (RCA), République Démocratique du Congo (RDC), Rwanda, Sâo Tomé et Principe, Tchad.

développement du continent africain.

Plus spécifiquement, la CEEAC a pour missions :
- De promouvoir le dialogue politique dans la région ;
- La création d'une union douanière ;
- L'élaboration de politiques sectorielles communes.

Les objectifs prioritaires, définis par la Conférence des chefs d'État et de gouvernement réunie à Malabo en juin 1999 visent l'autosuffisance collective, l'élévation du niveau de vie des populations locales, le maintien de la stabilité économique grâce à une coopération harmonieuse. L'objectif ultime est l'établissement d'un marché commun des États de l'Afrique Centrale.

En outre, progressivement, elle se dote de capacité de maintien de la paix et de prévention des conflits en Afrique Centrale.

Le Sommet réuni à Malabo marque un redémarrage des activités de la CEEAC ; à l'occasion de ce Sommet, les chefs d'État et de gouvernement définissent les quatre activités prioritaires :
- Le développement des activités de maintien de la paix, la sécurité et la stabilité ;
- Le développement de l'intégration physique, économique et monétaire ;
- Le développement d'une culture de l'intégration africaine ;
- La mise en place d'un mécanisme autonome de financement de la CEEAC.

3- Plusieurs institutions sont créées pour permettre à la communauté régionale de réaliser ses objectifs :
- La Conférence des chefs d'État et de gouvernement : elle définit la politique générale et les grandes orientations. L'article 9 du Traité précise les attributions dévolues à la Conférence. La Conférence décide par consensus ; elle agit par Décisions et Directives exécutoires et obligatoires dans tous les États membres trente jours après leur publication au journal officiel de la Communauté.
- Le Conseil des Ministres : il est composé des ministres chargés du développement dans les États membres ou des ministres désignés à cet effet par chaque État partie. Le Conseil est présidé par le ministre dont le chef de l'État assure la Présidence de la Communauté.

Les attributions du Conseil sont précisées par l'article 13 du Traité dont il ressort que le Conseil n'a pas pour mission d'adopter le programme d'intégration des États membres. Il agit par Règlements adoptés par consensus et ayant force obligatoire tant à l'égard des États qu'à l'égard des institutions de la Communauté à l'exclusion de la Cour de Justice. Les Règlements sont exécutoires trente jours après leur publication dans le Journal Officiel de la Communauté et ils s'imposent aux institutions auxquelles ils s'adressent dès leur ratification. Enfin, le Conseil fait des recommandations à la Conférence sur toutes les questions visant la réalisation des objectifs de la Communauté.

- La Cour de Justice : l'Article 16 du Traité définit les compétences de la Cour ; celle-ci veille au respect du droit communautaire, l'interprétation du Traité, des Décisions, Directives et Règlements et statue sur les litiges qui lui sont soumis en vertu du Traité. Elle statue sur la légalité des Décisions, Directives et Règlements pris par les institutions de la Communauté et sur les recours pour incompétence, excès de pouvoirs et violation des dispositions du Traité, formulés par un État ou la Conférence. Elle émet des avis consultatifs sur demande de la Conférence ou d'un État partie.

Les arrêts de la Cour ont force obligatoire dans les États parties et à l'égard des institutions de la Communauté.

Cette Cour est appelée à jouer un rôle très important dans la mise en œuvre des actes de la Communauté ; toutefois, il est regrettable de constater qu'elle n'est pas encore opérationnelle.

- Le Secrétariat Général, dont le siège est établi à Libreville (Gabon) ; il comprend :

. Un Secrétaire Général : mis en place en 1985 ;

. Trois Secrétaires Généraux Adjoints responsables des trois départements suivants : Intégration Humaine, Paix, Sécurité et Stabilité (IHPSS) ; Intégration Physique, Économique et Monétaire (IPEM) ; Programme, Budget et Ressources Humaines ;

. Un agent comptable, un contrôleur financier et le personnel nécessaire à son fonctionnement.

Le Secrétaire Général et ses adjoints sont nommés par la Conférence pour un mandat de quatre ans renouvelable une fois ; tandis que l'agent comptable et le contrôleur financier sont nommés par la Conférence pour un mandat de trois ans renouvelable.

Le Secrétariat Général est chargé de l'exécution des décisions de la Conférence et du Conseil. L'article 20 du Traité précise les attributions du Secrétariat Général à travers lesquelles il apparaît que le Secrétariat est un organe d'administration et d'exécution des décisions de la Conférence et du Conseil.

- La Commission Consultative, composée d'experts désignés par les États membres. Ses attributions sont déterminées par l'article 24 du

Traité ; d'une manière générale, elle étudie les questions qui lui sont soumises par les autres institutions de la Communauté. Elle assiste le Conseil et examine les rapports faits par les comités techniques spécialisés et fait des recommandations au Conseil.

- Les Comités Techniques Spécialisés, créés dans des domaines spécifiques en vertu de l'article 26 du Traité.

Il faut notamment noter la création de certaines institutions spécialisées comme le Pool Energétique de l'Afrique Centrale (PEAC) en 2003, chargé d'organiser et de gérer le marché de l'énergie dans cette région et de satisfaire la demande au moyen d'un réseau interconnecté.

- Le Fonds de Coopération et de Développement de la Communauté : sa création est prévue par l'article 75 du Traité à l'effet d'apporter son assistance technique et financière aux États parties et de financer les projets de la Communauté.

- Le Conseil de Paix et de Sécurité de l'Afrique Centrale (COPAX), créé par la Conférence lors du Sommet de Yaoundé, par décision n° 001Y/FEV/25/1999 du 25 février 1999, entrée en vigueur en janvier 2004. Le COPAX a pour mission de promouvoir, maintenir et consolider la paix et la sécurité en Afrique Centrale ; à cet effet, il dispose de trois organes techniques :

. La Force Multinationale de l'Afrique Centrale (FOMAC) : il s'agit d'une force non permanente, composée de contingents fournis par les États parties afin d'accomplir des missions de maintien de la paix, de la sécurité et d'assistance humanitaire ;

. Le Conseil de Défense et de Sécurité (CDS) : il est composé des Chefs d'État-Major des armées nationales et des Commandants en chef des forces de Police et de Gendarmerie des États membres. Il a pour mission de planifier, organiser et formuler des conseils à l'intention des organes de décision de la Communauté qui peuvent, en cas de besoin, ordonner des actions militaires ;

. Le Mécanisme d'Alerte Rapide de l'Afrique Centrale (MARAC) : il rassemble et analyse les données pour la détection précoce et la prévention des crises.

A l'épreuve, ces mécanismes se sont révélés inefficaces, car les conflits ont continué dans cette région et ont entravé son intégration.

I- Œuvre d'intégration régionale

Après une période de véritable hibernation, essentiellement imputable aux conflits internes à la région, les activités sont progressivement relancées à partir de 1998.

Actuellement, les activités de la CEEAC sont axées sur :

- La promotion du commerce intra-régional ;
- La promotion de la paix, la sécurité et la stabilité en Afrique Centrale ;
- L'appui aux processus électoraux ;
- Les activités tendant à la mise en œuvre du NEPAD en Afrique Centrale ;
- L'élaboration d'un Plan Directeur consensuel des transports ;
- L'interconnexion des réseaux électriques ;
- Le développement du secteur des NTIC ;
- La promotion de la sécurité alimentaire ;
- La lutte contre le VIH/SIDA ;
- La structuration d'une vision communautaire du développement intégré et de la prospérité ;
- Le développement de la coopération bilatérale et multilatérale.

Il s'agit d'objectifs ambitieux, mais les activités de la CEEAC ont essentiellement consisté en l'élaboration d'études préparatoires aux actions suivantes : la libre circulation de certaines catégories de personnes ; la mise en place d'un mécanisme autonome de financement de l'institution.

1- La libre circulation des personnes

La décision de libéraliser la circulation des personnes a été prise à Kigali en 1990. Au mois d'octobre 2006, la seule avancée significative concerne la décision de suppression des visas pour certaines catégories de personnes : commerçants, étudiants, chercheurs, enseignants et travailleurs ; toutefois, seuls trois États[109] se sont engagés, en 2004, à la mettre en œuvre.

Ainsi, la libre circulation des personnes n'est toujours pas une réalité bien que les instruments juridiques aient été adoptés.

---

[109] Cameroun, RCA, Congo-Brazzaville.

2- La libre circulation des biens, des services et des capitaux

En 1999, les actions relatives à l'instauration d'une ZLE, d'une Union Douanière, à l'harmonisation des politiques dans les secteurs clés de l'intégration (transports, communications, agriculture…), sont relancées.

Le Sommet réuni à Brazzaville le 30 octobre 2007 a axé ses travaux sur les questions relatives à la paix et à la sécurité dans la sous-région et sur la promotion et le renforcement du développement équilibré dans tous les domaines, notamment : l'élimination des droits de douane à l'importation et à l'exportation, l'allègement des entraves au commerce, les obstacles à la libre circulation des personnes et des biens.

Quelques avancées ont été enregistrées dans le cadre de la libre circulation des biens, des services et des capitaux. Un plan de réduction progressive des tarifs sur le commerce intracommunautaire, appelé Tarif Préférentiel de la CEEAC, a été adopté ; il prévoit les dégrèvements suivants :

. Produits de l'artisanat traditionnel et produits locaux : 100 % de réduction à partir du 1er juillet 2004 ;

. Produits minéraux et produits manufacturés : 50 % de réduction à partir du 1er juillet 2004 ; 70 % à partir du 1er janvier 2005 ; 90 % à partir du 1er janvier 2006 et 100 % à partir du 1er janvier 2007.

Dans le cadre de la mise en œuvre de la décision prise par le Sommet de Brazzaville du 7 juin 2005 de créer la ZLE à partir du 1er juillet 2004 et l'Union Douanière à l'horizon 2008, les États membres ont adopté « le Plan Préférentiel de la CEEAC » qui vise la suppression graduelle des tarifs de droits sur le commerce à l'intérieur de la Communauté[110]. Toutefois, en juillet 2007, le processus de réduction des tarifs en vue de la mise en place de la ZLE marque le pas. C'est dire que l'objectif d'une ZLE à l'horizon 2008 est loin d'être atteint ; mais les États parties se sont fixé 2010 comme échéance ultime pour la création de l'Union Douanière.

---

[110] Chronogramme adopté : à partir du 1er juillet 2004 : réduction de 100 % des droits sur les produits de l'artisanat traditionnel et les produits locaux autres que les produits animaux ; à partir de la même date : réduction de 50 % des droits sur les produits minéraux et les produits manufacturés, taux qui sera porté à 70 % à partir de 2005, à 90 % en janvier 2006 et 100 % en janvier 2007.

Il est proposé trois phases (2007-2008, 2009-2015, 2016-2025)[111] pour favoriser les échanges des biens et services et l'avènement d'une monnaie unique dans l'espace CEEAC.

Enfin, la CEEAC et la CEMAC ont entamé l'harmonisation de leurs politiques commerciales (règles d'origine, réduction des tarifs).

3- Intégration humaine, paix et sécurité

- Nous avons évoqué, ci-dessus, les différentes actions menées dans le cadre du maintien de la paix et de la sécurité dans les États membres[112].

Avec l'appui des partenaires extérieurs, plusieurs actions ont été engagées. A cet égard, l'Union Européenne apporte un appui substantiel à la CEEAC à travers les actions ci-après :

. Soutien au Département de l'Intégration Humaine, de la Paix, Stabilité et Sécurité (DIHPSS) pour lui permettre, d'une part, de remplir son rôle de détection, prévention et gestion des conflits en le dotant des équipements qui lui permettront d'examiner, analyser et réagir en temps opportun dans les situations de crise, et, d'autre part, de travailler avec les États membres dans la lutte contre le trafic illicite d'armes légères, le trafic transfrontalier et l'exploitation illégale des ressources de la région ;

. Appui à la mise en place et à la coordination du réseau de la société civile en Afrique Centrale afin qu'il apporte son soutien à la CEEAC.

- Dans le domaine de la Programmation, Budget, Administration et Ressources humaines, les États parties ont procédé à la création de la cellule VIH/SIDA et santé ; et se sont engagés à la promotion du Genre.

4- Intégration physique

En ce qui concerne l'intégration physique, les actions les plus significatives sont :

- L'élaboration du Plan Directeur Consensuel des transports en Afrique Centrale (PDCT/AC) ;

---

[111] Voir Cabinet S. A. I., Contraintes aux échanges commerciaux intra-CEEAC, *op. cit.*, p. 131.

[112] *Cf supra.*

- L'élaboration du Programme régional de sécurité alimentaire (PRSA) ;
- La mise en place du Pool des réseaux électriques de l'Afrique Centrale (CAPP) en 2003, afin de gérer le marché de l'énergie dans la région pour satisfaire la demande à travers un réseau interconnecté.

II- Difficultés de la CEEAC

La CEEAC est confrontée à plusieurs problèmes, que l'on peut résumer comme suit : problème de fonctionnement interne, lente évolution des thèmes d'action, les mesures de financement des activités tardent à se concrétiser, manque de réalisation concrète en matière d'intégration économique. Aucune action d'ordre général n'est entreprise pour faciliter la circulation des personnes dans la région.

On peut également relever comme sources de blocage des activités de la Communauté :

- L'existence de foyers de tension dans la sous-région ;
- L'exploitation illicite des ressources naturelles ;
- La circulation illicite des armes à feu ;
- L'insécurité transfrontalière ;
- La non-application des Protocoles.

A l'instar des autres CER, la CEEAC connaît également des difficultés de financement tant de son fonctionnement que de ses activités. Pour juguler ce problème, le Sommet a décidé d'instaurer, à partir du 1er janvier 2004, une « Contribution Communautaire d'Intégration » (CCI), correspondant au reversement, par les États membres, de 0,4 % du montant de leurs importations des biens de consommation. Toutefois, un an après cette décision, seuls cinq États ont signé la convention devant permettre la mise en œuvre de la CCI.

Pour conclure, « il convient de noter que, dans l'ensemble, le processus d'intégration en Afrique Centrale marque le pas, après l'engouement suscité par la réalisation des objectifs de la Zone de Libre Echange et de l'Union Douanière CEMAC entre 1994 et 2000, et la relance de la CEEAC entamée en 1998 [113] ».

[113] Cabinet SAI, « Contraintes aux échanges commerciaux intra-CEEAC », Étude réalisée sous la supervision de la Chambre de Commerce, d'Industrie, d'Agriculture et des Métiers de Pointe-Noire, octobre 2006, p. 30.

C- La Communauté Economique des Pays des Grands Lacs (CEPGL)

1- La CEPGL a été créée en septembre 1976 par le Burundi, le Rwanda et le Zaïre (aujourd'hui République Démocratique du Congo).

2- Les objectifs assignés à la Communauté sont axés sur l'intégration économique et la facilitation des mouvements des biens et des personnes entre les pays de la région des Grands Lacs en Afrique Centrale.

3- Afin de lui permettre d'atteindre ses objectifs, la CEPGL a été dotée de plusieurs institutions et organes spécialisés ; il s'agit de :
- La Conférence des chefs d'État chargée, notamment, de définir la politique générale de la Communauté, de contrôler les travaux du Conseil des Ministres et Commissaires d'État et du Secrétaire Exécutif et ses Adjoints. La Conférence se réunit en session ordinaire une fois par an ;
- Le Conseil des Ministres et Commissaires d'État chargé de promouvoir les actions tendant à la réalisation des objectifs de la Communauté. Le Conseil propose à la Conférence les mesures tendant au développement des États parties et au renforcement de la coopération entre eux. Il est aussi chargé de préparer les réunions de la Conférence ;
- Le Secrétariat Exécutif Permanent est l'organe permanent de la Communauté ; il est notamment chargé de l'élaboration des projets d'intérêt commun, de suivre l'exécution des projets en cours, d'effectuer toutes les études nécessaires à la promotion de la coopération entre les États parties et de préparer les réunions du Conseil et de la Conférence.

Le Secrétariat Exécutif est dirigé par un Secrétaire Exécutif assisté de deux Adjoints, tous nommés par la Conférence sur proposition du Conseil des Ministres, pour un mandat de quatre ans. Le Secrétariat dispose aussi d'un personnel administratif et technique.
- La Commission d'Arbitrage veille à l'application et à l'interprétation de la Convention ; elle statue en cas de litige entre États membres de la Convention. Ses décisions sont exécutoires et obligatoires.

En application de l'Article 5 de la Convention portant création de la CEPGL, plusieurs commissions techniques spécialisées ont été créées :
- La Commission chargée des Affaires Politiques et Juridiques ;

- La Commission chargée des Affaires Sociales et Culturelles ;
- La Commission chargée de la Planification de l'Industrie ;
- La Commission chargée de l'Agriculture et des Ressources Naturelles ;
- La Commission chargée du Commerce, des Finances, de l'Immigration ;
- La Commission chargée du Tourisme ;
- La Commission chargée des Travaux Publics, des Transports et de l'Energie.

Chaque commission est composée de ministres et commissaires d'État assistés de conseillers.

En février 1980, la Commission chargée des Affaires Sociales et Culturelles a décidé de la création de six sous-commissions[114] techniques spécialisées.

Chaque commission technique a pour mandat :
- D'évaluer périodiquement l'état de la coopération dans son secteur et de présenter à la Conférence, par l'intermédiaire du Conseil, des rapports et des recommandations ;
- De veiller à l'exécution des décisions de la Conférence qui concernent son secteur ;
- De s'acquitter de toute autre mission qui lui est assignée en application de la Convention portant création de la CEPGL.

Outre ces Institutions et en application de cette Convention, plusieurs organes sectoriels ont été créés :
- La Banque de Développement des États des Grands Lacs (BDEGL), dont le siège est à Goma (RDC) ;
- L'Institut de Recherches agronomiques et zootechniques commun (IRAZ), dont le siège est à Gitega (Burundi) ;
- La Société Internationale d'Electricité des Pays des Grands Lacs (SINELAC) ;
- L'Organisation de la CEPGL pour l'Energie pour les Pays des Grands Lacs (EGL), dont le siège est à Bujumbura (Burundi).

Au regard du nombre des États qui composent cette communauté, on est tenté de conclure à une pléthore d'institutions et d'organes créés pour réaliser des objectifs que les mêmes États ont assignés à d'autres organisations sous-régionales dont ils sont membres.

---

[114] Education, Culture et Beaux-Arts, Information, Jeunesse et Sport, Travail et Sécurité Sociale, Santé et Affaires Sociales.

I- Œuvre d'intégration sous-régionale

Les ministres des Affaires étrangères du Burundi, du Rwanda et de la RDC, réunis à Bujumbura le 17 avril 2007, ont décidé de relancer les activités de la CEPGL « en panne » depuis 1994. Ils nomment un Secrétaire Exécutif Intérimaire qui devra faire l'état des lieux et soumettre aux ministres, dès septembre 2007, une feuille de route pour relancer les activités. Les priorités ont été définies : paix et sécurité, démocratie et bonne gouvernance, agriculture, énergie, infrastructures et communication, éducation et recherche.

Excepté la création des institutions d'intégration ci-dessus, peu d'actions peuvent être mises à l'actif de la CEPGL.

II- Contraintes

Les activités de la Communauté ont été ralenties par une série de difficultés :

- La guerre civile au Burundi en octobre 1993 marque le début des crises dans cette région ;
- Le génocide au Rwanda (avril-juillet 1994) ;
- Les tensions politiques et ethniques internes aux différents pays de la région ;
- En 1996, après l'attaque du Zaïre par l'Alliance des Forces Démocratiques pour la Libération du Congo (AFDL), appuyées par l'Armée Patriotique Rwandaise (APR), tous les accords sont suspendus ;
- En 1997, le président Mobutu du Zaïre est renversé par Laurent Désiré Kabila ; un jeu complexe d'alliances se noue autour de la RDC (ex-Zaïre), impliquant jusqu'à neuf pays de la région ; suivent des tensions politiques et militaires dans lesdits pays.

SIII- L'INTÉGRATION ÉCONOMIQUE ET JURIDIQUE EN AFRIQUE DU NORD : L'Union du Maghreb Arabe (UMA)

1- Contrairement aux autres CER, l'UMA a une histoire particulière dont les fondements remontent à 1927, année au cours de laquelle a été créée, au Caire (Égypte), la Commission de libération du Maghreb pour lutter contre l'occupation étrangère. En 1945 s'est tenue une conférence des mouvements nationaux d'Afrique du Nord, et a été créé en 1948 le Comité pour la libération du Maghreb. En 1958, à Tanger, se tient la réunion fondatrice ayant regroupé les chefs des mouvements nationaux de l'Algérie, du Maroc, et de la Tunisie.

Ainsi l'UMA a été initiée dans un contexte de lutte anticoloniale et non d'intégration économique. Cependant, au lendemain des indépendances, l'intégration des pays de la région est à l'ordre du jour. En effet, l'Algérie, la Libye, le Maroc et la Tunisie organisent à Tunis, en 1964, la première conférence des ministres de l'Économie des pays du Maghreb. Cette conférence crée le Conseil Consultatif Permanent du Maghreb (CPCM), qui sera chargé de coordonner et d'harmoniser les plans de développement et le commerce international des États parties. La Mauritanie adhère au CPCM en 1988.

Finalement, une réunion préparatoire a été organisée le 10 juin 1988 à Zéralda (Algérie), et l'UMA a été créée par le Traité de Marrakech en date du 17 février 1989 avec cinq États membres[115]. Le Traité est entré en vigueur le 1er juillet 1989 et le siège de l'organisation est fixé à Rabat (Maroc).

La région de l'Afrique du Nord, à l'instar de certaines autres régions africaines, est minée par des conflits internes, des conflits entre les États qui annihilent toute velléité d'intégration. Néanmoins, les États du Maghreb ont créé une CER, l'Union du Maghreb Arabe, pour s'insérer dans le processus d'intégration continentale.

La naissance de cette organisation, qui s'inscrit dans le processus de régionalisation, doit être rapprochée du processus de formation de blocs régionaux arabes. En effet, elle est née deux jours avant la création du Conseil de Coopération Arabe, qui regroupe l'Égypte, l'Irak, la Jordanie et le Yémen. Il faut également relever une autre originalité de cette organisation, car, aux termes de l'article 17

[115] Algérie, Libye, Maroc, Mauritanie, Tunisie.

du Traité de Marrakech, « les autres États de la Nation Arabe et de la communauté africaine (peuvent) adhérer au présent Traité si les États membres l'acceptent » ; cette disposition vise à satisfaire le leader libyen, qui voulait y introduire certains pays voisins[116]. A notre connaissance, aucun État autre que les fondateurs n'a adhéré au Traité.

2- Aux termes de l'Article 2 de son traité fondateur, « L'Union vise à :
- renforcer les liens de fraternité qui unissent les États membres et leurs peuples ;
- réaliser le progrès et la prospérité des sociétés qui les composent et la défense de leurs droits ;
- contribuer à la préservation de la paix fondée sur la justice et l'équité ;
- poursuivre une politique commune dans différents domaines ;
- œuvrer progressivement à réaliser la libre circulation des personnes, des services, des marchandises et des capitaux ».

L'UMA se propose d'organiser un espace économique maghrébin et une politique commune « dans tous les domaines ». Il s'agit d'un regroupement économique créé sur le schéma de la CEE et non de l'union politique que souhaitait le dirigeant libyen.

La stratégie maghrébine est fondée sur le programme de Ras Lanouf adopté en Libye en 1991 ; elle s'articule autour de trois axes qui définissent les modalités de l'intégration régionale : l'instauration d'une zone de libre échange, une union douanière et un marché commun. Le texte du Traité reprend les recommandations du 1er Sommet Maghrébin tenu à Zéralda (Algérie) le 10 juin 1988.

A l'image des autres regroupements régionaux, l'UMA se fixe aussi comme objectifs : la défense commune, la non-ingérence dans les affaires intérieures des États, le développement des secteurs clés de l'économie (agriculture, industrie, commerce, sécurité alimentaire) et la mise en place de projets conjoints et de programmes généraux de coopération économique entre les États membres.

3- L'Union s'est dotée de plusieurs organes pour réaliser ses ambitions :
- Un Conseil Présidentiel[117], qui est l'organe suprême avec une présidence tournante chaque année ;

[116] Tchad, Mali, Niger, Soudan.
[117] Art. 4 du Traité.

- Un Conseil des Ministres des Affaires Étrangères (Comité Ministériel)[118] ;
- Un Comité de suivi, comprenant un membre du Gouvernement de chaque État ;
- Des Commissions Ministérielles Spécialisées[119] : le Conseil Présidentiel a créé quatre Commissions Ministérielles Spécialisées :

. Commission Sécurité Alimentaire ;
. Commission Économie et Finances ;
. Commission des Infrastructures de Base ;
. Commission des Ressources Humaines ;

- Un Conseil Consultatif, comprenant trente Parlementaires de chaque État partie ; son siège est fixé en Algérie ;
- Une instance judiciaire[120] (Cour de Justice), comprenant deux juges par État élus pour un mandat de six ans, et soumis au renouvellement par moitié tous les trois ans. Cet organe, qui a son siège en République Islamique de Mauritanie (RIM), est chargé d'arbitrer les litiges entre les États membres ; elle statue « sur les différends relatifs à l'interprétation et à l'application du Traité et des accords conclus dans le cadre de l'Union », « donne des avis consultatifs au sujet de questions juridiques que lui soumet le Conseil Présidentiel ».
- Un Secrétariat Général Permanent, dont le siège est fixé à Rabat depuis 1992.

Notons aussi que, aux termes de l'Article 7 du Traité, les Premiers Ministres « peuvent se réunir chaque fois que cela est nécessaire ».

A- Œuvre d'intégration régionale

Les réalisations de l'UMA sont en deçà des espoirs placés en elle par les populations maghrébines, ce, en raison des problèmes auxquels sont confrontés les États de la région. Cependant, plusieurs réunions ont été tenues et des Conventions ont été signées.

---

118 Art. 8 du Traité.
119 Art. 10 du Traité.
120 Art. 13 du Traité.

I- Les rencontres

- Six Sommets ont été organisés[121] ; le dernier Sommet étant celui tenu à Tunis en avril 1994. Plusieurs résolutions avaient été adoptées à l'occasion de ces sommets, notamment celle relative au parachèvement des structures de l'UMA conformément au Traité constitutif et plusieurs autres conventions qui intéressent divers secteurs, ainsi que l'adoption des programmes d'exécution des travaux initiés par les instances de l'UMA.

Une autre réunion au sommet, programmée pour 2003, a été reportée *sine die*. A l'occasion du 16e anniversaire de l'Union, les chefs de la diplomatie des États parties se rencontrent à Rabat et conviennent de poursuivre les consultations afin de fixer la date du prochain Sommet. En outre, à l'occasion du Sommet de la Ligue des États Arabes, tenu à Alger les 22 et 23 mars 2005, les ministres des Affaires Étrangères se retrouvent pour décider de la date du Sommet et ont débattu des questions concernant le fonctionnement du Secrétariat Général de l'Union. Plusieurs déclarations d'intention, pour relancer l'Union, ont été faites. La Libye annonce la tenue d'un Sommet les 25 et 26 mai 2005 ; toutefois, ce Sommet n'aura pas lieu, car le Maroc annonce qu'il n'y participera pas suite aux déclarations du Président Algérien parlant du droit à l'autodétermination du peuple Sahraoui.

- Plusieurs autres rencontres : 26 sessions du Conseil des Ministres des Affaires Étrangères, 41 sessions du Comité de Suivi, 6 séances plénières du Conseil Consultatif, 16 sessions de l'Instance Judiciaire.

- L'UMA dispose également de 114 groupes de travail.

- Trente-huit conventions et accords ont été signés ; toutefois, seuls six accords sont entrés en vigueur[122].

---

[121] - Tunis, les 21-23 janvier 1990 ;
- Alger, les 21-23 juillet 1990 ;
- Ras Lanouf (Libye), les 10-11 mars 1991 ;
- Casablanca (Maroc), les 15-16 septembre 1991 ;
- Nouakchott, les 10-11 novembre 1992.
- Tunis, les 2-3 avril 1994.

[122] Notamment : la quarantaine agricole ; la promotion et la protection des investissements ; la mise en place de l'Office des investissements et du commerce extérieur du Maghreb ; l'échange des produits agricoles ; la double taxation et application des règles d'échange de coopération dans le domaine des impôts sur les revenus ; les transports des passagers, des marchandises et le transit.

A Nouakchott, le 21 septembre 2007, le Secrétaire Général de l'UMA annonce la tenue prochaine de plusieurs rencontres pour relancer les activités ; il a annoncé la réunion en 2008, à Nouakchott, des commissions chargées de la sécurité alimentaire, du tourisme et de l'artisanat.

Aujourd'hui, le contexte de la mondialisation impose cette relance, car les pays du Maghreb ne peuvent pas affronter, désunis, les mutations futures (économiques, sociales, culturelles et politiques). Les évolutions actuelles interpellent les dirigeants maghrébins sur la nécessité d'une réflexion profonde sur la réalité maghrébine pour surmonter les subjectivités et aller de l'avant dans un esprit empreint de solidarité et aplanir les différends qui entravent la marche de l'Union.

II- Dans le domaine de la libre circulation des personnes, des biens, des services et des capitaux

La Déclaration du Sommet de Tunis, en avril 1994, a lancé le projet de création d'une zone de libre échange (ZLE). Un accord sur la mise en place de la ZLE est en cours de finalisation ; pour le moment, les produits échangés dans la région sont soumis aux licences et aux mesures de contrôle sur leur origine.

Sur le plan bilatéral, le Maroc et la Tunisie se sont mis d'accord pour la mise en place d'une ZLE en mai 2001, avant la date cible de 2010 pour l'élimination des barrières commerciales. Cet accord pourrait être étendu aux autres pays de l'UMA.

Par ailleurs, il faut noter que l'Égypte et la Jordanie ont signé le même type d'accord avec le Maroc, de même que ce Royaume a signé, le 15 juin 2004, avec les États-Unis d'Amérique un accord de libre échange sur 95 % du commerce bilatéral, le reste devant être éliminé sur une période de neuf ans. Avec l'Union Européenne, le Royaume chérifien a signé plusieurs accords de coopération économique et un accord établissant une ZLE pour les produits industriels sur une période de transition de 12 ans.

Finalement, dans le domaine de la libre circulation des personnes, des biens, des services et des capitaux, beaucoup reste à faire.

III- Sur le plan de l'intégration physique

Plusieurs projets communs ont abouti : les tronçons nationaux de l'autoroute maghrébine, l'extension des réseaux de télécommunications en fibre optique, l'interconnexion électrique, la lutte contre la désertification, la mise en place d'un système de surveillance des eaux souterraines du Sahara, le système aquifère d'Albian partagé entre l'Algérie, la Libye et la Tunisie, la coopération en matière de santé, la lutte contre le péril acridien, les transports ferroviaires, la préservation des ressources naturelles, la sécurité alimentaire, enfin, la création de l'Union des Banques Maghrébines à Tunis.

Par ailleurs, entre 2006 et 2007, on peut noter plusieurs autres réalisations :
- La mise en place de l'Union des chauffeurs maghrébins (2006) ;
- La mise en place de l'Union des employeurs maghrébins (2007) ;
- Le lancement de l'Union des agriculteurs de l'Afrique du Nord (Tunis) ;
- Le lancement d'un site web sur la protection de l'environnement et la lutte contre la désertification (2006) ;
- Le lancement d'un nouveau portail de l'UMA (mai 2007).

Pour le financement des projets d'infrastructures dans la région, l'UMA a lancé, en janvier 2013, une banque d'investissement d'un capital social de 100 millions de dollars US.

B- Difficultés et défis

Les difficultés de l'UMA, qui sont essentiellement d'ordre politique et sécuritaire, sont à l'origine de la léthargie de l'Union, malgré les termes de l'Article 17 du Traité qui dispose que « les États membres s'engagent à ne tolérer sur leur territoire aucune activité ou mouvement pouvant porter atteinte à la sécurité ou à l'intégrité territoriale d'un État membre ». En outre, en vertu de l'Article 14 du Traité : « toute agression contre un État membre est considérée comme une agression à l'égard des autres États membres ».

Nonobstant ces dispositions, les principaux problèmes qui pénalisent les activités de l'Union sont :
- La crise du Sahara Occidental, qui a divisé les pays membres et continue d'opposer principalement le Royaume du Maroc à l'Algérie. Cependant, en 1999, après l'élection du président Abdelaziz

Bouteflika et la fin de l'embargo contre la Libye, les Comités Ministériels de l'UMA reprennent leurs réunions ; mais le Conseil Présidentiel n'est toujours pas réuni à cause de « l'affaire du Sahara ».
- Ce que d'aucuns appellent la « crise algérienne », qui a engendré une situation d'insécurité et d'instabilité dans ce pays pilier de l'Union.
- Suite à l'embargo international dont elle a été victime, la Libye reproche aux autres membres leur « manque de solidarité ». En outre, depuis la fin du régime du colonel Kadhafi, la Libye inaugure une période d'instabilité et d'inexistence de l'État qui engendre un chaos indescriptible. La Libye est devenue le terreau sur lequel prospèrent tous les groupes terroristes et mafieux.
- Sous le régime du colonel Kadhafi, la Libye et la République Islamique de Mauritanie (RIM) entretiennent des relations tumultueuses depuis que celle-ci accuse la première d'être mêlée aux différentes tentatives de coups d'État qu'elle a connues. Les deux pays rompent leurs relations diplomatiques.
- Les activités de l'Union ont été gelées depuis 1994-1995 suite à une crise entre Alger et Rabat. En effet, après un attentat commis à Marrakech en 1994, le Maroc accuse l'Algérie et décide d'imposer des visas d'entrée aux ressortissants algériens et ferme sa frontière terrestre. L'Algérie prend les mêmes mesures à l'égard de son voisin.

Face à ces difficultés et à la léthargie de l'Union, un courant propose la création, au lieu de l'UMA, d'une Communauté Économique Maghrébine, sans la Libye et sans la RIM, car les trois autres pays (Algérie, Maroc, Tunisie) ont signé des accords d'association avec l'Union Européenne (UE) et sont proches de l'Europe Occidentale. Ce souhait est partagé par l'Europe.

Toutefois, la sortie de crise pourrait aussi résulter de la démocratisation qui devra se traduire par la création d'un Parlement Maghrébin. En effet, une enquête réalisée en Algérie en 2006 révèle que 88 % de la population souhaitent la création dudit Parlement ; selon l'enquête, la faiblesse de l'intégration régionale résulte du déficit démocratique qui caractérise les régimes en place.

Finalement, au stade actuel, on peut dresser le bilan suivant : faiblesse des échanges intra-régionaux (3 % en 2003) et déception des populations à l'égard du projet de l'UMA, auxquelles il faut ajouter l'insécurité et l'instabilité, qui sévissent dans toute la région avec, notamment, la montée et le développement de groupes terroristes et mafieux.

Au regard de la léthargie née des difficultés et entraves que nous avons évoquées, le Roi du Maroc a déclaré, à l'occasion du 28ème sommet de l'UA réuni à Addis-Abeba le 30 janvier 2017, que la flamme de l'UMA est éteinte. En outre, le 24 février 2017, le Royaume du Maroc annonce, dans un communiqué, avoir demandé officiellement à adhérer à la CEDEAO comme membre à part entière.

SIV- L'INTÉGRATION ÉCONOMIQUE ET JURIDIQUE EN AFRIQUE DE L'OUEST

Notre étude portera sur les trois principales organisations d'intégration économique dans cette région, à savoir la CEDEAO, l'UEMOA et l'Organisation du Fleuve Mano. Il faut néanmoins noter l'existence de plusieurs organisations sectorielles, notamment l'Autorité du Bassin du Fleuve Niger, l'Organisation pour la Mise en Valeur du Fleuve Sénégal, l'Autorité de Développement Intégré du Liptako Gourma, etc. Dans le cadre de la rationalisation des institutions d'intégration régionale, ces organisations sectorielles sont appelées à devenir des organes spécialisés de la CEDEAO, qui est la seule CER de la région.

A- La Communauté Économique des États de l'Afrique de l'Ouest (CEDEAO ou *ECOWAS*)

1- L'idée de créer un ensemble économique ouest-africain remonte à 1964, à l'initiative du président du Libéria William Tubman. En février 1965, la Côte d'Ivoire, la Guinée, le Liberia et la Sierra Leone signent un accord qui ne prospère pas. C'est en avril 1972 que le Président du Nigéria, le général Yakubu Gowon, et celui du Togo, le général Gnassingbé Eyadema, relancent le projet et invitent leurs collègues des autres États à y adhérer. Un projet de Traité est examiné par les ministres à l'occasion d'une réunion organisée à Monrovia (Liberia) en janvier 1975.

Finalement, le 28 mai 1975, le Traité portant création de la CEDEAO est signé à Lagos (Nigéria). Les Protocoles qui établissent la nouvelle communauté sont signés à Lomé (Togo), le 5 novembre 1976. La CEDEAO regroupe 15 États membres[123], avec environ 261,13 millions d'habitants en 2006, sur une superficie de 5,1 millions de km2, et un taux de croissance annuel moyen de 2,67 %.

2- Les principales Institutions chargées de la mise en œuvre du programme de la CEDEAO sont :

- La Conférence des chefs d'État et de gouvernement : elle est l'instance suprême de décision de la Communauté ;

[123] Bénin, Burkina Faso, Cap-Vert, Côte-d'Ivoire, Gambie, Ghana, Guinée, Guinée-Bissau, Liberia, Mali, Niger, Nigeria, Sénégal, Sierra Leone, Togo. La Mauritanie a quitté la CEDEAO en 2002.

- Le Conseil des Ministres : composé de deux ministres par État membre et sa présidence est assurée par le ministre dont le chef de l'État assure la présidence de la Conférence. Le Conseil se réunit en session ordinaire deux fois par an ; il est chargé du bon fonctionnement et du développement de la Communauté ;
- Le Parlement de la Communauté : le protocole portant création du Parlement communautaire a été signé à Abuja (Nigéria) le 6 août 1994 et est entré en vigueur le 14 mars 2002. Conformément aux articles 6 et 13 du Traité révisé portant création de la CEDEAO, le siège du Parlement est fixé à Abuja.

Le Parlement de la Communauté est composé de cent vingt membres, à raison d'au moins cinq sièges par État partie et quarante sièges sont répartis entre les États au prorata de leur population. La durée d'une législature a été ramenée de cinq à quatre ans. Le Parlement de la CEDEAO a inauguré sa première législature en 2005.

Le Parlement a pour missions :

. D'examiner les questions relatives aux Droits de l'Homme et aux Libertés Fondamentales des citoyens. Il ne s'agit pas d'un Parlement à l'image des Parlements des États, car il n'a pas de fonctions législatives ;

. D'approuver les plans d'interconnexion des systèmes de télécommunications, le renforcement de la coopération dans les domaines de la radio, de la télévision et autres médias communautaires, ainsi que les questions relatives au développement du système national de communication ;

. De donner des avis sur les questions relatives à la santé publique, à la politique commune de l'éducation, la jeunesse et les sports, la science et la recherche technologique et l'intégration sociale ;

. De faire des recommandations aux institutions concernées sur les questions concernant la Communauté : révision du Traité, citoyenneté communautaire et l'intégration sociale.

Pour faire face à ses missions, le Parlement a été doté de treize Commissions Techniques.
- Le Conseil Economique et Social ;
- La Cour de Justice de la CEDEAO : elle a été créée suite à la signature du Traité du 28 mai 1975 ; le siège de la Cour a été fixé à Abuja (Nigéria). La Cour communautaire est composée de sept juges indépendants désignés par la Conférence.

La Cour est compétente pour :

. Assurer le respect du Droit et des principes d'équité dans l'interprétation et l'application du Traité ;

. Connaître des différends entre États parties, ou entre États parties et les institutions de la Communauté ;

. Etre saisie par les États membres agissant au nom de leurs ressortissants.

Les arrêts de la Cour ont force obligatoire à l'égard des États membres, des institutions de la Communauté et des personnes physiques et morales.

- La Commission de la CEDEAO : elle a été créée, en remplacement du Secrétariat, à l'occasion du Sommet réuni à Abuja le 14 juin 2006. Elle est composée de neuf Commissaires issus, à tour de rôle, des États membres. La Commission est l'organe d'exécution des décisions de la Conférence et du Conseil des Ministres ; elle est spécialement chargée d'animer et de coordonner les activités de l'organisation. Elle adopte les règles destinées à la mise en œuvre des actes promulgués par le Conseil ; elle fait des recommandations et donne des avis qui ne sont pas exécutoires.
- Des Commissions Techniques Spécialisées ont été créées dans plusieurs secteurs[124], de même que des Agences spécialisées chargées de la mise en œuvre des politiques de la Communauté.
- L'Organisation Ouest-Africaine de la Santé (OAS/*WAHO*) chargée de la promotion de la santé des populations des États membres à travers l'harmonisation des politiques desdits États et la mise en commun de leurs ressources pour, d'une part, coopérer avec les parties tierces, d'autre part, faire face aux problèmes de santé qui se posent dans la région.

La *WAHO* coordonne l'harmonisation des politiques des États parties dans le domaine de la santé, la mise en commun des ressources des partenaires extérieurs pour une riposte collective aux problèmes de santé qui se posent dans la région ; elle intervient également en appui à la recherche. Elle intervient pour préparer les réponses collectives aux épidémies qui sévissent souvent dans cette région, notamment la méningite, la rougeole, le choléra et la fièvre jaune. Enfin, elle appuie les programmes de prévention de la cécité.

---

[124] Alimentation ; Industrie, Science et Technologie et Énergie ; Environnement et Ressources Naturelles ; Transport, Communication et Tourisme ; Commerce, Douane, Fiscalité, Statistique, Monnaie et Paiements ; Affaires Politiques, Judiciaires et Juridiques, Sécurité Régionale et Immigration ; Ressources Humaines, Information, Affaires Sociales et Culturelles ; Administration et Finances.

- Le Centre de la CEDEAO pour le Développement du Genre.

Comme on vient de le voir ci-dessus, sur le plan institutionnel, la CEDEAO a mis en place les principaux organes qui seront les maîtres d'œuvre de l'intégration régionale.

3- La CEDEAO se fixe comme objectif la promotion de « l'intégration dans tous les domaines économiques, tant en matière de politique économique que de projets de développement, avec pour toile de fond l'établissement d'une Union Économique en Afrique de l'Ouest [125] » ; elle vise l'établissement d'une union économique et monétaire entre les États membres. La Conférence des chefs d'État et de gouvernement de la CEDEAO fait de celle-ci, par Décision A/Déc./5/5/90 du 30 mai 1990, la seule organisation d'intégration de l'Afrique de l'Ouest.

On peut relever parmi les objectifs assignés à la Communauté par le Traité fondateur :

- L'établissement d'un marché commun ouest-africain par la libéralisation des échanges et l'abolition des droits de douane et des droits non tarifaires au sein de la Communauté ;
- L'établissement d'une union économique et la création d'une union monétaire ;
- L'établissement d'un environnement juridique propice aux affaires et l'harmonisation des codes nationaux d'investissement en vue de l'adoption d'un Code d'Investissement Communautaire ;
- L'harmonisation des politiques sectorielles régionales.

D'une manière générale, la CEDEAO se fixe comme objectifs la promotion de la coopération et l'intégration des activités économiques, sociales et culturelles, le relèvement du niveau de vie des populations. La nouvelle organisation se propose d'assurer la stabilité économique, de renforcer les relations entre les États membres et, plus généralement, de contribuer au progrès et au développement du continent africain.

La Communauté envisage aussi la mise en place de programmes prioritaires, notamment la libéralisation du commerce par la mise en place d'une union douanière par élimination des droits de douane avant le 1er janvier 2000. Cet objectif est-il atteint ?

---

[125] Boris MARTOR et Sébastien THOUVENOT, « L'uniformisation du droit des affaires en Afrique par l'OHADA », « La Semaine Juridique », n° 44, du 28 octobre 2004, Supplément n° 5, pp. 5-11.

I- Œuvre d'intégration régionale

Des avancées significatives ont été enregistrées en ce qui concerne la libre circulation des personnes, des services et des biens, ainsi que dans les domaines de l'intégration financière, de l'intégration physique des États parties et du maintien de la Paix et de la Sécurité.

1- Libre circulation des personnes

La CEDEAO a procédé à la suppression de visas et des permis d'entrée pour les ressortissants des États membres qui disposent, désormais, du droit d'entrée, de résidence et d'établissement dans l'espace communautaire. En outre, un passeport CEDEAO fut mis en service en décembre 2000 en remplacement des passeports nationaux.

Pour veiller au respect et à l'application de la législation communautaire relative à la libre circulation des personnes et des biens et éviter les harcèlements, des Unités Pilotes ont été créées le long des frontières nationales. Chaque unité est composée, entre autres, de représentants de la société civile, d'un juge, d'un parlementaire et d'un représentant des médias.

2- Libre circulation des biens et des services

Plusieurs mesures tendent à la libéralisation du commerce dans l'espace CEDEAO :

- En ce qui concerne la libre circulation des biens, des services et des capitaux incluant une Zone de Libre Echange (ZLE), le processus a démarré en 1979 avec la libre circulation des produits de provenance locale, de l'artisanat traditionnel et des produits entièrement transformés. Une période de dix ans a été fixée pour la suppression totale des restrictions des droits et taxes sur le commerce intracommunautaire. Toutefois, ce processus n'est pas encore achevé.

Après une période de léthargie, les États parties ont relancé le processus de création de la ZLE dont les instruments juridiques devaient être signés le 1er janvier 2000 ; cette échéance n'ayant pas été tenue, le sommet des chefs d'État et de gouvernement de la CEDEAO, réuni en janvier 2003, a décidé d'un nouveau plan de libéralisation commerciale et une nouvelle échéance a été fixée à 2004.

Afin d'encourager les États à aller vers la création de la ZLE, il a été mis en place un mécanisme de compensation du manque à gagner résultant de la suppression des tarifs sur le commerce intra-communautaire pendant une période de quatre ans à partir du 1er janvier 2004. Les montants à compenser dépendent du niveau des pertes des revenus douaniers encourues à l'occasion de l'importation des produits industriels d'origine approuvée, selon des taux variables annuellement[126].

Des progrès sont également enregistrés en ce qui concerne le processus d'élaboration du code régional d'Investissement Communautaire commencé depuis 2008.

Enfin, un groupe de travail conjoint CEDEAO/IMAO a été créé en 2008 afin de garantir la ratification et la mise en œuvre effectives des Protocoles et Conventions passés en vue de la facilitation du commerce et la libre circulation des personnes, des biens et des services ainsi que le droit de créer des entreprises dans la Zone Monétaire de l'Afrique de l'Ouest (*WAMZ*/ZMAO).

- Au titre du plan la libéralisation des tarifs, en dehors de la Guinée Bissau, les autres États membres de la CEDEAO ont levé les barrières non tarifaires pour les produits non transformés. Les produits soumis au plan de libéralisation commerciale sont soumis aux règles d'origine à cet effet, un certificat d'origine atteste de la qualité « originaire » des produits ; toutefois, les produits de l'agriculture et de l'élevage ainsi que les produits de l'artisanat sont exempts.

Les pays membres de la CEDEAO ont décidé l'adoption d'un TEC qui est entré en vigueur à partir du 1er janvier 2015 et s'appliquera à tous les produits entrant dans la zone communautaire. Quatre taux de droits de douane sont inscrits au TEC : 0 %, 5 %, 10 % et 20 %, selon notamment le degré de transformation du produit. Il faut également noter que les huit pays membres de l'UEMOA, qui sont également membres de la CEDEAO, appliquent depuis 2000 leur propre TEC.

- La CEDEAO a également introduit des documents douaniers harmonisés : des instruments douaniers et de statistiques uniformes,

---

[126] Les taux escomptés : (i) 100 % de diminution encourue en 2004 ; (ii) 80 % de diminution encourue en 2005 ; (iii) 60 % de diminution encourue en 2006 ; (iv) 30 % de diminution encourue en 2007 ; (v) 0 % à partir du 1er janvier 2008. V. Union Africaine, « Situation de la mise en œuvre du programme d'intégration régionale en Afrique », *op. cit.*, n° 80, p. 15.

des certificats d'origine, une nomenclature douanière et statistique, et une déclaration en douane.
- Dans le domaine des transports routiers, les États parties ont procédé à une standardisation des législations. Afin de favoriser les échanges commerciaux, plusieurs textes ont été adoptés par les États parties[127] ; ces derniers ont également adopté un protocole sur le Transit Routier Inter-État (ISRT). La Convention portant mise en place de l'ISRT a été signée en mai 1982 ; elle fixe le cadre dans lequel les États doivent travailler pour assurer la libre circulation des marchandises dans l'espace CEDEAO ; à cet égard, afin de faciliter et d'accélérer les déclarations en douane aux postes frontières, plusieurs États parties[128] ont imprimé et mis en application des certificats d'origine. Cependant, malgré ces progrès, il reste beaucoup à faire pour assurer la mise en œuvre du Protocole ISRT[129]. A cet effet, les États parties ont signé, en 1990, une convention supplémentaire[130], ayant pour objet la mise en place des mécanismes de garantie de l'ISRT.

3- Intégration financière

Sur le plan de la coopération et de l'intégration financières, plusieurs actions sont à mettre à l'actif de la CEDEAO, il s'agit notamment :
- De la création, dans un premier temps, de la Chambre de Compensation de l'Afrique de l'Ouest (*WACH*/CCAO), qui devient opérationnelle en 1975. Elle se donne comme objectif de régler les

---

[127] Notamment les textes suivants : Décision A/DEC.2/5/81 relative à l'harmonisation des législations routières dans la Communauté ; Protocole A/P1/5/82 relatif à la Carte Brune CEDEAO, Assurance responsabilité civile automobile ; Convention A/P2/5/82 relative à la réglementation des transports routiers inter-Etats de la CEDEAO (TIE) ; Convention A/P5/5/82 relative au transport inter-États des marchandises (TRIE) ; Décision C/DEC.2/5/83 relative à la mise en application de la Carte Brune d'assurance système CEDEAO ; Convention A/P4/5/82 relative au carnet TRIE.

[128] Bénin, Burkina Faso, Gambie, Guinée, Guinée Bissau, Mali, Niger, Nigeria, Sénégal, Sierra Leone, Togo.

[129] Seuls le Bénin, la Côte d'Ivoire, le Mali, le Niger et le Togo, appliquent le Protocole ISRT.

[130] Convention Additionnelle A/SP 1/5/90 relative à l'institution au sein de la Communauté d'un mécanisme de garantie des opérations de transit routier inter-Etats de marchandises.

problèmes que pose l'existence de plusieurs monnaies différentes dans les États membres.

En 1986, la *WACH*/CCAO devient l'Agence Monétaire de l'Afrique de l'Ouest (*WAMA*/AMAO), chargée de superviser la mise en œuvre du programme de coopération monétaire dans la perspective de la création d'une zone monétaire unique dans l'espace CEDEAO. Ainsi, la *WAMA*/AMAO a pour « mandat d'assurer le contrôle, la coordination et la mise en œuvre du programme de coopération monétaire de la CEDEAO ; d'encourager et de promouvoir l'application du taux de change déterminé par les forces du marché dans le commerce intra-régional ; d'initier des politiques et des programmes relatifs à l'intégration économique et monétaire et de veiller à la mise en place d'une zone monétaire unique en Afrique de l'Ouest [131] ».

Dans le cadre de la *WAMA*, plusieurs actions ont été menées[132] :

. Le renforcement de l'Unité de Compte de l'Afrique de l'Ouest (*WAUA*/UCAO), destinée au règlement des transactions financières entre les États membres ;

. Le renforcement du système de compensation et de paiement entre les banques centrales des États de l'Afrique de l'Ouest, ce, en rapport avec l'Association des banquiers de la région ;

. La gestion du projet de Fonds de garantie du crédit pour le compte des banques centrales de l'Afrique de l'Ouest ;

. La coordination de l'harmonisation des politiques des taux de change, des règlements bancaires, des statistiques et des systèmes de paiement de la région ouest-africaine.

Par ailleurs, en 1994, les États francophones membres de la CEDEAO[133] créent une Union Économique et Monétaire de l'Afrique de l'Ouest (UEMOA)[134], qui utilise une monnaie commune, le Franc de la Communauté Financière Africaine (FCFA). Le 20 avril 2000, cinq États membres de la CEDEAO[135], signataires de la « Déclaration

---

[131] Union Africaine, « Situation de la mise en œuvre du programme d'intégration régionale en Afrique », Assembly/AU/12(XI), 30 juin-1er juillet 2008, p. 17, n° 59.

[132] Voir Union Africaine, « Situation de la mise en œuvre du programme d'intégration régionale en Afrique », *op. cit.*

[133] Bénin, Burkina Faso, Côte-d'Ivoire, Mali, Niger, Sénégal, Togo.

[134] Voir *infra*.

[135] Gambie, Ghana, Guinée, Sierra Leone, Nigeria. Le Liberia jouit du statut d'observateur.

d'Accra 2000 », créent la Zone Monétaire de l'Afrique de l'Ouest (*WAMZ*/ZMAO), dont la monnaie a été baptisée « l'ECO » ; sa mise en place devait être effective en décembre 2009. Il était prévu que l'ECO et le FCFA aient cours légal en même temps en vue de la création, à terme, d'une zone monétaire unique dans l'espace CEDEAO en 2009. L'adhésion à la nouvelle zone monétaire est ouverte à tous les États membres de la CEDEAO sous la condition de remplir les critères d'éligibilité.

La date de création de la monnaie commune a été fixée au 1er juillet 2005, puis reportée au 1er juillet 2009. A cet effet, six pays[136] de la nouvelle zone monétaire créent l'Institut Monétaire de l'Afrique de l'Ouest (*WAMI*/IMAO) ; celui-ci posera les jalons qui permettront la création de la Banque Centrale de l'Afrique de l'Ouest (BCAO) qui, à terme, deviendra la banque centrale de tous les États membres de la CEDEAO.

Il s'agit là d'un processus d'intégration financière cohérent ; cependant, compte tenu des lenteurs que connaît la mise en place de la monnaie commune, le Conseil de Convergence de la CEDEAO, réuni à Abuja (Nigéria) en novembre 2008, décide de mettre en place un groupe de travail inter-institutionnel chargé de définir une stratégie révisée pour concrétiser le projet ; cette stratégie devrait être adoptée à l'occasion d'une réunion regroupant les institutions régionales concernées par la mise en œuvre du programme de coopération monétaire de la CEDEAO en février 2009, puis par une réunion statutaire du Conseil de Convergence prévue pour mars 2009.

- De la création de l'Institut Monétaire de l'Afrique de l'Ouest (IMAO ou *WAMI*) : mis en place en 2001, l'IMAO/*WAMI* compte aujourd'hui six États membres[137]. Il est spécialement chargé « de superviser l'état de la convergence, harmoniser les règlements et concevoir les cadres de politiques, promouvoir le système régional de paiement, étudier la question des mécanismes qui déterminent les taux de change et le taux de conversion, l'organisation de la sensibilisation pour éduquer le public à propos de la nouvelle monnaie, concevoir la préparation technique de la nouvelle monnaie, les modalités de mise en place de la Banque Centrale commune, et créer un environnement propice[138] ». Les membres du *WAMI*/IMAO sont les Banques Centrales des États

[136] Nigeria, Ghana, Guinée, Liberia, Sierra Leone, Gambie.

[137] V. note *supra*.

[138] Union Africaine, « Situation de la mise en œuvre du programme d'intégration régionale en Afrique », *op. cit.*, n° 67 et n° 68, p. 13.

parties. L'IMAO/*WAMI* collabore pour le lancement de la deuxième zone monétaire en Afrique de l'Ouest (ZMAO) prévu pour décembre 2009.
- Il a également été créé en 1999, en remplacement du Fonds de Coopération, de Compensation et de Développement, une Banque d'Investissement et de Développement de la CEDEAO (BIDC), ayant deux filiales : la Banque Régionale d'Investissement de la CEDEAO (BRIC), pour le financement du secteur privé, et le Fonds Régional de Développement de la CEDEAO (FRDC), pour le financement du secteur public.

En ce qui concerne l'intégration financière, outre la mise en place des institutions que nous avons vues ci-dessus, il faut noter la simplification et la libéralisation des moyens de paiement, la mise en circulation du chèque de voyage de la CEDEAO, officiellement lancé le 30 octobre 1998 par le XXIe Sommet des chefs d'État et de gouvernement. Ce nouvel instrument de paiement est géré par l'Agence Monétaire de l'Afrique de l'Ouest et est destiné à faciliter les transactions commerciales dans l'espace communautaire.

Finalement, le processus d'intégration financière de l'Afrique de l'Ouest piétine, car, d'une part, l'intégration financière passe par l'intégration des structures bancaires et, d'autre part, par celle des marchés financiers, or celles-ci se révèlent encore incomplètes dans cette région. En outre, les échéances prévues dans le cadre de ce processus d'intégration ne sont pas respectées. La création de la seconde zone monétaire tarde à se matérialiser ainsi que la création de la monnaie unique.

4- Intégration physique

L'intégration physique des États parties permet de faciliter le commerce intra-régional et aussi de mener des actions de développement communautaire. A cet effet, plusieurs actions ont été entreprises :
- La création de l'Unité de Coordination des Ressources en Eau (*WRCU*/UCRE) : outre les États membres de la CEDEAO, cette Unité compte la République Islamique de Mauritanie et les organisations des bassins fluviaux. Elle a pour mission d'« assurer la promotion de pratiques intégrées de gestion des ressources en eau, la coordination des suivis au plan régional d'action dans le but de permettre aux pays de l'Afrique de l'Ouest de disposer d'un plan d'action pour la gestion

des ressources en eau conformément au statut, aux politiques et aux programmes de la CEDEAO [139] ».

- Pour assurer leur autonomie énergétique, les États membres de la CEDEAO ont initié un ambitieux programme de développement énergétique sous-tendu par des projets cohérents[140] :

. En février 2006, le Système d'Échange d'Énergie Électrique de l'Afrique de l'Ouest (EEEAO) devient opérationnel avec un programme d'infrastructures évalué à 16 milliards de dollars US qui devra être achevé d'ici à 2020 ; ce programme prévoit la réalisation de près de 5 500 km de lignes de transmission à haute tension interconnectant tous les réseaux nationaux des États de la CEDEAO. Il prévoit également une capacité d'injection de 10 000 nouveaux mégawatts à réaliser sur la période[141].

En janvier 2008, la Conférence des chefs d'État et de gouvernement de la CEDEAO adopte l'Acte Additionnel n° A/SA.04/01/08 relatif au Plan d'urgence pour la sécurité de la fourniture d'énergie aux États membres, par l'exploitation du gaz naturel acheminé au moyen du Gazoduc de l'Afrique de l'Ouest en vue de la mise en place des Parcs énergétiques sous-régionaux d'une capacité totale de 950 MW.

. Le Projet de Gazoduc de l'Afrique de l'Ouest (*WAGP*/ PGAO), long de 678 km, le Gazoduc de l'Afrique de l'Ouest (*WAGP*) relie la région des gisements gaziers du Nigéria d'Escravos (delta du Niger) au Ghana, en passant par le Bénin et le Togo.

Le projet a été initié en 1982 ; en 1990, le rapport d'études de faisabilité conclut à la viabilité du projet. En septembre 1995, un protocole d'accord a été signé et l'étude de faisabilité adoptée en 1999. Un mémorandum d'entente (Protocole d'accord) est signé à Cotonou le 11 août 1999 par les quatre pays participants (Nigéria, Bénin, Togo, Ghana).

Le projet passe à une phase ultime : en février 2000, signature d'un accord intergouvernemental ente les États parties ; l'accord de

---

[139] Union Africaine, « Situation de la mise en œuvre du programme d'intégration régionale en Afrique de l'Ouest, *op. cit.*, n° 69, p. 13.

[140]Le Projet de Gazoduc de l'Afrique de l'Ouest (PGAO), le Système d'Échange d'Énergie Électrique de l'Afrique de l'Ouest (EEEOA), la Politique régionale de la CEDEAO d'accès à l'Énergie.

[141] Sur le programme énergétique de l'EEEAO et de la CEDEAO en général, voir « La situation de l'intégration en Afrique (SIA) », mai 2009, pp. 21-26.

mise en œuvre du projet est signé en 2003 et les travaux de construction ont démarré en 2005.

Aujourd'hui, ce gazoduc est « prêt à assurer le transport du gaz [142] » sur tout son tracé. Il existe aussi de réelles perspectives d'extension du Projet à la Côte-d'Ivoire et au Ghana.

. Le Pool des Réseaux Électriques de l'Afrique de l'Ouest (WAPP) : Afin d'assurer aux citoyens de la région un approvisionnement stable et fiable en électricité bon marché, les États membres de la CEDEAO ont mis en place un pool dont le but est d'intégrer les réseaux nationaux dans un marché régional unifié.

- Dans le domaine des transports aériens, les États membres de la CEDEAO ont décidé de la création d'une compagnie régionale de transport aérien qui est toujours à l'étude.

Enfin, une étude sur l'interconnexion des réseaux ferroviaires a été entreprise.

5- Paix et sécurité

Suite à des tensions entre certains États membres, un Protocole de non-agression a été adopté en 1978 ; il sera suivi, en 1981, d'un Protocole d'assistance en matière de défense. Un Pacte de non-agression est signé à l'initiative du Togo et de la République Fédérale du Nigéria, il est entré en vigueur en septembre 1986.

En 1990, la Conférence des chefs d'État et de gouvernement décide de mettre en place un groupe de surveillance de cessez-le-feu, l'ECOMOG (*Economic Community of West African States Cease-fire Monitoring Group*) ; ce groupe de supervision devient vite une force d'interposition qui interviendra dans plusieurs conflits sous-régionaux (Liberia, Sierra Leone, Guinée-Bissau). Cependant, c'est en 1999 que l'ECOMOG se transforme en une véritable force d'interposition avec comme principales missions : l'observation et la supervision des cessez-le-feu, le maintien de la paix, l'intervention humanitaire, le déploiement préventif, la construction de la paix, le désarmement et la démobilisation.

[142] « Situation de l'intégration en Afrique (SIA) », mai 2009, p. 21.

II- Difficultés et défis

L'espace CEDEAO est confronté à divers types de problèmes qui risquent d'entraver, voire de rendre vain tout effort de développement ou d'intégration économique ; les problèmes qui ralentissent l'intégration des États de l'Afrique Occidentale peuvent être résumés comme suit :

- La persistance de l'insécurité et des conflits dans la région ; il s'agit essentiellement :

. Des conflits intra et inter-étatiques, bien que les plus importants aient été réglés ou en voie de l'être ;

. L'insécurité transfrontalière, non seulement dans les zones sahélo-sahariennes, mais aussi sur tout le littoral côtier. En effet, dans cette région opèrent des groupes armés qui s'adonnent à des actions de grand banditisme comme le trafic d'armes, de drogue et d'êtres humains. Cette région constitue la plaque tournante et le passage vers l'Europe et les pays du Maghreb des émigrés clandestins et d'importantes cargaisons de drogue en provenance d'Amérique latine.

La zone saharienne ouest-africaine abrite également des bandes d'islamistes armés qui déstabilisent les pays dans lesquels ils opèrent.

Pour faire face aux conflits inter et intra-étatiques et au problème d'insécurité, les services de renseignements, de défense et de sécurité des pays de la CEDEAO doivent intensifier leur coopération. En outre, il serait opportun qu'une réflexion soit engagée pour redéfinir le rôle de l'ECOMOG en vue de lui confier les missions de lutte contre le grand banditisme. A cet égard, l'ECOMOG pourrait se doter d'un État-Major spécifique ayant pour mission de coordonner des patrouilles militaires dans toute la bande sahélo-saharienne. Il est entendu que pareilles actions ne peuvent être menées, d'une part, qu'avec des moyens humains, matériels et financiers importants, et, d'autre part, avec une réelle volonté politique des États concernés.

- Des efforts doivent également être consentis pour renforcer et ancrer la Démocratie et l'État de droit dans les pays de l'espace communautaire. Dans cette perspective, en juillet 1991, les États parties signent la Déclaration de principes politiques en vue du soutien à la démocratie et à l'État de droit.
- La non-application des protocoles par certains États ;
- L'existence de barrières tarifaires ;
- La multiplicité des frais acquittés sur les trajets routiers (barrières) ;

- La prédominance du commerce informel ;
- L'existence de multiples entraves à la libre circulation des personnes : harcèlements routiers, barrières illégales, barrages routiers[143], insécurité sur les routes ;
- Enfin, la région accuse un retard important quant à la réalisation des objectifs du Traité. A cet égard, la CEDEAO doit évoluer vers l'intégration des organisations sectorielles, car, à terme, celles-ci constitueront les organes spécialisés de la CER.

Sur le plan de l'intégration juridique, il faut rappeler que plusieurs États parties sont membres d'organisations d'intégration juridique, notamment l'OHADA, la CIMA, l'OAPI, etc. En outre, plusieurs États membres de la CEDEAO sont aussi membres de l'UEMOA et ont réalisé l'uniformisation de certains pans du Droit à travers cette organisation[144]. Enfin, il faut noter une ébauche d'harmonisation des politiques économiques et fiscales des États membres de la CEDEAO.

Au regard de tout ce qui précède, dans le domaine de l'intégration juridique des États parties, la CEDEAO a enregistré des avancées significatives.

B- L'Union Économique et Monétaire de l'Afrique de l'Ouest (UEMOA)

1- En 1959, les États francophones de l'Afrique de l'Ouest créent l'Union Douanière de l'Afrique Occidentale (UDAO), qui sera transformée en 1966 en une Union Douanière et Économique Ouest-Africaine (UDEAO). Celle-ci deviendra, à son tour, la Communauté Economique de l'Afrique de l'Ouest (CEAO), le 28 avril 1973.

Ces États ont signé le Traité portant création de l'UEMOA à Dakar (Sénégal) le 10 janvier 1994 ; Traité qui sera ratifié en juin 1994, pour entrer en vigueur le 1er août 1994[145]. En janvier 1995, la Commission de l'UEMOA a été mise en place.

---

[143] Les États parties ont, néanmoins, adopté la Résolution C/RES du 4 mai 1990 relative à la réduction des postes de contrôles routiers au sein de l'espace communautaire.

[144] Voir *infra*.

[145] États membres : le Bénin, le Burkina Faso, la Côte d'Ivoire, la Guinée Bissau, qui l'a rejointe en 1997, le Mali, le Niger, le Sénégal et le Togo. Le Liberia a fait une déclaration d'intention par laquelle il dit son intention de s'y adjoindre.

L'espace UEMOA couvre une superficie de 3 509 125 km2 avec une population de plus de 70 millions d'habitants.

Bâtie sur le modèle de l'Union Européenne, l'UEMOA a été créée sur les cendres de l'Union Monétaire Ouest-Africaine (UMOA), qui date de 1962[146] et transformée en Union Économique et Monétaire par Acte du 2 juillet 1992. Elle reprend aussi les activités de la Communauté Économique de l'Afrique de l'Ouest (CEAO), dissoute par une décision du 14 mars 1994. L'UMOA ne visait que l'uniformisation des législations monétaire et bancaire, qui s'est réalisée progressivement par l'intermédiaire de la Banque Centrale des États de l'Afrique de l'Ouest (BCEAO) suivant une procédure originale[147]. Les textes adoptés, selon cette procédure, ne sont applicables dans les États membres qu'après intervention des Parlements nationaux, qui ont la faculté de les modifier, soit *ab initio*, soit *a posteriori*.

2- L'UEMOA se fixe cinq objectifs majeurs :

- Renforcer la compétitivité des activités économiques et financières des États membres ;
- Assurer la convergence des performances et des politiques macro-économiques nationales par l'institution d'une procédure de surveillance multilatérale ;
- Instituer une coordination des politiques sectorielles nationales par la mise en œuvre d'actions communes dans les grands domaines de la vie socio-économique des États membres ;
- Créer un marché commun avec un territoire douanier unique (territoire devenu effectif depuis le 1er janvier 2000) et la libre circulation des biens, des services et des capitaux, ainsi que le libre établissement des citoyens des États membres sur le territoire de l'Union ; il en est ainsi des sociétés commerciales créées sur le territoire d'un État membre conformément à la législation de cet État.
- Pour atteindre ses objectifs, l'UEMOA envisage l'harmonisation des législations des États parties dans les domaines entrant dans le cadre du Traité. L'harmonisation des législations est un objectif clairement affirmé dès le Préambule du Traité, dans lequel on peut lire que les États membres affirment la nécessité de favoriser leur développement économique et social « grâce à l'harmonisation de leurs législations, à

---

[146] Modifiée par le Traité du 14 novembre 1973.

[147] Voir Joseph Issa-Sayegh, Jacqueline Lohoues-Oble, « OHADA - Harmonisation du droit des affaires », *op. cit.*, n° 140 et suiv., pp. 64-66.

l'unification de leurs marchés intérieurs et à la mise en œuvre de politiques sectorielles communes dans les secteurs essentiels de leur économie ». Cette déclaration est reprise dans le texte du Traité, notamment à l'article 4 et à l'article 60, qui dispose que, « dans le cadre des orientations prévues à l'article 8, la Conférence des Chefs d'État et de Gouvernement établit les principes directeurs pour l'harmonisation des législations des États membres. Elle définit les domaines prioritaires dans lesquels, conformément aux dispositions du présent Traité, un rapprochement des législations des États membres est nécessaire pour atteindre les objectifs de l'Union. Elle détermine également les buts à atteindre dans ces domaines et les principes généraux à respecter. Dans l'exercice de ces fonctions, la Conférence tient compte du progrès réalisé en matière de rapprochement des législations des États de la région, dans le cadre d'organismes poursuivant les mêmes objectifs que l'Union ».

Au regard de tout ce qui précède, l'harmonisation des législations des États membres de l'UEMOA constitue le moyen par lequel l'Union réalisera ses objectifs économiques, politiques et sociaux.

3- Pour permettre à l'UEMOA de réaliser ses objectifs, elle a été dotée de plusieurs organes :

- La Conférence des chefs d'État et de gouvernement, qui détermine les domaines dans lesquels le rapprochement des législations est nécessaire, les objectifs et les principes généraux.
- Le Conseil des Ministres, chargé de la mise en œuvre des orientations définies par la Conférence. A cet égard, le Conseil agit au moyen des instruments juridiques suivants : les Règlements, les Directives, les Décisions, les Avis et les Recommandations ; toutefois, seuls les trois premiers ont force obligatoire. Le Conseil adopte les Règlements et les Directives nécessaires à la réalisation du programme d'harmonisation juridique. Enfin, il résulte de l'article 24 du Traité que le Conseil peut déléguer à la Commission l'adoption de règlements d'exécution des actes qu'il édicte.
- La Commission de l'UEMOA, dont le siège se trouve à Ouagadougou (Burkina Faso) : elle est l'organe d'exécution des décisions de la Conférence et du Conseil des Ministres.
- La Cour de Justice, installée le 27 janvier 1995 et dont l'organisation, la compétence et le fonctionnement sont déterminés par le Protocole Additionnel n° 1, le Règlement n° 01/96/CM du 20 décembre 1996 portant Règlement de Procédure de la Cour de

Justice de l'UEMOA, l'Acte Additionnel n° 10/96 du 10 mai 1996 portant Statut de la Cour de Justice de l'UEMOA.

Aux termes des articles 1er, 5 et 8 dudit Protocole, la Cour veille à l'interprétation et l'application du Traité et des actes pris dans le cadre de l'Union[148]. La Cour est saisie par un État ou par la Commission des manquements des États à leurs obligations communautaires ou du refus d'un État de transposer, au plan interne, les réglementations communautaires.

La Cour peut « être saisie d'un recours en illégalité de Règlement, de Directive ou Décision par un État membre, par le Conseil des ministres ou par la Commission ou par toute personne physique ou morale lorsqu'un acte d'un organe de l'Union lui a fait grief [149] ». La Cour de Justice ne peut connaître d'un litige entre deux personnes physiques ou morales, « elle ne pourrait connaître éventuellement que de l'exception d'illégalité d'un acte d'un organe de l'Union soulevée, *in limine litis*, par l'une de ces parties au litige devant le juge interne [150] ».

- Une Cour des Comptes veille au contrôle de l'utilisation des ressources de l'Union par les organes de celle-ci. Le Règlement n° 01/2000/CM/UEMOA du 30 mars 2000 détermine les modalités du contrôle par la Cour des Comptes.
- Le Comité Interparlementaire est un organe créé en attendant la mise en place du Parlement de l'Union, dont le Traité fondateur a été signé à Dakar le 29 janvier 2003. Le Comité est composé de cinq membres par État désignés par le Parlement de chaque État.

Aux termes de l'article 35 du Traité, « le Comité contribue, par le dialogue et le débat, aux efforts d'intégration de l'Union dans les domaines couverts par le présent Traité. Il peut exprimer ses vues sous forme de résolutions ou de rapports. Il examine en particulier le rapport annuel que la Commission lui soumet conformément à l'article 36 ». Le Comité est aussi informé par le Conseil des Ministres des recommandations qu'il adopte et reçoit transmission du rapport annuel de la Cour des Comptes.

Il faut dire que les missions de ce Comité ne sont pas suffisamment précises pour lui permettre de jouer un rôle efficace.

---

[148] Sur la compétence et, en particulier, le rôle d'interprétation par la Cour, voir Filiga Michel Sawadogo et Luc Marius Ibriga, *op. cit.*

[149] Joseph Issa-Sayegh, Jacqueline Lohoues-Oble, « OHADA-Harmonisation du droit des affaires », *op. cit.*, n° 152, p. 70.

[150] Joseph Issa-Sayegh, Jacqueline Lohoues-Oble, *ibidem.*

- Le Conseil du Travail et du Dialogue Social (CTDS), créé par l'Acte Additionnel n° 02/2009/CCEG/UEMOA du 17 mars 2009 par la Conférence des chefs d'État et de gouvernement. Il s'agit d'un organe consultatif chargé de réaliser l'implication des acteurs non étatiques dans le processus d'intégration de l'UEMOA. Il est, notamment, chargé :

. d'examiner et d'apprécier les questions susceptibles d'avoir un impact social dans l'union ;

. du renforcement des mécanismes de consultation et de concertation au sein de l'Union ;

. et d'apporter son appui à la consolidation du processus d'intégration et aux structures de dialogue social dans les pays membres.

Il est composé de 72 membres désignés par les huit États membres.

- La Chambre Consulaire Régionale de l'UEMOA : l'Acte Additionnel n° 02/1997/CM/UEMOA du 23 juin 1997 fixe les attributions, la composition et les principes d'organisation et de fonctionnement de la CCR/UEMOA. Cet Acte a été modifié par l'Acte Additionnel n° 04/2009/CCEG/UEMOA du 17 mars 2009.

- Le Conseil des Collectivités Territoriales (CCT) : organe consultatif créé par Acte Additionnel n° 02/CCEG/UEMOA/2011 du 30 mai 2011 de la Conférence des chefs d'État et de gouvernement, le CCT est composé de six représentants par État membre, qui sont désignés dans les collectivités territoriales.

Installé le 11 avril 2012 à Niamey, il a adopté sa feuille de route qui définit huit programmes intégrateurs[151] visant à promouvoir une approche territoriale du développement. Pour mettre en œuvre ces programmes, le CCT dispose de six commissions techniques[152].

---

[151] - Programme de coopération transfrontalière ;
- Programme paix, sécurité et gestion des migrations ;
- Programme de convergence en matière de décentralisation financière ;
- Programme de renforcement de capacités ;
- Programme portant sur les Objectifs du Millénaire pour le Développement ;
- Programme de jumelage et coopération entre collectivités territoriales de l'espace UEMOA ;
- Programme fonds communautaire de financement des collectivités territoriales ;
- Programme gouvernance et genre.

[152] - La Commission du Développement, de la Cohésion Sociale et de la Solidarité ;
- La Commission d'Aménagement du Territoire et du Développement Durable ;
- La Commission Coopération et Partenariat ;

Pour mener à bien le processus d'intégration, des mécanismes de financement ont été mis en place, notamment le Prélèvement Communautaire de Solidarité (PCS), institué par l'Acte Additionnel n° 04/96 du 16 mai 1996 ; il constitue la première source de financement de l'Union.

En outre, par Acte Additionnel n° 03/2006 du 27 mars 2006, il a été créé un Fonds Régional de Développement Agricole (FRDA), dont les modalités d'intervention, d'organisation et de fonctionnement sont déterminées par le Règlement n° 06/2006/CM/UEMOA du 29 juin 2006.

I- L'œuvre d'intégration sous-régionale

L'œuvre d'intégration économique et juridique réalisée par l'UEMOA se révèle être relativement dense. Les actes normatifs, les Règlements et les Directives réalisent l'harmonisation juridique, car ils définissent des prescriptions minimales et des réglementations-cadres qu'il appartient aux États de compléter. Aux termes de l'article 6 du Traité, « les actes arrêtés par les organes de l'Union pour la réalisation des objectifs du présent Traité, et conformément aux règles de procédure instituées par celui-ci, sont appliqués dans chaque État membre nonobstant toute législation nationale contraire antérieure ou postérieure ». Cette disposition consacre la supranationalité des actes de l'UEMOA.

Le processus d'intégration juridique des États parties a enregistré des avancées significatives par l'harmonisation de certains pans du Droit des Affaires.

1- Libre circulation des personnes

Les actes adoptés dans le cadre de l'UEMOA consacrent la liberté d'établissement, pour les personnes physiques et morales, dans tous les États membres de l'Union. En effet :
- La Directive n° 07/2005/CM/UEMOA du 16 décembre 2005 régit la libre circulation et le libre établissement des architectes ressortissants de l'Union au sein de l'UEMOA ;

- La Commission Economique et Financière ;
- La Commission Affaires Générales et Institutionnelles ;
- La Commission Paix, Sécurité et Gestion des Migrations.

- Le Règlement n° 05/2006/CM/UEMOA du 29 juin 2006 est relatif à la libre circulation et au libre établissement des experts-comptables et des comptables agréés ressortissants de l'Union au sein de l'UEMOA ;
- La Directive n° 07/2008/CM/UEMOA du 26 juin 2008 régit la libre circulation et le libre établissement des chirurgiens-dentistes ressortissants de l'Union dans l'espace UEMOA ;
- La Directive n° 06/2008/CM/UEMOA du 26 juin 2008 régit la libre circulation et le libre établissement des pharmaciens ressortissants de l'Union sur l'espace UEMOA ;
- La Recommandation n° 02/2002/CM/UEMOA en date du 27 juin 2002 est relative à la simplification et à l'harmonisation des procédures administratives et de transit au sein de l'UEMOA ;
- L'Acte Additionnel n° 01/2009/CM/UEMOA du 17 mars 2009 institue une politique commune des États membres de l'UEMOA dans le domaine de la circulation et du séjour des personnes non ressortissantes de l'Union ;
- Dans le cadre de la libre circulation des services et des biens, les États membres de l'UEMOA ont adopté par Décision n° 015/2005/CM/UEMOA du 16 décembre 2005 les modalités pratiques d'application du plan régional de contrôle sur les axes routiers inter-États de l'UEMOA, tandis que la Décision n° 016/2005/CM/UEMOA porte création, organisation et fonctionnement du comité technique de suivi pour la suppression des barrières non tarifaires. Enfin, la Directive n° 08/2005/CM/UEMOA est relative à la réduction des points de contrôle sur les axes routiers inter-États de l'UEMOA ;
- Le règlement n° 02/2008/CM/UEMOA du 28 mars 2008 régit les transports maritimes au sein de l'espace de l'Union. Il a été complété par les Règlements n° 03 et 04/2008/CM/UEMOA du 28 mars 2008 relatifs, respectivement, aux conditions d'exercice des professions d'intermédiaires de transport maritime et à la sécurité et sûreté maritimes dans l'UEMOA.

2- Libre circulation des biens, des services et des capitaux

Il convient, ici, de distinguer, d'une part, les mesures prises dans le cadre de la constitution d'un espace douanier communautaire, et, d'autre part, les mesures prises dans le cadre de la coopération et de l'intégration financière et monétaire.

a- Espace douanier de l'Union

Le désarmement douanier intra-communautaire a été amorcé le 1er juillet 1996 avec comme objectif d'exempter les échanges intra-communautaires de tout prélèvement douanier. En outre, un Tarif Extérieur Commun (TEC) a été adopté en décembre 1997 par le Règlement n° 02/97/CM/UEMOA pour entrer en vigueur en trois étapes, de juillet 1998 à janvier 2000. Il faut également noter que les pays membres de l'UEMOA appliquent également le TEC de la CEDEAO entré en vigueur à partir du 1er janvier 2015.

- Le Conseil des Ministres, réuni à Niamey le 25 mars 1999, a adopté les Règlements numéros 03, 04 et 05/99/CM/UEMOA, déterminant, respectivement, le mécanisme de la Taxe Dégressive de Protection (TDP), l'institution d'un système de détermination de la valeur en douane dénommé valeur de référence au sein de l'UEMOA et déterminant la valeur en douane des marchandises.
- Le Règlement n° 08/2007/CM/UEMOA consacre l'adoption de la Nomenclature Tarifaire et Statistique du TEC de l'UEMOA basée sur la version du Système harmonisé de désignation et de codification des marchandises (avec plusieurs annexes).
- Par Règlement n° 09/2001/CM/UEMOA, les États parties adoptent le Livre I du Code des Douanes de l'UEMOA (Cadres organisationnels-Procédures et Régimes Douaniers).
- L'Acte Additionnel n° 04/98 a institué, pour les produits industriels originaires, une Taxe Préférentielle Communautaire (TPC) équivalant à une réduction de 60 % des droits d'entrée applicables aux produits de l'espèce importés des pays tiers. Le Conseil des Ministres, réuni à Lomé le 26 janvier 1999, détermine la liste des produits et entreprises agréés au bénéfice du régime de la TPC.
- Le Protocole Additionnel n° III du 19 décembre 2001 institue les règles d'origine des produits UEMOA. Ce Protocole a été modifié par le Protocole Additionnel n° 01/2009/CCEG/UEMOA du 17 mars 2009.

b- Intégration financière et monétaire

Afin d'uniformiser le Droit bancaire (régime des banques et établissements financiers, régimes des opérations financières) en vigueur dans les États parties, ceux-ci ont adopté une réglementation bancaire unique, objet de textes-cadres réglementant la profession bancaire et d'une convention portant création de la Commission bancaire de l'UEMOA.

b1- L'organisation de la profession bancaire a fait l'objet de plusieurs textes de base qui ont, tous, été introduits dans les législations nationales des États membres :

- La loi-cadre portant organisation de la profession bancaire : cette loi-cadre, qui remonte à la décennie soixante-dix (1975), a été reprise dans le courant de la décennie quatre-vingt pour être actualisée et pour voir introduites des modifications de certaines dispositions, notamment celles qui sont relatives au statut des banques et établissements financiers : la déontologie dans la profession bancaire, la qualité d'actionnaire, le capital et la réserve spéciale, l'information des autorités de contrôle, l'approbation du choix des commissaires aux comptes, etc. La loi-cadre détermine aussi les compétences et les modalités d'intervention des différents organes participant au contrôle de l'activité bancaire.
- Le décret-cadre relatif au classement, à la forme juridique et aux opérations des établissements financiers : il détermine le classement selon la nature des opérations qu'ils effectuent[153], la forme juridique et les opérations des établissements financiers.
- La loi portant réglementation des institutions mutualistes ou coopératives d'épargne et de crédit.
- La réglementation des changes : aux termes de l'article 35 des statuts de la BCEAO : « À la demande des Gouvernements des États de l'Union, la Banque Centrale peut prêter son concours à l'application de la réglementation des relations financières extérieures et des changes ou de certaines dispositions de cette réglementation ». C'est en raison de cette disposition que les ministres chargés des Finances dans les États membres délèguent les pouvoirs de contrôle de l'application de la réglementation à la BCEAO. Celle-ci exerce ce

---

[153] Etablissements de crédit, établissement de placement financier, autres établissements financiers.

pouvoir selon la nature des transactions, elle « a même forgé les normes essentielles et uniformes d'une réglementation des changes des pays membres de l'UEMOA : définition de l'intermédiaire agréé, du résident, du non-résident, de l'étranger ; interdiction aux résidents d'accomplir certains actes déterminés et obligation d'en effectuer d'autres bien précis ; définition du rôle et des attributions des intermédiaires agréés[154]».

Au sein de l'Union, toute restriction à la liberté de transfert des capitaux est prohibée ; en vertu du Règlement du Conseil des Ministres n° 09/98/CM/UEMOA de décembre 1998, entré en vigueur le 1er février 1999, les mouvements de capitaux (opérations courantes et opérations en capital) sont illimités au sein de l'UEMOA, tandis que les mouvements hors de la zone Franc sont, dans certains cas, assujettis à des restrictions ou autorisations[155].

La Directive n° 07/2002/CM/UEMOA en date du 19 septembre 2002 impose aux États membres l'adoption de normes pénales pour la lutte contre le blanchiment de capitaux.

- Les instruments de paiement (chèque, carte de paiement, lettre de change, billet à ordre) ont fait l'objet de réglementation. Pour faciliter les opérations bancaires par les particuliers, les États membres adoptent la Directive n° 08/2002/CM/UEMOA du 19 septembre 2002, portant sur les mesures de promotion de la bancarisation et de l'utilisation des moyens de paiement scripturaux.

En outre, les États parties adoptent le Règlement n° 15/2002/CM/UEMOA du 19 septembre 2002 relatif aux systèmes de paiements dans les États membres de l'UEMOA.

Avant l'adoption de la nouvelle réglementation, les États parties appliquaient le décret-loi français du 30 octobre 1935 qui a introduit dans le droit interne les conventions internationales de Genève du 7 juin 1930 relatives à la réglementation de la lettre de change et du billet à ordre, et du 11 mars 1931 relative au chèque. La nouvelle législation communautaire comporte d'importantes innovations en ce qui concerne le chèque et la centralisation, par la BCEAO, des incidents de paiement[156].

---

[154] Joseph Issa-Sayegh, Jacqueline Lohoues-Oble, « OHADA-Harmonisation du droit des affaires », *op. cit.*, n° 163, p. 75.

[155] V. Boris Martor et Sébastien Thouvenot, « L'uniformisation du droit des affaires en Afrique par l'OHADA », « La Semaine Juridique », n° 44, du 28 octobre 2004, Supplément n° 5, pp. 5-11.

[156] Voir Joseph Issa-Sayegh, Jacqueline Lohoues-Oble, *ibidem*, n° 165, p. 75.

b2- La Commission Bancaire de l'UEMOA a été créée par la Convention en date du 24 février 1990. Avant la création de cette Commission, le contrôle de l'application de la réglementation bancaire était assuré par des commissions nationales dont la composition et le fonctionnement varient d'un pays à l'autre, d'une part, et, d'autre part, de par leur affiliation aux États, ces Commissions nationales étaient peu autonomes et peu efficaces. Il est donc apparu nécessaire de faire exercer ce contrôle par une Commission communautaire supranationale.

Bien qu'elle n'ait pas la personnalité morale, cette Commission « assure la surveillance individuelle des banques et des établissements financiers et dispose, à cet effet, de pouvoirs de sanctions disciplinaires et de mesures administratives lorsqu'elle constate des infractions à la réglementation bancaire. Ses décisions sont directement exécutoires dans les États, le Conseil des ministres jouant le rôle d'instance de recours contre ces décisions[157] ».

3- Harmonisation des fiscalités

L'UEMOA se fixe aussi comme objectif, l'harmonisation de la fiscalité intérieure (TVA). Plusieurs décisions avaient été prises à cet effet :

- La Directive n° 05/97/CM/UEMOA relative aux Lois des Finances a été amendée par la Directive n° 02/99/CM/UEMOA ;
- En application de la Décision n° 01/98/CM/UEMOA du Conseil des Ministres en date du 3 juillet 1998, portant adoption du programme d'harmonisation des fiscalités indirectes intérieures dans l'espace UEMOA, les États membres adoptent la Directive n° 02/98/CM du 22 décembre 1998, portant harmonisation des législations des États membres en matière de Taxe sur la Valeur Ajoutée (TVA). Cette Directive a été modifiée par la Directive n° 02/2009/CM/UEMOA du 27 mars 2009.
- La Directive n° 03/98/CM/UEMOA du 22 décembre 1998 porte harmonisation des législations nationales en matière de Droits d'accises. Elle a été modifiée par la Directive n° 03/2009/CM/UEMOA du 27 mars 2009 ;

---

157 Joseph Issa-Sayegh, Jacqueline Lohoues-Oble, OHADA-Harmonisation du droit des affaires, *op. cit.*, n°160, p. 73.

- La Directive n° 07/2001/CM/UEMOA du 26 novembre 2001 porte régime harmonisé de l'acompte sur impôt assis sur les bénéfices ;
- La Décision n° 016/2006/CM/UEMOA du 16 décembre 2006 porte adoption du programme d'harmonisation de la fiscalité directe au sein de l'UEMOA ;
- La Directive n° 01/2008/CM/UEMOA du 28 mars 2008 harmonise les modalités de détermination du résultat imposable des personnes morales au sein de l'UEMOA ;
- La Directive n° 06/2002/CM/UEMOA détermine la liste commune des médicaments, produits pharmaceutiques, matériels et produits spécialisés pour les activités médicales exonérées de la TVA.

4- Harmonisation du Droit de la concurrence

Le Droit de la concurrence adopté dans le cadre de l'Union est entré en vigueur depuis le 1er janvier 2003. La réglementation porte sur « les accords, associations et pratiques concertées entre entreprises, ayant pour objet ou pour effet de restreindre ou de fausser le jeu de la concurrence à l'intérieur de l'Union ; toutes pratiques d'une ou de plusieurs entreprises, assimilables à un abus de position dominante sur le Marché Commun ou dans une partie significative de celui-ci ; et les aides publiques susceptibles de fausser la concurrence en favorisant certaines entreprises ou certaines productions [158] ». Dans le cadre de cette règlementation, plusieurs textes ont été adoptés :
- Les Règlements numéros 02, 03 et 04/2002/CM/UEMOA du 23 mai 2002 portent, respectivement, réglementation, à l'intérieur de l'espace UEMOA, des pratiques anticoncurrentielles, des procédures applicables aux ententes et abus de positions dominantes dans l'espace UEMOA, et les aides d'État et les modalités d'application de l'article 88 (c) du Traité ;
- Les États membres de l'UEMOA adoptent, à Ouagadougou, le 23 mai 2003, le Règlement n° 09/2003/CM/UEMOA, portant Code Communautaire Antidumping ;
- La Directive n° 04/2005/CM/UEMOA du 9 décembre 2005 institue les procédures de passation des marchés publics et de délégation de service public dans l'UEMOA, tandis que la Directive n° 05/2005/CM/UEMOA du 9 décembre 2005 porte contrôle et

[158] Boris Martor et Sébastien Thouvenot, *op. cit.*

régularisation des marchés publics et des délégations de service public dans l'UEMOA.

5- Harmonisation des systèmes comptables

Les États membres de l'UEMOA ont réalisé l'Harmonisation des systèmes comptables privés par l'adoption du Système Comptable Ouest-Africain (SYSCOA). A cet égard, le Règlement n° 04/96/CM/UEMOA du 20 décembre 1996, entré en vigueur le 1er janvier 1998, porte adoption du Plan Comptable des États membres de l'UEMOA. Ce Plan sera modifié par le Règlement n° 07/2001/CM/UEMOA.

Enfin, le règlement général de la comptabilité publique a été l'objet de la Directive n° 06/97/CM/UEMOA.

Le SYSCOA a été, entre autres textes, le texte de base ayant servi à l'élaboration de l'Acte Uniforme sur l'harmonisation des comptabilités dans les États membres de l'OHADA. Les États membres de l'UEMOA, étant également parties à l'OHADA, ont adopté ce dernier système comptable, le SYSCOHADA.

6- Divers

L'intégration de l'espace UEMOA s'est aussi étendue à plusieurs autres secteurs économiques :

- Dans le domaine des Télécommunications, le Conseil des Ministres de l'UEMOA, réuni à Abidjan le 23 mars 2006, a adopté la Directive n° 06/2006/CM/UEMOA portant organisation du Cadre Général de coopération entre les Autorités Nationales de Régulation en matière de Télécommunications.
- Par Acte Additionnel n° 01/2000, adopté à Bamako le 14 décembre 2000, les États parties décident d'une politique minière commune de l'UEMOA.
- Le Règlement n° 02/2005/CM/UEMOA, du 4 juillet 2005, porte harmonisation de la réglementation pharmaceutique dans l'espace UEMOA.
- Les États parties ont également institué un Fonds d'Aide à l'Intégration Régionale (FAIR) par Acte Additionnel n° 01/98. Le Règlement n° 01/99/CM/UEMOA du 26 janvier 1999 fixe les modalités d'intervention et de gestion du FAIR. Le FAIR a été mis en

place par la VIIIe Conférence des chefs d'État et de gouvernement de l'Union réunie à Niamey (Niger) le 10 janvier 2004.

- La Conférence en date du 10 janvier 2004 a adopté la Politique d'Aménagement du Territoire de la Communauté des États membres de l'UEMOA. Dans le cadre de la mise en œuvre de cette Politique, les projets à réaliser doivent tenir compte de trois critères essentiels :

  . Le faible niveau des ressources disponibles et à mobiliser sur la période ;

  . Priorité aux pays les plus défavorisés de l'Union ;

  . Programmes communautaires adoptés par les instances de l'Union.

Enfin, il a été convenu un Programme Minimum d'Investissements adopté par le Conseil des Ministres en décembre 2001 et prévu pour être exécuté sur la période 2002-2006.

Outre les différents secteurs ayant fait l'objet d'harmonisation juridique, il faudra ajouter l'intégration juridique réalisée par l'application des Actes Uniformes de l'OHADA dont les États de l'UEMOA sont également membres.

En considération de tout ce qui précède, les États membres de l'UEMOA ont effectué une importante œuvre d'intégration juridique.

II- Les défis

Les États membres de l'UEMOA étant aussi membres de la CEDEAO, les défis et difficultés que nous avons relevés pour cette dernière organisation sont aussi ceux de l'espace UEMOA (*Cf. supra*).

Au regard de ce bref aperçu, il apparaît que, dans le cadre de l'UEMOA, les États membres ont réalisé l'intégration juridique dans des domaines très importants pour la réalisation de leur intégration économique. Il faut ajouter à cette œuvre à l'échelle sous-régionale, celle réalisée à travers la CEDEAO, l'OHADA, la CIMA, l'OAPI, etc.

C- L'Union du Fleuve Mano (UFM)

1- Créée en 1973, l'Organisation du Fleuve Mano compte à l'origine trois États membres[159], avant d'enregistrer l'adhésion de la Côte-d'Ivoire, le 15 mai 2008.

[159] Liberia, Sierra Leone, Guinée (depuis 1980).

Le siège de l'Organisation est fixé à Freetown (Sierra Leone).

2- Les objectifs de l'Organisation sont : la promotion de la coopération économique entre les États membres ; l'établissement d'une union économique et douanière et l'accélération du développement par l'intégration des États parties.

3- L'Union du Fleuve Mano a été dotée d'organes essentiels pour mener ses activités ; il s'agit du :

- Sommet des chefs d'État et de gouvernement ;
- Conseil des Ministres ;
- Secrétariat Général ;
- Parlement des jeunes de l'Union du Fleuve Mano, qui a pour missions : la prévention des conflits, la consolidation de la paix, la promotion de l'État de droit et de la défense des droits humains ;
- Réseau des Femmes du fleuve Mano pour la paix, dont le siège est à Freetown (Sierra Leone). Il est chargé : d'œuvrer pour une paix durable dans la sous-région ; de promouvoir et de d'assurer la participation de la femme dans le processus démocratique ; d'assurer la promotion du genre.

Le Réseau a tenu sa première Assemblée générale le 8 juin 2001 à Monrovia (Liberia), et le Conseil de Direction du 23 au 28 juillet 2001 à Conakry (Guinée).

I- Les réalisations de l'Union

Les États parties adoptent un Tarif Extérieur Commun (TEC) en octobre 1977 et mettent en place la Zone de Libre Echange (ZLE) en mai 1981. En 1995, ils créent, à Londres, un Centre du Fleuve Mano pour la Paix.

Les États parties étant aussi membres de la CEDEAO, leur intégration se réalise également à travers cette dernière organisation.

II- Difficultés

L'Organisation du Fleuve Mano fait face à plusieurs difficultés qui entravent son fonctionnement normal, notamment les guerres civiles au Liberia et en Sierra Leone. En outre, le différend frontalier entre la Guinée et la Sierra Leone a entraîné la paralysie de l'Union.

Comme conséquence de ces conflits, les activités de l'Organisation furent bloquées et ne seront relancées qu'à l'occasion du Sommet des chefs d'État et de gouvernement du 20 mai 2004.

Au regard de tout ce qui précède, l'intégration économique africaine, à travers les CER, est ralentie par l'insécurité et les multiples conflits qui sévissent dans plusieurs régions. Ces conflits paralysent les activités économiques et détruisent les infrastructures tant nationales que régionales. Cependant, ces situations ne sont pas seules responsables des retards qu'accusent la quasi-totalité des CER dans la réalisation du programme d'intégration continentale.

En effet, en l'absence d'un mécanisme continental de financement de l'intégration, le coût financier de celle-ci devient un fardeau que les États africains peinent à supporter ; dès lors, ils se trouvent souvent dans l'incapacité d'honorer leurs engagements et de mettre en œuvre leurs programmes et politiques.

Enfin, pour accélérer le processus d'intégration économique africaine, nous faisons nôtres les recommandations formulées par la 4e COMAI[160].

En ce qui concerne l'harmonisation juridique continentale à travers les CER, il apparaît qu'elle ne constitue pas une priorité et seules quelques rares CER l'ont retenue comme objectif. Pour ces dernières, son niveau de réalisation varie selon les régions. A cet égard, il faut saluer les efforts d'harmonisation juridique réalisés dans le cadre de la CEDEAO et de l'UEMOA.

---

[160] V. « Situation de l'intégration en Afrique » (SIA), *op. cit.*, n° 437, pp. 136 et suiv.

SV- La Communauté des États Sahélo-Sahariens (CEN-SAD) : organisation *sui generis*

1- La CEN-SAD a été créée à Tripoli le 4 février 1998, à l'occasion d'un Sommet ayant regroupé autour du Guide de la Jamahiriya Arabe Libyenne les chefs d'État du Mali, du Niger, du Tchad, du Soudan et un représentant du Président du Burkina Faso.

Elle acquiert le statut de Communauté régionale lors du 36e Sommet ordinaire de l'OUA, réuni à Lomé (Togo) du 4 au 7 juillet 2000, et le statut d'observateur auprès de l'Assemblée Générale des Nations Unies en vertu de la Résolution A/RES/56/92.

La CEN-SAD constitue la plus grande organisation régionale africaine tant en superficie (13,4 millions de km2) qu'en population (411,2 millions d'habitants) ; elle compte aujourd'hui vingt-huit États membres[161]. De part la position géographique des États qui composent la CEN-SAD, celle-ci se distingue des autres organisations et communautés économiques, car elle regroupe des États appartenant à plusieurs régions. Elle apparaît donc comme étant une organisation atypique subrégionale conçue pour être un instrument sectoriel de coopération entre les États membres afin de mettre en valeur leurs immenses ressources naturelles. Cependant, le commerce intra-communautaire représente moins de 6 % du commerce extérieur desdits États ; le commerce avec les autres pays africains représente moins de 10 % des flux commerciaux de la Communauté, tandis que le commerce avec les pays de l'Union Européenne représente 36 % des exportations. Elle représente, enfin, 44 % du PIB de l'Afrique.

2- Depuis sa création, la CEN-SAD semble avoir fonctionné de manière que l'on peut qualifier d'informelle, car les textes de base

---

[161] Bénin, Burkina Faso, RCA, Tchad, Côte d'Ivoire, Comores (Iles), Djibouti, Égypte, Érythrée, Gambie, Guinée, Guinée Bissau, Ghana, Kenya, Liberia, Libye, Mali, Mauritanie, Maroc, Niger, Nigéria, São Tomé et Principe, Sénégal, Sierra Leone, République Démocratique de Somalie, Soudan, Togo, Tunisie. Le 21 juin 2009, le Cap-Vert devient le 29e pays membre.

n'ont pas été adoptés. Il fallut attendre la session extraordinaire de la conférence des chefs d'État et/ou de gouvernement réunie à N'Djamena (Tchad) le 16 février 2013 pour voir adopter les textes suivants :

- le règlement intérieur de la conférence des chefs d'État et/ou de gouvernement ;
- le règlement intérieur du Conseil Exécutif ;
- le règlement financier de la Communauté ;
- les statuts et règlement intérieur du Personnel de la Communauté.

À l'occasion de cette rencontre, les chefs d'État et/ou de gouvernement ont également adopté le Traité révisé de la CEN-SAD pour rendre l'organisation plus fonctionnelle et apte à répondre aux défis auxquels sont confrontés les États membres.

Les principales institutions de la CEN-SAD sont :

- La Conférence des Leaders et chefs d'État et/ou de gouvernement : elle se réunit une fois par an de manière rotative dans les capitales des États parties. La présidence de la Conférence est assurée de manière alternative. Les réunions de cette conférence deviennent irrégulières, car elle ne s'est pas réunie depuis la rencontre du 16 février 2013 à N'Djamena ;
- Le Conseil Exécutif : il est chargé de la préparation des programmes et plans de la Communauté et de l'exécution des décisions de la conférence des leaders et chefs d'État ;
- Le Secrétariat Général, dont le siège se trouve à Tripoli (Libye), est chargé de la gestion quotidienne de la Communauté et du suivi du fonctionnement de ses différentes institutions ;
- La Banque Sahélo-Saharienne pour l'Investissement et le Commerce (BSIC), dont le siège est à Tripoli (Libye), a été créée en 1999. Elle est chargée, notamment, du financement des projets de développement économique. La BSIC dispose d'un capital social initial de 250 millions d'euros.
- Le Conseil Économique, Social et Culturel : organe consultatif chargé de la conception et l'élaboration des politiques, des plans et programmes à caractère économique, social et culturel des pays membres.

À l'occasion du Sommet des chefs d'État et de gouvernement réuni à Lomé les 1er et 2 juin 2005, les chefs d'État ont décidé de créer une Haute Autorité de l'Eau, de l'Agriculture et des Semences.

En outre, en décembre 2010, il a été créé à Tripoli (Libye) une Union des Organisations du Bâtiment de la CEN-SAD.

Pour parachever et moderniser l'architecture institutionnelle de l'organisation, les chefs d'État et de gouvernement ont décidé, à l'occasion du sommet extraordinaire réuni à N'Djamena le 16 février 2013, non seulement de réviser le Traité fondateur pour consacrer la renaissance de la CEN-SAD après la crise libyenne, mais aussi de la doter de certains organes permanents, notamment un Conseil Permanent de Paix et de Sécurité et un Conseil Permanent chargé du Développement durable.

Enfin, la Ve réunion des ministres de la Défense des États membres de la CEN-SAD, qui s'est tenue à Sharm El Sheikh (Égypte), le 24 et le 25 mars 2016, a décidé de la création d'un Centre de Lutte contre le Terrorisme dont le siège sera au Caire (Égypte).

3- Les objectifs de la CEN-SAD peuvent être résumés comme suit :

- La création d'une union économique basée sur des plans de développement qui seront intégrés aux plans nationaux, notamment dans les secteurs suivants : agriculture, industrie, énergie et les secteurs sociaux et culturels ;
- Favoriser l'unité des États membres en adoptant les mesures qui permettront :

. La libre circulation des personnes, des biens, des services et des capitaux ;

. La promotion du commerce extérieur et de l'investissement ;

. Le renforcement et l'amélioration des transports terrestres, aériens et maritimes et des télécommunications entre les États parties par la mise en œuvre de projets conjoints ;

. La coordination des systèmes d'éducation à tous les niveaux dans les domaines culturel, scientifique et technique ;

. L'octroi aux citoyens des États membres des mêmes droits et privilèges que ceux qui leur sont consentis par la Constitution de leur pays d'origine.

Quid des réalisations ?

A- Œuvre d'intégration régionale

Malgré les ambitions de l'organisation, les réalisations de la CEN-SAD tardent à se concrétiser.

I- Libre circulation des personnes

On peut déplorer l'absence d'un accord dans le domaine de la libre circulation des personnes, dans l'espace CEN-SAD, bien que celle-ci figure en tête de ses objectifs fondamentaux. Cependant, les détenteurs de passeports diplomatiques sont dispensés de visa d'entrée dans les États parties. Ce privilège sera étendu à certaines catégories de personnes : étudiants, hommes d'affaires, sportifs et universitaires. L'exemption de visa est aussi étendue aux détenteurs de passeports de service et aux envoyés spéciaux.

Dans la pratique, ces exemptions de visa sont purement théoriques, car certains États parties imposent l'obtention des visas, même sur les passeports diplomatiques, *a fortiori* pour les autres types de passeports.

Enfin, dans certains pays membres de la CEN-SAD, on assiste souvent à des emprisonnements et expulsions massives, pour défaut de documents de voyage, des ressortissants d'autres pays membres.

II- Libre circulation des biens, des services et des capitaux

Dans le cadre de cette organisation, les États parties ont élaboré un projet de convention sur l'établissement d'une Zone de Libre Echange (ZLE), compte dûment tenu des accords existant dans le cadre de certaines CER (COMESA, CEDEAO, UMA). La création de cette ZLE était projetée à l'horizon 2010, a déclaré le Secrétaire Général Adjoint (SGA) de la CEN-SAD, à Rabat le 19 mars 2006, à l'occasion de la 13e session du Conseil Exécutif de la CEN-SAD.

L'objectif tendant à la libre circulation des biens, des services et des capitaux a justifié la création de la Banque « Sahélo-Saharienne pour l'Investissement et le Commerce », avec pour mission d'appuyer le secteur privé, le financement des investissements commerciaux et le développement. La banque communautaire dispose de branches dans tous les États membres.

Au regard de ce qui précède, la CEN-SAD a initié un processus de libéralisation des échanges qui doit accroître le niveau des échanges intra-communautaires.

III- Paix et sécurité

En ce qui concerne les questions de paix et de sécurité, la CEN-SAD adopte le principe de non-ingérence dans les conflits et affaires intérieurs des États parties et a mis en place un système d'alerte avancé pour prévenir les situations de conflits.

Les responsables de la sécurité, de la défense et de la justice des États membres se réunissent régulièrement pour discuter des problèmes qui concernent notamment la sécurité transfrontalière, le trafic d'armes, le trafic de drogue, le trafic d'êtres humains et l'immigration clandestine.

Ce dispositif est d'autant plus important que la zone saharienne est connue pour être la voie de passage pour toutes sortes de trafics.

Pour faire face à ces défis, plusieurs mesures ont été adoptées dans le cadre de la CEN-SAD, notamment :

- L'adoption d'une Charte de sécurité de la Communauté, à N'Djamena le 5 février 2000 ;
- La Déclaration de Niamey sur la prévention des conflits et le règlement pacifique des différends, à l'occasion du Ve Sommet qui s'est réuni à Niamey les 14 et 15 mars 2003 ;
- L'adoption d'un Mécanisme de prévention, de gestion et de résolution des conflits à l'occasion du 6e Sommet réuni à Bamako le 15 mai 2004 ;
- La décision adoptée par la Ve réunion des ministres en charge de la défense, à Sharm El Sheikh les 24 et 25 mars 2016, de créer un Centre de lutte anti-terroriste dont le siège sera au Caire (Égypte).

En outre, les services de renseignements des États membres de la CEN-SAD ont décidé de coopérer dans le domaine de l'échange de renseignements pour éradiquer la criminalité à laquelle font face tous ces États.

Enfin, la CEN-SAD entend contribuer à la mise en œuvre de l'agenda 2063 de l'Union Africaine à travers notamment sa stratégie régionale dite Stratégie Sécurité et Développement de la Zone Sahélo-Saharienne (SDS/CEN-SAD), qui vise la mise en place de projets et programmes innovants dans les domaines de la paix, de la sécurité et du développement.

IV- Environnement et sécurité alimentaire

Dans le secteur du développement rural et de l'environnement, plusieurs actions ont été initiées :
- À l'occasion du Sommet tenu à Ouagadougou les 1er et 2 juin 2005 les chefs d'État et de gouvernement décident de la création d'une « Haute Autorité de l'Eau, de l'Agriculture et des Semences » ;
- Lors de la IXe Conférence des dirigeants et chefs d'État de l'organisation, tenue à Syrte en juin 2007, les États parties ont adopté et décidé de mettre en œuvre la « Stratégie de développement rural » avec l'appui technique de la FAO ;
- Contribuer au renforcement du projet « Lac Tchad » dont l'ensablement et l'assèchement menacent gravement l'équilibre écologique dans cette région et les activités agro-pastorales ;
- Mener des campagnes de vaccination contre les maladies épidémiques et les épizooties ;
- Effectuer des études pour la réalisation de la « Grande Muraille Verte ». Ce projet a été initié lors du VIIe Sommet réuni à Ouagadougou en juin 2005 ; il est ensuite entériné par l'UA en 2007. Le projet bénéficie aussi d'un important soutien du Fonds pour l'Environnement Mondial (FEM). Il constitue l'un des projets prioritaires majeurs de la CEN-SAD. Le projet Grande Muraille Verte, qui regroupe onze pays membres[162] de la CEN-SAD, vise à reboiser une bande de 15 km de large et 7 000 km de long, allant de Djibouti à Dakar. Le projet est prévu pour être réalisé en deux phases : une phase de deux ans et une seconde phase de cinq ans. Sur une période de dix ans, 600 millions de dollars US doivent être réunis pour la réalisation du projet.

Les objectifs visés sont la lutte contre la désertification, contre la pauvreté et contre les changements climatiques. A cet effet, les États parties s'engagent à coordonner leurs actions et à synchroniser leurs programmes nationaux et régionaux.

Le 17 juin 2010 s'est réuni à N'Djamena le premier Sommet des chefs d'État et de gouvernement des pays parties au projet. Les participants ont décidé de la création d'une Agence Panafricaine de la Muraille Verte, dont le lieu de localisation du siège devait être décidé lors du Sommet qui était prévu pour se réunir à N'Djamena en 2012.

---

[162] Sénégal, Mauritanie, Mali, Niger, Burkina Faso, Nigeria, Tchad, Soudan, Érythrée, Éthiopie, Djibouti.

Aujourd'hui, ce projet de première importance semble ne plus figurer au rang des actions prioritaires de la CEN-SAD.

- Réaliser une étude sur la mise en place d'un marché commun pour les produits agricoles.

Pour créer et consolider la sécurité alimentaire des populations des États membres, le 10e Sommet de la CEN-SAD a axé ses travaux sur le thème du « Développement Rural et Sécurité Alimentaire dans l'espace CEN-SAD ».

Enfin, la CEN-SAD dispose d'un projet de convention dans le domaine de l'agriculture et a procédé au lancement de plusieurs projets hydro-agricoles.

V- Intégration physique des États membres

Dans le domaine des infrastructures et des transports, on peut relever les actions suivantes :

- Le soutien institutionnel et politique pour l'intégration des infrastructures de transport ;
- Le projet pour la réalisation d'un chemin de fer Tripoli-Niger-Tchad-Nigéria : le VIIe Sommet réuni à Ouagadougou (Burkina Faso) les 1er et 2 juin 2005, sur le thème « Rôle de la CEN-SAD dans l'intégration africaine », décide de la construction d'une ligne de chemin de fer reliant la Libye, le Tchad et le Niger, avec des bretelles vers le Burkina Faso, le Mali et le Sénégal. Ces projets visent à désenclaver les pays de l'espace CEN-SAD et à développer les échanges entre eux. Ce projet, comme la Muraille Verte, ne semble pas avoir survécu au Colonel Mouammar Kadhafi.

La CEN-SAD envisage également la réalisation de plusieurs programmes intégrateurs dans les domaines de l'énergie, des mines et des TIC.

B- Les défis

La réalisation des ambitions de la CEN-SAD est tributaire du règlement des multiples conflits intra et inter-étatiques qui embrasent les États membres, d'une part, et, d'autre part, de l'instabilité politique et sociale qui sévit dans l'espace communautaire, notamment en Libye.

- En ce qui concerne les conflits les plus importants sur lesquels s'est penché le 11e Sommet réuni à Sabratha (Libye) les 29 et 30 mai 2009 concernent : le conflit entre le Tchad et le Soudan, l'Erythrée et l'Ethiopie et les conflits intra-étatiques : en Mauritanie, en Somalie, en Côte d'Ivoire, en Guinée et en Guinée Bissau, pour ne citer que ceux-ci.

Pour faire face à ces conflits, le XIe Sommet a retenu le principe de l'organisation de manœuvres militaires conjointes.

- Outre ces conflits, on relève dans l'espace communautaire une instabilité politique et sociale chronique alimentée par des trafics d'armes, de drogue et d'êtres humains, de même qu'on relève des collusions entre les grands réseaux de narcotrafic et le terrorisme international.

Finalement, les programmes de la CEN-SAD sont essentiellement axés sur les questions de sécurité, de lutte contre les réseaux mafieux et le terrorisme, des questions d'ordre social et l'intégration économique et physique des États membres. L'intégration juridique ne semble pas être un objectif poursuivi par cette organisation ; mais il faut noter l'appartenance de plusieurs États parties à des organisations d'intégration juridique sectorielle, notamment la CIMA, l'OAPI, l'OHADA, etc.[163]. Aussi, c'est par l'harmonisation juridique par pans de Droit que se réalisera cette intégration.

Au regard de tout ce qui précède, quid de l'harmonisation juridique par pans de Droit, ou intégration juridique sectorielle ?

---

[163] Cf. *infra*.

Chap. III- L'HARMONISATION DE CERTAINS PANS DU DROIT A L'ÉCHELLE CONTINENTALE. L'HARMONISATION JURIDIQUE SECTORIELLE

Comme nous venons de le relever, l'intégration juridique, qui devait être le moteur de l'intégration économique du continent africain, ne s'est pas réalisée à travers les CER ; cela explique, pour partie, que des États Africains aient initié des processus d'intégration de certains pans du Droit[164] qui ne tiennent pas compte des espaces géographiques et économiques. Ces expériences ont souvent donné satisfaction aux États parties.

La première tentative pour conduire le processus d'intégration juridique des États africains francophones en particulier fut la création du Bureau Africain et Mauricien de Recherches et d'Études Législatives (BAMREL)[165] qui, malheureusement, n'eut qu'une existence éphémère. Cependant, dans certains cas, l'intégration juridique est déjà réalisée avec plus ou moins de succès dans les domaines de la Sécurité Sociale, la Propriété Intellectuelle, le Marché des Assurances et le droit des affaires en général dans le cadre de l'OHADA.

---

[164] Droit du Travail, droit des assurances, droit bancaire, droit de la propriété intellectuelle, etc.

[165] Créé à Port Louis par la Convention du 5 juillet 1975 signée dans le cadre de l'OCAM, Organisation Commune Africaine et Malgache.

SI- L'HARMONISATION DU DROIT DE LA SÉCURITÉ SOCIALE

Dans ce domaine, deux expériences d'harmonisation méritent d'être relevées : celle de l'OCAM et celle de la CIPRES.

A- L'expérience de la Convention générale de sécurité sociale de l'OCAM

Cette convention, signée par plusieurs pays[166] sous l'égide de l'Organisation Internationale du Travail (OIT), pose quatre grands principes[167] :

- Le principe de non-discrimination entre travailleurs nationaux et étrangers ;
- Le principe de détermination de la législation applicable, qui fixe les règles de rattachement pour toutes les catégories de travailleurs et les « règles de solution en cas de conflit d'assurances obligatoires et volontaires [168] » ;
- Le principe du non-cumul de prestations de même nature dont pourrait bénéficier un travailleur en application de législations différentes ;
- Enfin, le principe de maintien des droits en cours d'acquisition et des droits acquis, dans quelque État signataire que ce soit, afin d'avoir un « profil professionnel » complet d'un travailleur.

Ladite Convention est identique à celle qui a été élaborée pour les pays de la CEPGL.

B- La Conférence Interafricaine de la Prévoyance Sociale (CIPRES)

1- Elle a été créée à l'initiative des ministres des Finances de la Zone Franc[169] par Traité signé, par quatorze Etats[170], à Abidjan le

---

[166] Bénin, Burkina Faso, Cameroun, Centrafrique, Côte d'Ivoire, Gabon, Niger, Ile Maurice, Madagascar, Rwanda, Sénégal, Tchad, Togo, Zaïre.

[167] Voir Joseph Issa-Sayegh, Jacqueline Lohoues-Oble, « OHADA-Harmonisation du droit des affaires », *op. cit.*, n° 118 et suiv. pp. 56-58.

[168] *Ibidem.*

[169] Réunis à Ouagadougou en avril 1991 et à Paris en septembre 1991.

[170] Bénin, Burkina Faso, Cameroun, Centrafrique, Comores, Congo, Côte d'Ivoire, Gabon, Guinée Équatoriale, Mali, Niger, Sénégal, Tchad, Togo.

22 septembre 1993. Avec la RD Congo, l'organisation compte quinze États membres. Le Traité a été signé conjointement par les ministres des Finances et ceux chargés de la Prévoyance Sociale. Il est entré en vigueur le 10 octobre 1995. Un Plan Comptable de référence est annexé au Traité.

Le Togo a été choisi pour abriter le siège de la nouvelle organisation, dont les bureaux ont ouvert le 1er octobre 1996.

2- L'objectif général que se fixe l'organisation est l'harmonisation des législations et des charges sociales dans les États membres. Elle a été également dotée de plusieurs objectifs spécifiques par l'article 1er du Traité du 22 septembre 1993 :

« - Instituer un contrôle régional de la gestion des organismes de prévoyance sociale en vue de la rationalisation de leur fonctionnement ;

- Fixer les règles communes de gestion ; à cet effet, un plan comptable annexé au Traité définit la norme comptable unique qui sera progressivement appliquée par les organismes de prévoyance sociale des États membres ;
- Réaliser des études et élaborer des propositions tendant à l'harmonisation des dispositions législatives et réglementaires applicables aux organismes et aux régimes de sécurité sociale ;
- Faciliter la mise en œuvre, par des actions spécifiques au niveau régional, d'une politique de formation initiale et permanente des cadres et techniciens des organismes de prévoyance sociale dans les États membres [171] ».

Pour accomplir ces missions, les organes de la Conférence adoptent les instruments suivants[172] :

- Des Règlements et des Décisions ;
- Ou des Recommandations et des Avis.

Les Règlements et les Décisions sont obligatoires et directement applicables, contrairement aux recommandations et aux avis. Aux termes de l'Article 35 du Traité, « les juridictions nationales appliquent les dispositions du présent traité et les actes établis par les organes de la Conférence nonobstant toute disposition nationale contraire à ces textes ». Leur validité ne peut être mise en cause que

---

[171] Voir Joseph Issa-Sayegh, Jacqueline Lohoues-Oble, « OHADA-Harmonisation du droit des affaires », *op. cit.*, n° 130, p. 60.

[172] Voir Art. 30 du Traité CIPRES.

devant le Conseil par voie d'action dans un délai de deux mois à compter de leur publication ou de leur notification[173].

3- Pour réaliser ces objectifs, les principaux organes de la CIPRES sont[174] :

- Le Conseil des Ministres, composé des ministres de tutelle des organismes de Prévoyance Sociale. Le Conseil a pour principales missions[175] :

. De se prononcer sur l'admission de nouveaux membres ou sur la suspension du droit de vote des États dans les conditions prévues par le Traité ;

. De veiller à l'exécution, par les États membres, des obligations découlant du Traité ;

. De définir la politique de la Conférence en matière de formation ;

. D'adopter les Règlements et Décisions ;

. D'harmoniser les législations en matière de Prévoyance Sociale et de veiller à leur cohérence avec les dispositions d'autres législations ;

. De nommer les membres de la Commission ayant voix délibérative : le Président de la Commission, le Secrétaire Permanent, les Inspecteurs de la Prévoyance Sociale ainsi que le Commissaire aux comptes ; il met fin à leurs fonctions ;

. De désigner les trois États membres qui composent la Commission d'arbitrage en cas de mise en œuvre de la procédure d'arbitrage prévue à l'article 39 du Traité ;

. D'adopter les statuts des organes de la Conférence ainsi que celui du personnel de l'inspection, le règlement intérieur du Comité d'Experts et le règlement financier de la Conférence ;

. D'approuver les règlements intérieurs des autres organes de la Conférence ;

. D'arrêter le budget de la Conférence sur proposition du Secrétaire Permanent et après avis du Comité d'Experts.

- La Commission de Surveillance de la Prévoyance Sociale : elle est chargée de la surveillance de la bonne gestion des organismes de

---

[173] V. Art. 36 du Traité.

[174] Voir Joseph Issa-Sayegh, Jacqueline Lohoues-Oble, *op. cit.*, n° 126 et suiv. pp. 59-60.

[175] Voir Art. 5 du Traité CIPRES.

Prévoyance Sociale dans les États membres ; s'il y a lieu, elle propose des mesures de redressement[176].

La Commission de Surveillance est composée de :

• Deux personnalités ayant exercé des responsabilités dans le secteur de la prévoyance sociale et nommées par le Conseil ;

• Une personnalité ayant acquis une expérience des problèmes du contrôle de la gestion des organismes de prévoyance sociale en Afrique ;

• Deux personnalités représentant l'ensemble des administrations nationales de tutelle de la prévoyance sociale nommées par le Conseil.

Le Président de la Commission ainsi que ses membres et leurs suppléants sont nommés par le Conseil.

Outre les membres ci-dessus, siègent à la Commission de Surveillance, mais sans voix délibérative :

• Le chef de l'Inspection régionale de la prévoyance sociale ;

• Et une personnalité qualifiée dans le domaine financier désignée par les Gouverneurs des Banques Centrales des États membres.

Enfin, lorsque l'ordre du jour d'une réunion de la Commission appelle l'examen de la situation d'un organisme de Prévoyance Sociale, le ministre de tutelle dudit organisme peut déléguer à cette seule réunion un membre de son administration siégeant sans voix délibérative. En outre, le Directeur Général de l'organisme mis en cause est appelé à présenter ses observations.

- L'Inspection Régionale de la Prévoyance : elle est composée[177] d'inspecteurs recrutés par le Président de la Commission pour une période de cinq ans renouvelable.

L'Inspection Régionale de la Prévoyance Sociale assure[178] le secrétariat permanent de la Conférence. Elle est spécialement chargée :

. D'effectuer le contrôle sur place et sur pièces des organismes de Prévoyance Sociale ;

. D'élaborer les études et propositions tendant à l'harmonisation des dispositions législatives et réglementaires

---

[176] Voir Art. 13, 14, 16 et 17 du Traité CIPRES.

[177] V. Art. 24 du Traité CIPRES.

[178] V. Art. 23 du Traité CIPRES.

applicables aux organismes et aux régimes de Prévoyance Sociale, qu'elle transmet au Conseil ;

. De faire des propositions visant à appliquer des règles de gestion communes dans les différents organismes de Prévoyance Sociale et elle les transmet au Conseil.

4- Les activités de la CIPRES ont essentiellement consisté en des missions d'évaluation des organismes de Prévoyance Sociale. Ces missions ont démarré depuis avril 1997 et ont permis de conforter la méthodologie de contrôle sur place et l'élaboration de fiches techniques pour faciliter et harmoniser la gestion desdits organismes.

Les différents États membres étant engagés dans des Traités qui instaurent la libre circulation des personnes, celle-ci aura une incidence sur la vie des travailleurs au plan de la Prévoyance Sociale, incidence que les législations nationales ne peuvent pas régler ; aussi, le Traité CIPRES est la réponse qui permettra d'instaurer un dispositif communautaire, supra-national.

Il est regrettable de relever que ces objectifs ne sont toujours pas atteints.

Finalement, la CIPRES n'a pas atteint son objectif principal d'harmonisation des législations sociales et, de ce fait, les dispositions nationales en la matière continuent de s'appliquer.

§II- L'ORGANISATION AFRICAINE DE LA PROPRIÉTÉ INTELLECTUELLE (OAPI)

Jusqu'en 1962, la propriété industrielle était régie, dans la plupart des États africains francophones, par la législation française, et l'Institut National Français de la Propriété industrielle (INPI) était l'Office National de chacun des États de l'Union Française.

Le 13 septembre 1962, les États africains de la zone Franc signent l'Accord de Libreville (Gabon) portant création de l'Office Africain et Malgache de la Propriété Industrielle (OAMPI)[179]. L'Accord de Libreville est révisé et remplacé par l'Accord de Bangui (RCA) en date du 2 mars 1977 portant création de l'Organisation Africaine de la Propriété Intellectuelle (OAPI)[180]. Le siège de la nouvelle organisation est fixé à Yaoundé (Cameroun).

Par l'Accord de Bangui, les États signataires se sont engagés à adhérer à toutes les Conventions internationales intervenant dans les matières qu'il régit[181] ; en outre, en cas de conflit entre les dispositions de l'Accord et celles d'une Convention internationale relevant du Bureau Mondial de la Propriété Intellectuelle à laquelle les États membres de l'OAPI sont également parties, celles de la Convention internationale prévalent.

Le 25 février 1999, l'Accord de Bangui a fait l'objet d'une révision entrée en vigueur en février 2002.

L'Organisation commune est dotée de la personnalité morale ; elle est administrée par un Conseil d'Administration et placée sous l'autorité d'un Directeur Général ; au niveau des États, elle tient lieu de « service national » et appuie les États pour la création des services nationaux.

L'OAPI couvre un espace de 7 755 967 km2 avec une population de plus de 100 millions d'habitants.

---

[179] États membres : Cameroun, Centrafrique, Congo-Brazzaville, Côte-d'Ivoire, Dahomey, Gabon, Haute-Volta, Madagascar (qui s'est retirée), Mali, Mauritanie, Niger, Sénégal, Tchad, Togo. Des États membres de l'OHADA, seule l'Union des Comores n'est pas membre de l'OAPI.

[180] Membres : Bénin, Burkina Faso, Cameroun, Congo-Brazzaville, Côte d'Ivoire, Djibouti, Gabon, Guinée (Conakry), Guinée Bissau, Guinée Équatoriale, Mali, Mauritanie, Niger, RCA, Sénégal, Tchad, Togo.

[181] Sur ces conventions, voir Joseph Issa-Sayegh, Jacqueline Lohoues-Oble, « OHADA-Harmonisation du droit des affaires », *op. cit.*, note n° 2, p. 78.

A- Les objectifs de l'OAPI

L'Accord de Libreville est basé sur trois principes fondamentaux :
- L'uniformisation de la législation par la mise en œuvre et l'application des procédures administratives communes découlant d'un régime de protection de la propriété industrielle ;
- La création d'un office commun de la propriété industrielle ;
- La centralisation des procédures de telle sorte que le même titre délivré par l'office commun s'impose dans tous les États parties.

Il résulte de ces principes fondateurs une triple mission pour l'Organisation :
- Une mission de délivrance des titres de protection : l'OAPI agit au nom et pour le compte des États pour l'enregistrement des demandes et la délivrance des titres de protection selon une procédure commune ;
- Une mission de documentation et d'information : l'Organisation s'est dotée d'un Bulletin Officiel de la Propriété Industrielle (BOPI), qui lui permet de diffuser les informations relatives aux titres qu'elle délivre ;
- Et une mission d'implication dans le développement technologique en offrant une garantie suffisante aux investisseurs. À cet effet, elle met en place un système d'information, de sensibilisation et de formation destiné à toutes les couches sociales où le besoin en droit de propriété industrielle se fait sentir.

Aujourd'hui, les principaux objectifs de l'OAPI peuvent être résumés comme suit :
- Assurer la protection des droits de propriété industrielle ;
- Créer un espace juridique attrayant pour les investisseurs assurant l'application effective et le respect des droits et des principes de la propriété industrielle ;
- Encourager la créativité et le transfert des technologies ;
- Créer des conditions favorables à la valorisation des résultats de la recherche et à l'exploitation des innovations technologiques par les entreprises nationales ;
- Mettre en œuvre des programmes efficaces de formation pour améliorer les capacités du système OAPI à offrir des services de qualité.

Les principales activités de l'OAPI sont :

- L'enregistrement et la délivrance des titres de propriété intellectuelle ;
- L'encouragement à la créativité et le transfert de technologie ;
- La mise en œuvre des programmes d'information, de formation et de sensibilisation.

B- Les organes de l'OAPI

L'OAPI est dotée de trois organes essentiels :
- Le Conseil d'Administration, composé d'un représentant par État membre, il arrête la politique générale de l'Organisation, réglemente et contrôle ses activités. C'est cet organe qui définit les Règlements nécessaires à l'application de l'Accord de Bangui et ses Annexes. Le Conseil d'Administration se réunit en session ordinaire au moins une fois par an, et en session extraordinaire autant de fois que nécessaire. Il délibère à la majorité simple des membres présents ou représentés.

Il est spécialement chargé :

. D'établir les règlements nécessaires à l'application de l'Accord de Bangui et ses annexes ;

. D'établir le règlement financier et les règlements relatifs aux taxes, à la Commission Supérieure de Recours, au Statut Général du Personnel et à la Profession de mandataire ;

. D'approuver le programme, de voter annuellement le budget et, éventuellement les budgets modificatifs ou additionnels, et d'en contrôler l'exécution ;

. De vérifier et d'approuver les comptes et l'inventaire annuel de l'Organisation ;

. D'approuver le rapport annuel sur les activités de l'Organisation ;

. De nommer aux postes hors catégorie et de désigner le Commissaire aux Comptes de l'Organisation ;

. De statuer sur les demandes d'adhésion en qualité de membre ou d'admission en qualité d'État associé de l'Organisation ;

. De fixer le montant de toute contribution des États membres et de celle des États associés ;

. De décider, en cas de besoin, de la création de comités ad hoc.
- La Direction Générale : elle est l'organe exécutif de l'Organisation notamment chargé de la gestion de l'Organisation, d'exécuter les directives du CA et de veiller à l'application de l'Accord de Bangui et

ses Annexes par les États parties. La Direction Générale rend compte au CA.

Elle est dirigée par un Directeur Général nommé par le CA pour un mandat de cinq ans renouvelable une fois.

Le Directeur Général est chargé :

. De représenter l'Organisation dans tous les actes de la vie civile ;

. De la gestion de l'Organisation devant le Conseil d'Administration ;

. De préparer les projets de budget, de programme ainsi que les rapports périodiques d'activités qu'il transmet aux États membres.

. De prendre part aux réunions du Conseil d'Administration, sans droit de vote, et d'en assurer le secrétariat ;

. De recruter, nommer et révoquer le personnel de l'Organisation, à l'exception du personnel hors catégorie, conformément aux conditions définies par le Statut Général du Personnel.

- La Commission Supérieure de Recours : elle est composée de trois membres titulaires et trois suppléants choisis par tirage au sort sur une liste de représentants désignés par les États membres à raison de un par État. Elle est chargée de statuer sur les rejets de demandes de titres de protection, de maintien, de prolongation ou de restauration. Elle statue aussi sur les décisions relatives aux oppositions.

Un Règlement adopté par le CA fixe les sessions et détermine la procédure de recours devant la Commission.

C- L'harmonisation juridique

Dans le cadre de la mission qui lui a été assignée, l'OAPI a élaboré une législation unique, contenue dans dix Annexes à l'Accord de Bangui. Cette législation est directement applicable dans les États membres.

Ladite législation uniforme concerne la protection de plusieurs aspects de la propriété industrielle :

- Les brevets d'invention (Annexe I) ;
- Les modèles d'utilité (Annexe II) ;
- Les marques de produits ou de services (Annexe III) ;
- Les dessins et modèles industriels (Annexe IV) ;
- Les noms commerciaux (Annexe V) ;
- Les indications géographiques (Annexe VI) ;
- La Propriété Littéraire et Artistique (Annexe VII) ;
- La protection contre la concurrence déloyale (Annexe VIII) ;

- Les schémas de configuration (topographiques) des circuits intégrés (Annexe IX) ;
- La protection des obtentions végétales (Annexe X).

Ces Annexes font partie intégrante de l'Accord et s'appliquent dans tous les États parties. L'OAPI a ainsi réalisé un important travail d'uniformisation juridique dans les seize États[182] membres de l'Organisation.

D'autres textes concernent : l'organisme central de documentation et d'information en matière de brevets, les options de modifications offertes aux États parties.

En cas de litige, les décisions judiciaires rendues dans les États membres en application des Annexe, sont dotées de l'autorité de chose jugée dans tous les États parties[183]. On peut, cependant, relever l'absence d'une juridiction supranationale qui pourrait contribuer à l'uniformisation de la jurisprudence dans les États membres ; ce vide entraîne un risque de divergence de l'application et de l'interprétation des Annexes d'un État à l'autre.

L'OAPI applique une législation uniforme (l'Accord de Bangui et ses Annexes) tenant lieu de loi nationale pour chacun des États membres. Il s'agit d'un système de protection uniforme qui couvre, entre autres, les brevets d'invention, les modèles d'utilité, les marques, les dessins et modèles industriels, les noms commerciaux et les appellations d'origine. Il faut, néanmoins, noter que les droits d'auteur ne sont pas concernés par cette protection ; ils continuent d'être régis par les différentes législations nationales qui s'appliquent aux créations littéraires et artistiques.

---

[182] Bénin, Burkina Fao, Cameroun, Centrafrique, Congo, Côte d'Ivoire, Gabon, Guinée, Guinée Bissau, Guinée Équatoriale, Mali, Mauritanie, Niger, Sénégal, Tchad, Togo.

[183] En ce sens, voir Joseph Issa-Sayegh, Jacqueline Lohoues-Oble, « OHADA-Harmonisation du droit des affaires », *op. cit.*, n° 176, p. 81.

SIII- La CONFÉRENCE INTERAFRICAINE DU MARCHÉ DES ASSURANCES (CIMA)

Dans plusieurs pays africains francophones, le secteur des assurances était régi par des textes dont certains remontent aux années 1960[184].

1- À Yaoundé (Cameroun), le 10 juillet 1992, plusieurs États[185] signent le Traité instituant la CIMA. Le Traité est entré en vigueur en février 1995.

Avant la signature du nouveau Traité, les États membres avaient signé, à Paris, le 20 septembre 1990, une convention de coopération pour la promotion et le développement de l'industrie des assurances. La nouvelle organisation succède ainsi à la Conférence Internationale des Contrôles d'Assurances (CICA).

2- Le principal objectif de la CIMA est l'unification de la réglementation des entreprises et des opérations d'assurance dans les États membres. Elle vise aussi l'intégration des marchés des assurances entre lesdits États ; celle-ci s'est réalisée par la création d'une entreprise commune de réassurance, la CICA-RE, dont l'objectif majeur est la promotion et le développement des activités nationales d'assurance et de réassurance dans les pays membres.

3- Les organes de la CIMA sont :

- Le Conseil des Ministres : il est composé de l'ensemble des ministres de tutelle de l'industrie des assurances[186] dans les États parties. La présidence du Conseil est assurée, à tour de rôle, par chaque État membre pour une durée d'un an. Il se réunit deux fois par an, en marge des réunions des ministres des Finances de la Zone Franc.

Les travaux du Conseil sont préparés par un comité d'experts qui émet un avis sur chaque question inscrite à l'ordre du jour du Conseil. Ce comité est composé, notamment, des responsables des

---

184 La Convention de coopération signée à Paris le 27 juillet 1962, également appelée Traité CICA (Conférence internationale des contrôles d'assurances des États africains et malgache), laquelle a été remplacée par la Convention de coopération en matière de contrôle des entreprises et opérations d'assurances des Etats africains et malgache, signée à Paris, le 27 novembre 1973.

185 Bénin, Burkina Faso, Cameroun, Comores, Congo, Côte d'Ivoire, Guinée Équatoriale, Gabon, Mali, Niger, RCA, Sénégal, Tchad, Togo. Guinée Conakry et Djibouti adhèrent ultérieurement.

186 En général, il s'agit des ministres des Finances.

Directions Nationales des Assurances et de deux représentants de la profession. La présidence du comité des experts suit l'ordre du Conseil des Ministres.

Le Conseil est notamment chargé :

. D'adopter, de modifier ou de compléter la législation uniforme des assurances ;

. De contrôler l'application du droit uniforme par les États membres. A cet égard, il statue sur les recours contre les décisions de la Commission Régionale de Contrôle des Assurances (CRCA) ;

. De définir la politique de formation dans les États parties ;

. De nommer les membres de la CRCA et les responsables du Secrétariat Général ;

. D'interpréter les dispositions du Code CIMA ;

. De recevoir les recours contre les décisions rendues par la CRCA.

- La Commission Régionale de Contrôle des Assurances (CRCA) est l'organe de régulation chargé « du contrôle des entreprises d'assurance et de la surveillance générale des marchés nationaux d'assurances dont elle concourt à l'organisation [187] ».

La Commission est composée :

. De six représentants des Directions Nationales des Assurances ;

. D'un jurisconsulte ayant une expérience en matière d'assurance ;

. D'une personnalité ayant exercé des responsabilités dans le secteur des assurances, choisie en raison de sa compétence et de son expérience dans le secteur des Assurances en Afrique ;

. D'une personnalité fournie par les États tiers ou les organisations internationales, choisie pour sa compétence et son expérience dans le contrôle des assurances en Afrique ;

. D'un représentant des Banques Centrales (BCEAO et BEAC).

Les personnalités ci-après siègent ès qualités, sans voix délibérative, comme membres de la CRCA :

. Le Directeur Général de la CICA-RE ;

. Le Président de la Fédération des sociétés d'assurances de droit national africaines (FANAF) ;

---

[187] Joseph Issa-Sayegh, Jacqueline Lohoues-Oble, « OHADA-Harmonisation du droit des affaires », *op. cit.*, n° 178, p. 82.

. Le Secrétaire Général de la CIMA ;

. Le Directeur Général de l'Institut International des Assurances (IIA).

Participe également aux travaux de la CRCA, mais sans voix délibérative, le représentant du ministère de tutelle des Assurances de l'État où opère la société en cause, lorsque des dossiers le concernant sont examinés.

Les membres de la Commission sont nommés par le Conseil des Ministres.

Le mandat des membres de la commission ne siégeant pas ès qualités est fixé à trois ans renouvelables, à l'exception des six représentants des Directions Nationales des Assurances dont le mandat est renouvelable par rotation.

La CRCA dispose d'importants pouvoirs de sanction. Elle peut proposer au Conseil des Ministres, à travers le Comité des Experts de la CIMA, des modifications de textes.

Les principales attributions de la Commission sont :

. Le contrôle des sociétés d'assurance ;

. La surveillance générale et l'appui à l'organisation des marchés nationaux d'assurance ;

. L'émission d'avis sur les demandes d'agrément des sociétés d'assurance ;

. Veiller au respect des dispositions du Code CIMA, au besoin en recourant à des sanctions (amende, avertissement, blâme, limitation ou interdiction de tout ou partie des opérations, toutes autres limitations dans l'exercice de la profession, suspension ou démission d'office des dirigeants responsables, transfert d'office du portefeuille de contrats, retrait d'agrément).

Les décisions de la Commission sont exécutoires dès leur notification et ne sont susceptibles que d'un recours devant le Conseil des Ministres.

Depuis le démarrage de ses activités, en 1995, la Commission Régionale de Contrôle des Assurances (CRCA) agit de manière supranationale ; elle assure le contrôle des opérations des compagnies, la délivrance et le retrait des agréments et constitue ainsi un instrument de développement et d'assainissement des marchés des Assurances.

- Le Secrétariat Général mis en place depuis août 1995 et dont le siège est fixé à Libreville (Gabon). Il est dirigé par un Secrétaire

Général assisté de deux adjoints et d'un corps de Commissaires Contrôleurs, tous élus par le Conseil des Ministres pour un mandat de cinq ans renouvelable. Le Secrétariat Général est l'organe d'exécution de la Conférence.

- Les Directions Nationales des Assurances : ce sont des organes nationaux de contrôle des assurances ; elles assurent la collecte des états financiers et statistiques et constituent des relais aux décisions et à l'action de la Commission.

Les Directions Nationales disposent des attributions générales et spécifiques définies à l'Annexe II du Traité[188].

La Direction Nationale des assurances peut également gérer les contrats d'assurances souscrits par l'État et veiller à la bonne rédaction de leurs clauses.

Enfin, l'organisation et le contrôle des activités des intermédiaires d'assurances (courtiers, agents généraux, etc.) relèvent également des Directions nationales des assurances.

Il existe aussi deux institutions autonomes, annexes maintenues par le Traité :

- La Compagnie Commune de Réassurance des États membres (CICA-RE) ;

---

[188] Il s'agit de :

- la promotion du secteur des assurances ;
- la sauvegarde des intérêts des assurés et bénéficiaires des contrats d'assurance et de capitalisation ;
- la protection de l'épargne détenue par les compagnies d'assurances ;
- le rôle d'expert et de conseil immédiat en matière d'assurance auprès des Autorités politiques nationales ;
- la surveillance générale du marché ;
- l'application de la réglementation unique sur le territoire national ;
- l'étude des contrats d'assurances destinés au public, visa ;
- le suivi des litiges entre assureurs ou entre assureurs et assurés ou bénéficiaires de contrats ;
- la communication à la Commission de tous renseignements sur l'état des compagnies et du marché afin que celle-ci puisse prendre les décisions appropriées ;
- le contrôle technique des compagnies dont elles communiquent les résultats à la Commission ;
- de manière exclusive, l'organisation et le contrôle des activités des intermédiaires d'assurances (courtiers et agents généraux, etc.) et experts techniques qui concourent à l'évaluation des sinistres et à la bonne exécution des contrats ;
- la réalisation de la pré-étude des dossiers de demandes d'agrément soumis à la Commission.

- L'Institut International des Assurances (IIA), dont le siège est à Yaoundé (Cameroun) et qui assure des formations diplômantes de haut niveau, de même qu'il est chargé de coordonner l'action des centres nationaux chargés de la formation des techniciens d'assurance.

Ces deux organismes sont régis par des statuts et règlement intérieur qui leur sont propres.

4- Harmonisation juridique :

Le Traité CIMA contient les Annexes ci-après :

- Le Code CIMA (Code des assurances des États membres)[189] constitue l'Annexe I au Traité CIMA. Le Code des Assurances CIMA est applicable dans les États membres ayant ratifié et accompli la formalité de dépôt des instruments de ratification du Traité ; il est entré en vigueur le 15 février 1995.

Le Code des Assurances de la CIMA comprend six livres :

. Livre I : Dispositions relatives au droit du contrat d'assurance ;

. Livre II : Les assurances obligatoires et le système d'indemnisation des victimes d'accident des véhicules terrestres à moteur avec un barème unique ;

. Livre III : Les entreprises d'assurances et leur barème ;

. Livre IV : Les règles comptables applicables aux organismes d'assurance ; il instaure un Plan Comptable unique ;

. Livre V : Réglemente la présentation des opérations d'assurances avec des règles strictes à faire observer par les intermédiaires d'assurances (agents généraux, courtiers, autres intermédiaires d'assurance et de capitalisation) ;

. Livre VI : Les organismes particuliers d'assurances.

Les autres textes annexés au Traité sont :

- Le règlement intérieur du Conseil des Ministres ;
- Le règlement intérieur du Comité des Experts ;
- Les statuts de la Commission Régionale de Contrôle des Assurances (Annexe II) ;
- Le Règlement Intérieur de la Commission Régionale de Contrôle des Assurances ;
- Les statuts du Secrétariat Général de la CIMA ;
- L'Institut International des Assurances : statuts, régime financier, règlement intérieur.

[189] Ce Code remplace la loi française du 13 juillet 1930.

Les dispositions de ce Code CIMA sont directement applicables dans les États membres.

Les textes annexés au Traité doivent être complétés par des Règlements, des Recommandations et des Avis émis par les organes de la Conférence. Ainsi :

- Le Règlement n° 0002/CIMA/PCMA/PCE/SG/2006 abroge et remplace le Règlement n° 0004/CIMA/PCMA/PCE/SG/04 portant mise en place d'une coassurance communautaire dans les États membres de la CIMA ;
- Le Règlement n° 0001/CIMA/PCMA/CE/SG/2007 modifie et complète les articles 329-3 et 330-2 du Code des Assurances relatifs au capital social des sociétés anonymes d'assurance et au fonds d'établissement des sociétés d'assurances mutuelles ;
- Le Règlement n° 0002/CIMA/PCMA/CE/SG/2007 du 15 octobre 2007 modifie et complète les dispositions de l'Article 335-1 du Code CIMA relatives à la réglementation des placements et autres éléments d'actifs.

Désormais, dans les États parties, les entreprises d'assurance (les entreprises d'assurance directe, les intermédiaires d'assurance) sont régies par la législation communautaire et placées sous la surveillance de la Commission Régionale de Contrôle des Assurances. Par ces différents instruments juridiques, les États parties ont réalisé une importante œuvre d'harmonisation juridique.

En résumé, la CIMA est une organisation internationale dont le principal objectif est la constitution d'un marché élargi et sain, première étape vers l'instauration d'un marché unique des assurances. Pour atteindre cet objectif, elle s'appuie sur une législation unique et une autorité de contrôle unique à laquelle l'ensemble des États membres ont transféré la presque totalité de leurs pouvoirs.

Cependant, cette législation communautaire doit être complétée par celle qui s'appliquera aux assurances fluviales, maritimes et aériennes.

SIV- L'ORGANISATION POUR L'HARMONISATION EN AFRIQUE DU DROIT DES AFFAIRES (OHADA)

Les règles du jeu de la mondialisation étant en constante évolution, le droit des activités économiques, ou, plus exactement, le droit des affaires, doit évoluer avec elles ; cela quels que soient les aspects des activités économiques ou de la vie des entreprises. Les pays africains ne peuvent échapper aux évolutions des relations économiques internationales ; c'est dans ce contexte que les expériences d'harmonisation juridique à travers les CER ont été initiées avec des succès limités. C'est également dans ce cadre qu'il faut situer l'expérience d'uniformisation du droit des affaires des États africains à travers l'Organisation pour l'Harmonisation en Afrique du Droit des Affaires (OHADA).

A- La genèse de l'OHADA[190]

L'OHADA n'est pas née de la seule initiative des seuls chefs d'État africains de la Zone Franc ; elle est aussi et surtout une idée, voire une exigence, des opérateurs économiques africains qui revendiquent l'amélioration de l'environnement juridique des entreprises. En effet, devant le ralentissement des investissements consécutif à la récession économique et à l'insécurité juridique et judiciaire qui sévissaient dans cette région à partir des années 1980, il s'agissait de redonner confiance aux investisseurs, tant nationaux qu'étrangers, afin de favoriser le développement de l'esprit d'entreprise et attirer les investissements extérieurs.

I- Les raisons de la création de l'OHADA

Outre l'environnement économique international qui l'impose, plusieurs raisons sont généralement évoquées pour justifier la création de l'OHADA. En effet, la diversité qui caractérise les législations africaines est un handicap pour la création d'un espace économique intégré, d'une part, et, d'autre part, cette diversité est accompagnée

---

190 Sur ce processus, voir Alhousseini Mouloul, Le régime juridique des sociétés commerciales dans l'espace OHADA : l'exemple du Niger, Thèse de Doctorat (Université de Paris I Panthéon – Sorbonne), LGDJ - EJA, mars 2005, pp. 13-20.

d'une insécurité juridique et judiciaire conséquence de la vétusté et de la caducité des législations applicables qui découragent les investisseurs privés. Enfin, l'intégration juridique présente plusieurs avantages, car elle permet au continent africain de s'insérer dans les circuits des échanges internationaux.

1- L'inadaptation de l'environnement juridique postcolonial

Au moment de l'accession à l'indépendance de chaque État africain, le droit qui y était appliqué étant essentiellement celui de l'ancienne métropole, il s'agissait donc d'un droit inadapté qui ne correspondait ni aux besoins des nouveaux États, ni aux réalités locales. Dans les États africains francophones en particulier, « les investisseurs se heurtaient pour chaque pays à un droit disparate, confus et suranné [191] ». Dans les anciennes colonies françaises, le droit des affaires qui y était appliqué datait du XIXe siècle et du début du XXe siècle ; il s'agissait d'un droit « qui répondait mal aux besoins des investisseurs, tant nationaux qu'étrangers, et au développement des échanges commerciaux interafricains [192] ». En effet, le régime général des sociétés était celui du code civil français de 1804, tandis que le code de commerce appliqué dans les colonies françaises date de 1807, ainsi que les lois modificatives intervenues jusqu'en 1960. Pour les sociétés anonymes par actions, le texte applicable est la loi française du 24 juillet 1867, tandis que les SARL étaient régies par la loi française du 7 mars 1925. Tous ces textes étaient appliqués dans leurs versions d'avant les indépendances. D'autres textes ont été élaborés par le colonisateur pour être appliqués dans les colonies[193]. Néanmoins, il résulte de l'application de cette législation coloniale une certaine harmonisation juridique dans les colonies concernées, malgré l'application de la règle de la spécialité législative.

Après l'accession à l'indépendance de chaque État, les nouvelles autorités opèrent des tentatives d'adaptation en légiférant

---

[191] Boris Martor et Sébastien Thouvenot, « L'uniformisation du droit des affaires en Afrique par l'OHADA », « La Semaine Juridique », n° 44, du 28 octobre 2004, Supplément n° 5, pp. 5-11.

[192] Yves Guyon, « Conclusion », « Petites Affiches » n° 205 du 13 octobre 2004, N° Spécial OHADA, p. 59.

[193] Voir Joseph Issa-Sayegh, Jacqueline Lohoues-Oble, « OHADA-Harmonisation du droit des affaires », *op. cit.*, n° 87, note n° 7.

dans certains domaines ; il se crée ainsi une « mosaïque législative » au niveau du continent africain. En effet, chaque État a légiféré dans les domaines qu'il estime prioritaires[194], suivant maladroitement les adaptations et les modernisations réalisées dans l'ancienne métropole, avec, comme conséquence, l'accentuation de la « balkanisation juridique » du continent. Les tentatives d'adaptation ayant accentué la balkanisation juridique du continent[195], elles créent un environnement peu propice aux investissements. Finalement, la législation appliquée dans chaque État nouvellement indépendant est devenue caduque en raison de son inadaptation aux réalités socio-économiques actuelles et les investisseurs se heurtaient dans « chaque pays à un droit disparate, confus et suranné [196] ». Me Kéba M'Baye écrivait : « Le droit se présente dans les quatorze pays de la zone franc en habit d'arlequin fait de pièces et de morceaux. Outre cette diversité des textes, l'on note également leur inadaptation au contexte économique actuel [197] » ; il ajoute que « beaucoup d'investissements ne sont concevables que sur un plan interétatique ». En effet la mondialisation des relations économiques impose désormais la constitution d'espaces économiques intégrés avec des cadres juridiques harmonisés.

2- L'insécurité juridique et judiciaire

Me Kéba M'Baye avait exposé, à l'occasion du séminaire sur l'OHADA, tenu à Abidjan (Côte d'Ivoire) les 19 et 20 avril 1993, plusieurs raisons qui militent en faveur d'une harmonisation juridique dans les pays africains francophones ; il déclarait, entre autres, que « l'émiettement de notre droit commun est un facteur négatif de notre progrès qui ne peut être que commun », d'une part, et, d'autre part, « au plan national des textes sont promulgués alors que d'autres, dans le même domaine, ne sont pas abrogés. Il en résulte des

---

[194] Voir Joseph Issa-Sayegh, Jacqueline Lohoues-Oble, « OHADA-Harmonisation du droit des affaires », *op. cit.*, n° 87, notes 4 et 5.

[195] Sur cette balkanisation, voir *supra*.

[196] Boris Martor et Sébastien Thouvenot, « L'uniformisation du droit des affaires en Afrique par l'OHADA », « La Semaine Juridique » n° 44 du 28 octobre 2004, Supplément n° 5, pp. 5-11.

[197] *In* Synthèse des travaux du séminaire sur l'harmonisation du droit des affaires dans les Etats africains de la zone franc, pp. 14 et 15. Abidjan du 19 au 20 avril 1993 ; à propos de la nécessité de l'harmonisation, voir aussi : Joseph Issa-Sayegh, "L'intégration juridique des Etats africains de la Zone Franc", Revue Penant, n° 823, janvier-avril 1997, pp. 5 et suiv.

chevauchements et les opérateurs économiques restent dans l'incertitude de la règle de droit applicable ; cette insécurité juridique est un très sérieux handicap pour l'investissement... ». En sa qualité de Président de la Mission ayant préparé l'avènement de l'OHADA, Me Kéba M'Baye a effectué plusieurs missions d'études dans les États membres ; à l'occasion du séminaire d'Abidjan, il expose son constat en ces termes : « Tout le monde est d'accord sur la nécessité de procéder à l'harmonisation. En effet, tout le monde est d'accord que le droit en vigueur n'est plus adapté, que les règles varient d'un pays à un autre, qu'il y a une incertitude indéniable dans le corpus juridique de chaque État, qu'une insécurité judiciaire, due notamment à la formation insuffisamment spécialisée des magistrats, à l'absence de système de formation continue, à des questions de déontologie, à l'indigence de l'information juridique, à la totale insuffisance de moyens mis à la disposition des services judiciaires et à bien d'autres causes... [198] ». Analysant la réglementation applicable au droit des sociétés dans les pays africains de la Zone Franc, Martin Kirsch écrivait à son tour que « le constat unanime de la situation... pouvait se résumer par la formule suivante : insécurité juridique et judiciaire [199] ».

Insécurité juridique, car nombre de textes applicables au droit des affaires sont vétustes ; pour la plupart, ils datent de la période coloniale et souvent les opérateurs économiques, comme les praticiens du droit, rencontrent des difficultés pour connaître la règle de droit applicable[200]. Il en résulte une insécurité juridique définie par Philippe Tiger comme étant « la situation d'incertitude dans laquelle peut se trouver un opérateur économique sur l'issue d'une éventuelle procédure à laquelle il pourrait être partie, et son impuissance à infléchir le cours de la justice dans le sens de l'équité si besoin était [201] ». Il en résulte une insécurité juridique handicapante pour les investissements.

---

[198] *In* Synthèse des travaux du séminaire d'Abidjan, p. 18.

[199] Martin Kirsch « Historique de l'OHADA », Revue Penant, n° spécial OHADA, n° 827, mai-août 1998, p. 129.

[200] Sur la législation applicable au droit des affaires dans les Etats africains francophones au moment des indépendances, voir : Georges Meissonnier et Jean-Claude Gautron, « Analyse de la législation africaine en matière de droit des sociétés », RJPIC, 1976, n° 3, p. 331.

[201] Philippe Tiger, Que sais-je ? « Le droit des affaires en Afrique-OHADA ». éd. PUF, novembre 1999, p. 2.

L'insécurité judiciaire, quant à elle, est la conséquence de l'insuffisance de la formation des magistrats et des auxiliaires de justice, notamment en matière économique et financière, d'une part, et, d'autre part, de la modicité des moyens humains et matériels dont sont généralement dotées les juridictions. Comme l'écrit Philippe Tiger, elle « se manifeste de façons très diverses : décisions contestables, décisions en délibéré depuis plusieurs années, exécutions impossibles, négligences diverses, méconnaissance des règles de déontologie, accueil des moyens dilatoires les plus évidents et renvois à répétition qui finissent par décourager les demandeurs de bonne foi...[202] ». Cette situation entraîne deux conséquences immédiates inévitables : une jurisprudence instable et aléatoire, et des difficultés dans l'exécution des décisions des juridictions. Elle entraîne aussi comme conséquence une perte de confiance dans le système judiciaire des États africains et, subséquemment, la réticence des investisseurs.

Le ministre nigérien du Commerce et de l'Industrie déclarait, à l'ouverture du séminaire de sensibilisation au droit harmonisé, organisé à Niamey le 9 juin 1998, que « la sécurité juridique et judiciaire est l'une des conditions nécessaires pour instaurer de façon durable la confiance des investisseurs nationaux ou internationaux, développer un secteur privé dynamique et promouvoir les échanges commerciaux », d'une part, et, d'autre part, « il n'y a pas de développement économique et social durables sans un cadre juridique propice aux investissements [203] ».

Le constat qui vient d'être fait est valable pour l'ensemble du continent africain ; dès lors, l'harmonisation juridique à l'échelle continentale devient inéluctable.

II- Les atouts en faveur de l'harmonisation juridique

Les atouts[204] sont un gage de réussite, car une intégration ne saurait réussir que si elle repose sur des fondements solides et si elle est confortée par une réelle volonté politique à régler des problèmes communs. Évoquant ces atouts, Me Kéba M'Baye écrivait : « Il est certain que c'est dans des groupements où il y a déjà des traditions

[202] Philippe Tiger, *op. cit.*, p. 24.
[203] Le Sahel, n° 5565, du mercredi 10 juin 1998, p. 2.
[204] Voir Philippe Tiger, Que sais-je ? Le droit des affaires en Afrique, Editions PUF, juillet 2001, pp. 12-18.

juridiques communes, une monnaie commune et, dans une certaine mesure, une histoire commune et une même manière de concevoir et de bâtir l'avenir, qu'il est plus facile de réaliser l'intégration économique [205] » ; en outre, « les projets qui ont le plus de chance de réussir, il faut le répéter, sont ceux qui coïncident avec un espace économique, culturel et monétaire uniforme [206] ». Pour certains États, il faut également ajouter : l'existence d'une même langue officielle et d'une monnaie commune ; le phénomène de l'Islam et l'existence d'un droit africain traditionnel [207]. Enfin, il faut également souligner que plusieurs colonies ont partagé le même droit des activités économiques, celui de la métropole, ou encore les mêmes textes élaborés pour être appliqués dans les colonies[208].

Nous sommes d'avis que ce sont là des conditions propices à la réussite d'une intégration. Cependant, dans l'espace que constituent les États africains de la Zone Franc, la quasi-totalité de ces conditions est réunie. Mais ces conditions ne sont pas suffisantes à elles seules, car sans volonté politique aucune construction de ce type ne saurait être viable. Compte tenu de la célérité avec laquelle le projet OHADA a été réalisé et l'enthousiasme qu'il a suscité[209], nous sommes en droit de penser que la volonté politique est réelle.

Ce projet est également sous-tendu par des programmes ambitieux d'intégration économique dans toutes les régions africaines ; des organisations furent créées à cet effet (BAMREL, CEAO, CEDEAO, UEMOA, etc.). A Maastricht en 1990, L'UE, le FMI, la BM et la BAD organisent une conférence sur l'Afrique ; conférence qui donne naissance au projet « *Cross Border Initiative* » (CBI), ou « Initiative Transfrontalière », qui est un « cadre d'harmonisation des politiques économiques des pays africains pour

---

[205] *In* Revue Penant, n° 827, mai-août 1998, pp. 126 et suiv. n° Spécial OHADA. *Adde* Alhousseini Mouloul, Le régime juridique des sociétés commerciales dans l'espace OHADA : l'exemple du Niger, *op. cit.*, pp. 12 et 13.

[206] *Ibidem.* Voir aussi : Me Kéba M'Baye, *in* Synthèse des travaux du séminaire d'Abidjan, pp. 14 et 15.

[207] Sur ces aspects, voir : Philippe Tiger : Que sais-je ? « Le Droit des Affaires en Afrique OHADA », éd. PUF, nov. 1999, pp. 15 et 16.

[208] Notamment dans les anciennes colonies françaises, le Code du Travail des Territoires d'Outre-Mer de 1952.

[209] Voir aussi *infra*, communiqué final de la réunion des chefs d'État tenue à Dakar les 5 et 6 octobre 1992.

Le projet a été réalisé en moins de quatre ans et des associations et clubs OHADA ont été créés dans de nombreux pays membres.

renforcer entre eux la stratégie d'intégration des marchés tout en les ouvrant davantage sur l'extérieur ». Le projet CBI relève donc d'une stratégie de mondialisation. Les premières régions ciblées par cette initiative furent l'Afrique de l'Est et l'Afrique Australe.

Enfin, l'existence d'expériences d'unification est également un atout non négligeable[210].

Ce sont là des atouts indéniables dont n'ont pas disposé certains groupes d'États, comme les États membres de la CEE, ce qui a ralenti, voire entravé, l'harmonisation de leurs droits et leur intégration économique.

En considération de tout ce qui précède, on ne peut s'étonner de l'avènement de l'OHADA.

1- L'existence d'expériences d'harmonisation juridique[211]

Les expériences d'harmonisation/uniformisation concernent d'abord l'existence des conventions internationales qui régissent certains pans du droit des affaires, notamment les transports, la vente, l'affacturage, la lettre de change ou encore le crédit-bail. Notons, néanmoins, que ces conventions sont supplétives, car leur application peut être écartée par la volonté des parties, contrairement au droit uniforme qu'instaure l'OHADA, qui est d'ordre public et directement applicable.

Au niveau régional, on peut relever la création de plusieurs unions économiques et/ou monétaires :

- En Europe, les Directives européennes visent l'harmonisation et non l'unification du droit, d'une part, et, d'autre part, leur application dans un État requiert l'intervention du législateur national ; à cet égard, le droit des affaires de l'OHADA réalise ainsi une avancée par rapport au droit communautaire européen.
- En Amérique latine, le droit uniforme est directement applicable aux États membres, comme en ce qui concerne l'OHADA.

. L'Accord de Libre Échange Nord-Américain (ALENA) : conclu le 8 août 1992, il regroupe les Etats-Unis, le Mexique et le

---

210 Notamment : la CEE, les Etats-Unis, le Commonwealth, l'ALENA, le MERCOSUR.

211 Voir Joseph Issa-Sayegh, Jacqueline Lohoues-Oble, « OHADA-Harmonisation du droit des affaires », Bruylant - Juriscope 2002, pp. 28 et suiv.

Canada. Cet Accord vise à réduire et à éliminer en quinze ans les tarifs douaniers entre les trois États membres.

. Le Marché Commun du Sud (MERCOSUR) regroupe l'Argentine, le Brésil, l'Uruguay, le Paraguay, auxquels sont associés la Bolivie, le Chili et le Pérou. Mis en place le 21 mars 1991, il a permis la création d'un Marché Commun en 1995 et d'une ZLE en 2000.

- En Asie - Pacifique :

. L'Association des Nations du Sud-Est Asiatique (ASEAN) : créée en 1967, elle regroupe Brunei, le Cambodge, l'Indonésie, le Laos, la Malaisie, le Myanmar, les Philippines, Singapour, la Thaïlande et le Vietnam. L'ASEAN se fixe comme objectif l'établissement d'une ZLE avec suppression totale des droits de douane à partir de 2003. En outre, dans le cadre de l'ASEAN, les États membres ont mis en place, en 1966, une Banque Asiatique de Développement.

. L'*Asia-Pacific Economic Corporation* (APEC) : elle fut créée en 1989 et regroupe 18 pays, dont 16 pays asiatiques, plus le Mexique et les États-Unis. L'APEC vise l'abolition des barrières douanières et, en 1994, elle devient « une union économique avec une intégration à deux vitesses distinguant des pays économiquement prêts en 2010 et les autres en 2020 [212] ».

2- L'existence de traditions juridiques communes et/ou voisines

Plusieurs systèmes juridiques se retrouvent sur le continent africain en fonction de la puissance coloniale de chaque colonie : il s'agit notamment des droits français, anglo-saxon (Common Law), portugais et allemand.

Le défi, que l'OHADA a réussi à relever, consiste à réaliser une synthèse acceptable dans tous les États concernés, qu'ils soient de tradition civiliste ou de la Common Law.

---

[212] Joseph Issa-Sayegh, Jacqueline Lohoues-Oble, « OHADA-Harmonisation du droit des affaires », *op. cit.*, n° 76, p. 34.

3- L'existence de droits africains traditionnels

Les sociétés africaines traditionnelles sont régies par des règles et des traditions qui leurs sont propres ; ces règles constituent un droit traditionnel propre à chaque communauté ou à chaque groupe.

En outre, certains pays, ou certaines communautés, ont en commun le Droit musulman, qui régit les relations sociales de même que les activités économiques. A cet égard, le droit musulman « édicte notamment des dispositions originales en matière de prêt à intérêt ou de preuve testimoniale, notamment celle du cautionnement, règles particulièrement importantes sur un continent qui compte encore un grand nombre d'illettrés [213] ».

4- L'existence de la volonté politique

Sans volonté politique, aucune construction de ce type ne saurait être pérenne. Dans le cas de l'OHADA, il s'est passé moins de deux ans pour que le « Traité de Port Louis » soit signé, moins de deux ans pour qu'il entre en vigueur et moins de cinq ans pour que les sept premiers Actes Uniformes (AU) soient adoptés[214].

Comme on l'a signalé ci-dessus, la célérité avec laquelle le projet OHADA a été réalisé[215] témoigne de l'existence d'une réelle volonté politique.

III- Le processus ayant conduit à la naissance de l'OHADA

L'idée d'harmoniser les droits des États africains francophones remonte au lendemain des premières indépendances.

Cette idée connut un premier aboutissement au sein de l'Union Africaine et Malgache (UAM), créée en septembre 1961[216]. L'idée fait l'objet de discussions par d'éminents juristes à l'occasion d'une

---

[213] Yves Guyon, Conclusion, *op. cit.*

[214] Voir *infra*.

[215] Voir aussi *infra*, communiqué final de la réunion des chefs d'État tenue à Dakar les 5 et 6 octobre 1992.

[216] États fondateurs : Cameroun, RCA, Congo, Côte d'Ivoire, Dahomey, Gabon, Haute-Volta, Madagascar, Niger, Sénégal, Tchad.

réunion des ministres de la Justice animée par le Pr René David en mai 1963.

L'UAM sera remplacée par l'Union Africaine et Malgache de Coopération Economique (UAMCE) en mars 1964, après l'avènement de l'OUA. L'idée fut ensuite reprise dans le cadre de l'Organisation Commune Africaine, Malgache et Mauricienne (OCAM), qui remplace l'UAMCE en février 1965. L'article 2 de la Convention Générale de coopération en matière judiciaire conclue entre les États de l'OCAM dispose que « Les Hautes Parties contractantes s'engagent à prendre toutes dispositions en vue d'harmoniser leurs législations commerciales respectives dans la mesure compatible avec les exigences pouvant résulter des exigences de chacune d'elle ».

Enfin, aux termes de l'article 3 de la Convention du 5 juillet 1975 portant création du Bureau Africain et Mauricien de Recherches et d'Études législatives (BAMREL), celui-ci « a pour objet d'apporter son concours aux États signataires, afin que les règles juridiques qui y sont applicables s'élaborent dans des conditions qui permettent leur harmonisation ». Malheureusement, l'OCAM et le BAMREL, comme nombre d'organisations africaines, n'ont pas été dotés de crédits suffisants et eurent une existence éphémère.

Il a fallu attendre 1991 pour que l'idée d'harmoniser les droits africains soit à nouveau reprise à l'occasion des réunions des ministres des Finances de la Zone Franc, tenues d'abord à Ouagadougou (Burkina Faso) en avril 1991, puis à Paris (France) en octobre 1991 ; à l'occasion de cette dernière réunion, les ministres des Finances mirent sur pied une Mission composée de sept membres, juristes et spécialistes des affaires, présidée par Me Kéba M'Baye.

De mars à septembre 1992, la Mission fit l'état des lieux en visitant les pays africains de la Zone Franc. Le 17 septembre 1992, Me Kéba M'Baye présente son rapport d'étape à la réunion des ministres des Finances.

Les 5 et 6 octobre 1992, les chefs d'État de la Zone Franc se réunissent à Libreville ; à l'occasion de cette réunion, le Président Abdou Diouf (Sénégal) présente l'économie du projet élaboré par la Mission d'Experts. Les chefs d'État décident de l'étendre à l'ensemble des États africains et non plus seulement aux seuls États de la Zone Franc. Dans le communiqué final de cette réunion, on pouvait lire que les chefs d'État et de délégation « ont approuvé le projet d'harmonisation du droit des affaires conçu par les ministres des Finances de la Zone Franc, décidé de sa mise en œuvre immédiate et demandé aux ministres des Finances et de la Justice de tous les États intéressés d'en faire une priorité ». Les chefs d'État ont ainsi adopté le rapport des sept personnalités ; ils désignent un Directoire de trois membres[217], chargé de coordonner la préparation du Traité portant création de l'OHADA.

Le Directoire élabore le projet de Traité et le soumet à la réunion des ministres de la Justice, tenue à Libreville les 7 et 8 juillet 1993. Le projet est adopté après avoir été amendé et enrichi. Il est finalisé à Abidjan les 21 et 22 septembre 1993, par la réunion des ministres de la Justice, puis celle, conjointe, des ministres des Finances et de la Justice, réunion précédée d'un rapport d'experts.

Enfin, le 17 octobre 1993, se tient, à Port-Louis (Ile Maurice), la Conférence des Pays ayant en Commun l'usage du français. A cette occasion, le projet fut soumis à la signature des chefs d'État et de délégations des pays africains francophones ; le Traité portant création de l'OHADA est signé par quatorze États[218], et deux autres[219] y adhèrent ultérieurement pour totaliser seize États parties.

Le 11 février 2010, la Cour Suprême de la RDC autorise la promulgation de la loi portant adhésion de la RDC à l'OHADA ; cette organisation totalise désormais 17 États membres.

Ainsi, les principales étapes ayant abouti à l'opérationnalisation de l'OHADA peuvent être résumées comme suit[220] :

1. Ouagadougou (Burkina Faso), avril 1991 : réunion des ministres des Finances : conception du « Projet d'harmonisation du Droit des Affaires en Afrique ».
2. Paris (France), octobre 1991 : réunion des ministres des Finances : formation de la « Mission » de sept membres.
3. De mars à septembre 1992 : la « Mission » effectue des visites dans les différents États de la Zone Franc : information et sensibilisation des autorités ; état des législations appliquées.

---

[217] Président : Me K. M'Baye ; membres : Martin Kirsch, Conseiller Honoraire de la Cour de cassation française, Avocat au Barreau de Paris, et Michel Gentot, Président de la section du contentieux au Conseil d'Etat français.

[218] Bénin, Burkina Faso, Cameroun, Centrafrique, Comores, Congo-Brazzaville, Côte d'Ivoire, Gabon, Guinée Équatoriale, Mali, Niger, Sénégal, Tchad et Togo.

[219] La Guinée-Conakry et la Guinée-Bissau.

[220] Pour la chronologie complète, voir Alhousseini Mouloul, « Comprendre l'OHADA », Annexe I, Éditions NIN, avril 2000.

4. Yaoundé (Cameroun), 16 avril 1992 : réunion des ministres des Finances ; Me Kéba M'Baye présente son premier rapport.
5. 17 septembre 1992 : réunion des ministres des finances de la Zone Franc. Me Kéba M'Baye présente son rapport de mission. Le projet est adopté.
6. Libreville (Gabon), les 5 et 6 octobre 1992 : conférence des chefs d'État de France et d'Afrique :

- Le Président Abdou Diouf (Sénégal) présente l'économie du projet OHADA ;
- Le projet est adopté par les chefs d'État africains de la Zone Franc ;
- Ouverture du projet aux États autres que ceux de la Zone Franc ;
- Formation d'un Directoire de trois membres présidé par le juge Kéba M'Baye et composé de Martin Kirsch et Michel Gentot.

7. Dakar (Sénégal), novembre 1992 : réunion des ministres de la Justice ; décision de création dans chaque État d'une Commission de cinq membres.
8. Dakar (Sénégal), les 18 et 19 décembre 1992 : réunion des ministres de la Justice. Les ministres demandent au Directoire de préparer le futur Traité et d'établir l'ordre des priorités des matières à harmoniser.
9. Abidjan (Côte d'Ivoire), les 19 et 20 avril 1993 : séminaire sur l'harmonisation du Droit des affaires dans les États de la Zone Franc. Le séminaire teste la technique de préparation des textes prévue par le Directoire. Constitution des Commissions Nationales.
10. Libreville (Gabon), les 7 et 8 juillet 1993 : réunion des ministres de la Justice. Examen du projet de Traité.
11. Abidjan (Côte d'Ivoire), les 21 et 22 septembre 1993 : réunion des ministres de la Justice suivie de celle des ministres des Finances. Le projet de Traité est finalisé.
12. Port-Louis (Ile Maurice), le 17 octobre 1993 : réunion de la Conférence des Pays ayant en commun l'usage du français. Signature du Traité portant création de l'OHADA.
13. Ouagadougou (Burkina Faso), les 14 et 15 mars 1994 : premier séminaire des Commissions Nationales. Adoption d'une méthode de travail commune. Une Commission Centrale, dans laquelle chaque État partie est représenté, dégage un consensus permettant de finaliser chaque projet d'Acte Uniforme.

14. Lomé (Togo), le 24 octobre 1994 : réunion des Présidents des Commissions Nationales. Examen des avant-projets des premiers Actes Uniformes.
15. Lomé (Togo), les 25 et 26 octobre 1994 : réunion des ministres de la Justice des États signataires du Traité. Examen du projet de création de l'Ecole Régionale Supérieure de la Magistrature (ERSUMA) et de la mise en place des institutions de l'OHADA.
16. Biarritz (France), le 8 novembre 1994 : conférence des chefs d'État de France et d'Afrique. Les États signataires du Traité OHADA soulignent son importance et décident de se concerter pour déterminer la localisation des institutions.
17. Bangui (RCA), du 6 au 8 février 1995 : réunion des présidents des Commissions Nationales. Adoption de l'avant-projet d'Acte Uniforme sur le Droit Commercial Général (AU/DCG).
18. Bangui (RCA), le 21 mars 1995 : réunion des ministres de la Justice. Les ministres jettent les bases de la localisation des institutions de l'OHADA.
19. Le 11 avril 1995 : publication de la loi (nigérienne) n° 95-006 du 4 juin 1995 autorisant le président de la République à ratifier le Traité OHADA.
20. Le 18 septembre 1995 : après réception des instruments de ratification de la République du Niger par l'État dépositaire (Sénégal), le nombre de ratifications nécessaires à la mise en vigueur du Traité est réuni. Le « Traité OHADA » entre en vigueur.

B- Le Traité portant création de l'OHADA

Sur le plan de la forme, le Traité est composé de 63 articles répartis entre neuf titres. Le dispositif juridique qu'il instaure est d'une simplicité remarquable.

Dans le préambule, les chefs d'État et de délégation ont réitéré leur détermination à réaliser progressivement l'intégration économique de leurs États, ce qui suppose la mise en place et l'application d'un droit des affaires harmonisé afin de garantir la sécurité juridique aux investisseurs. En outre, l'article 2 du Traité détermine son objet et les domaines qui relèvent du droit des affaires[221]. Le Traité présente également les instruments par lesquels

[221] Sur la définition du droit des affaires, voir Henri-Désiré Modi Koko Bebey, « La réforme du droit des affaires de l'OHADA au regard de la mondialisation de

se réalisera l'intégration juridique (les Actes Uniformes) et les organes chargés de la supervision de la mise en œuvre du projet, du contrôle de l'application des Actes et de la vulgarisation du droit harmonisé.

Comparé aux autres Traités de même type, le « Traité OHADA » présente plusieurs particularités[222] :

- Il envisage une « unification progressive et générale des législations » des États concernés ;
- L'unification envisagée est d'une grande ampleur, car elle concerne « tous les secteurs de la vie des affaires et à l'échelle continentale » ;
- La législation communautaire, dont le Traité envisage la mise en œuvre, a un caractère supranational « renforcé » dans la mesure où elle est obligatoire, abrogatoire et directement applicable dans tous les États parties ;
- L'originalité aussi quant aux « moyens et méthodes retenus » pour atteindre les objectifs poursuivis.

I- Les objectifs de l'OHADA[223]

L'OHADA entre dans le cadre d'une vision plus globale de « l'intégration africaine » à travers « une union économique et un grand marché commun[224] ». Cet objectif global ne peut être atteint dans une situation de crise économique généralisée caractérisée par le ralentissement des investissements extérieurs au cours de la décennie 1980-1990 ; dès lors, il est apparu nécessaire d'améliorer et de rationaliser l'environnement juridique des entreprises afin de rendre les marchés africains plus attractifs, en réduisant, voire en mettant fin à l'insécurité juridique et judiciaire. En outre, « l'Afrique, comme la plupart des pays, est concernée par la mondialisation de l'économie. Sa conséquence est la nécessité d'une intégration régionale, avec,

---

l'économie », p. 2, www.ohada.com. Sur le domaine du droit des affaires et les controverses qu'il suscite, voir Henri-Désiré Modi Koko Babey, « L'harmonisation du droit des affaires en Afrique : regard sous l'angle de la théorie générale du droit », p. 2 et pp. 13-15. www.ohada.com.

[222] Voir Joseph Issa-Sayegh, Jacqueline Lohoues-Oble, « OHADA-Harmonisation du droit des affaires », *op. cit.*, n° 198.

[223] Voir Me Kéba M'Baye, « L'historique et les objectifs de l'OHADA », « Petites Affiches », n° 205, du 13 octobre 2004, pp. 4-7. *Adde* Jean Paillusseau, « Le droit de l'OHADA. Un droit très important et original », *op. cit.* ; Boris Martor et Sébastien Thouvenot, « L'uniformisation du droit des affaires en Afrique par l'OHADA », « La Semaine Juridique », n° 44, du 28 octobre 2004, Supplément n° 5, pp. 5-9.

[224] V. Me Kéba M'Baye, « L'historique et les objectifs de l'OHADA », *op. cit.*

partout, le même droit des sociétés, ce qui facilite singulièrement les investissements[225] ». L'Afrique ne peut échapper au phénomène de la mondialisation, ce qui implique une adaptation continue des règles qui régissent les activités économiques[226].

Le Traité portant création de l'OHADA précise que cette organisation a pour objectifs principaux d'harmoniser le droit des affaires dans les États membres « par l'élaboration et l'adoption de règles communes simples, modernes et adaptées à la situation de leurs économies », de promouvoir l'arbitrage, de créer un climat favorable aux investissements, de soutenir l'intégration économique africaine, de favoriser l'institution d'une communauté économique africaine, « en vue d'accomplir de nouveaux progrès sur la voie de l'unité africaine ».

La lettre de mission donnée aux personnalités chargées de conduire le Projet OHADA est sans équivoque : « L'approche retenue privilégie l'harmonisation des règles de la mise en cohérence des environnements juridico-économiques qui paraissent constituer de préalables nécessaires pour assurer la transformation progressive de la zone franc, communauté de monnaie, en une véritable union économique et un grand marché[227] ».

Le préambule du Traité OHADA, ainsi que ses articles 1 et 2 exposent, en termes généraux, son objet et son domaine. Aux termes de l'article 1er : « Le présent traité a pour objet l'harmonisation du droit des affaires :
- par l'élaboration et l'adoption de règles communes simples, modernes et adaptées à la situation de leurs économies ;
- par la mise en œuvre de procédures judiciaires appropriées ;
- par l'encouragement au recours à l'arbitrage pour le règlement des différends contractuels ».

L'article 2, quant à lui, énumère les matières qui entrent dans le domaine du Traité et dont la réglementation doit faire l'objet d'harmonisation.

Au regard des dispositions du Traité, les principaux objectifs de l'OHADA sont :

---

225 Jean Paillusseau, « L'Acte Uniforme sur le droit des sociétés », « Petites Affiches », n° 205, du 13 octobre 2004, pp. 19-29.

226 Voir en ce sens Jean Paillusseau, « Le droit de l'OHADA-Un droit très important et original », *op. cit.*

227 *In* Me Kéba M'Baye, « L'histoire et les objectifs de l'OHADA », « Petites Affiches », n° 205, du 13 octobre 2004, Numéro Spécial OHADA, pp. 4-7.

1- L'assainissement de l'environnement juridique de l'entreprise ;
2- Le renforcement de la sécurité juridique et judiciaire ;
3- L'affirmation de l'État de droit.

L'OHADA, en dotant les États membres d'« un droit des affaires moderne et fiable, devait contribuer efficacement au développement économique du continent africain, en y attirant les investissements étrangers[228] ». L'expérience de l'OHADA est unique et mérite d'être saluée « tant la mise en œuvre de normes juridiques modernes, adaptées et identifiables constitue un préalable au développement économique et social du continent et aux projets transnationaux[229] » que le Traité ambitionne.

II- L'entrée en vigueur du Traité portant création de l'OHADA

Aux termes de l'article 52 al. 2 du Traité, celui-ci entre en vigueur soixante jours après la date de dépôt du septième instrument de ratification. Les instruments des ratifications et d'adhésion doivent être déposés auprès du gouvernement sénégalais, qui est le gouvernement dépositaire[230], et qui en délivre copie au Secrétariat Permanent. Le gouvernement dépositaire procédera à l'enregistrement du Traité auprès du Secrétariat de l'Union Africaine et auprès de celui de l'ONU, conformément à l'article 102 de la Charte des Nations unies, et délivrera une copie enregistrée au Secrétariat Permanent.

Le 18 septembre 1995, le nombre de ratifications nécessaires à l'entrée en vigueur du Traité fut réuni à la suite du dépôt par le Niger de son instrument de ratification[231] ; à compter de cette date, le Traité OHADA est entré en vigueur conformément à son article 52 al. 2.

En cas d'adhésion d'un nouvel État, le Traité lui sera appliqué soixante jours après le dépôt de son instrument d'adhésion[232].

Le 17 octobre 2008, la Conférence des chefs d'État et de gouvernement de l'OHADA procède à la révision du « Traité de Port-

[228] Yves Guyon, « Conclusion », *op. cit.*
[229] Boris Martor et Sébastien Thouvenot, *op. cit.*
[230] Art. 57 du Traité.
[231] En Rép. du Niger, la loi n° 95-006 du 4 avril 1995 (publiée au JORN du 15 avril 1995, p. 341) autorise le président de la République du Niger à ratifier le Traité portant création de l'OHADA.
[232] V. Boris Martor et Sébastien Thouvenot, « L'uniformisation du droit des affaires en Afrique par l'OHADA », *op. cit.*

Louis » et précise les conditions dans lesquelles le Traité OHADA peut être révisé, à savoir[233] sur demande d'un État partie adressée au Secrétariat Permanent, qui la communique au Conseil des Ministres, qui apprécie la demande et l'étendue de la modification suggérée. La révision, ou l'amendement, est ensuite adoptée à la diligence du Conseil des Ministres dans les mêmes conditions que le Traité. Le Traité révisé ou amendé est rédigé en double exemplaire, dans chacune des langues de travail de l'OHADA et déposé aux archives du gouvernement sénégalais, qui en remet une copie certifiée conforme à chaque État membre.

III- Les États membres de l'OHADA

En vertu de l'article 53 du Traité OHADA, l'adhésion à la nouvelle organisation est ouverte à tout État membre de l'Union Africaine (UA), et à tout État non membre de l'UA invité à y adhérer d'un commun accord des États parties. Les termes de cet article suggèrent que l'adhésion à l'OHADA est ouverte aux États non africains. Cette ouverture est heureuse, car, dans le cadre de la construction des espaces économiques, des États pourront y adhérer même s'ils ne sont pas membres de l'Union Africaine, d'une part, et, d'autre part, même s'ils ne sont pas situés sur le continent africain. Cependant, il est difficilement concevable que des États situés hors du continent africain adhèrent à l'OHADA, aussi doit-on comprendre que l'ouverture concerne les États africains non membres de l'Union Africaine. Le nombre des États membres de l'OHADA va augmenter dans les années à venir, car, après l'adhésion de la RDC, Sâo Tomé et Principe a annoncé son adhésion prochaine, tandis que Madagascar, comme le Ghana, a annoncé son intérêt pour l'OHADA. L'adhésion d'un nouvel État se fera dans les conditions prévues par le Traité et selon la procédure prévue par la Constitution dudit État ; en effet, certaines Constitutions nationales prévoient l'intervention du Parlement national, qui doit autoriser cette adhésion.

Il faut également noter que l'OHADA n'est pas réservée aux États francophones[234] ; déjà deux États, hispanophone et lusophone,

[233] Voir articles 61 et 63 du Traité révisé.

[234] Sur cette ouverture, voir Alhousseini Mouloul, « L'intégration juridique des États de la SADC et les perspectives d'adoption du droit des affaires de l'OHADA pour l'assainissement de l'environnement juridique des affaires », Actes de la « Conférence Internationale sur les questions de l'intégration régionale et le droit de

en font partie, tandis que le Cameroun, État membre de l'OHADA, est un pays bilingue. Certains pays anglophones, notamment le Ghana, ont manifesté leur intérêt pour l'OHADA.

Pour favoriser l'adhésion des États non francophones, la Conférence des chefs d'État et de gouvernement de l'OHADA, réunie à Québec le 17 octobre 2008, a procédé à la révision du Traité et a introduit une disposition selon laquelle « les langues de travail de l'OHADA sont : le français, l'anglais, l'espagnol et le portugais [235] ». Désormais, les documents de l'OHADA seront traduits dans ces différentes langues, mais, en cas de divergence entre les traductions, la version en français fait foi.

L'accroissement du nombre et la diversité des États membres de l'OHADA feront de cette organisation le véritable moteur de l'intégration juridique africaine.

C- Les Institutions de l'OHADA

Les différentes institutions de l'OHADA, issues du Traité révisé à Québec le 17 octobre 2008, sont[236] :
- La Conférence des chefs d'État et de gouvernement ;
- le Conseil des Ministres ;
- le Secrétariat Permanent ;
- la Cour Commune de Justice et d'Arbitrage (CCJA) ;
- et l'École Régionale Supérieure de la Magistrature (ERSUMA).

Le Traité fixe les règles générales qui déterminent l'organisation et le fonctionnement de ces institutions.

A l'occasion de la réunion du Conseil des Ministres de la Justice tenue à N'Djamena (Tchad) le 8 avril 1996, suivie de la réunion conjointe des ministres de la Justice et des ministres des Finances, les sièges des institutions ont été répartis ainsi qu'il suit :
- CCJA : Abidjan (Côte d'Ivoire) ;
- Secrétariat Permanent : Yaoundé (Cameroun) ;
- ERSUMA : Porto Novo (Bénin).

---

la SADC », Université Eduardo Mondlane du Mozambique, Maputo, du 23 au 25 avril 2008. *Adde* Gilles Cistac, « L'intégration régionale dans « tous » ses états : SADC et OHADA », *op. cit.*

[235] Art. 42 du Traité révisé.

[236] Voir Boris Martor et Sébastien Thouvenot, « L'uniformisation du droit des affaires en Afrique par l'OHADA », *op. cit.*

Le 26 septembre 1996, les ministres de la Justice et des Finances, réunis à Paris (France), procèdent à l'attribution des sièges des institutions et à la nomination des responsables et des membres de la CCJA. L'article 49 du Traité révisé donne plus de précisions que l'article 49 originel quant aux privilèges et immunités diplomatiques dont bénéficient les personnels de l'OHADA. En effet, jouissent de l'immunité diplomatique non seulement les juges de la CCJA, mais également « les fonctionnaires et employés de l'OHADA... ainsi que les arbitres nommés ou confirmés par (la Cour) ». Toutefois, les immunités et privilèges peuvent être levés par le Conseil des Ministres, selon les circonstances.

I- La Conférence des chefs d'État et de gouvernement

Le « Traité de Port Louis », dans sa version originelle, n'ayant pas prévu de « Conférence des chefs d'État », le Sommet de Québec du 17 octobre 2008 a remédié à cette absence en prévoyant une Conférence des chefs d'État et de gouvernement comme institution suprême de l'OHADA.

La Conférence « est composée des chefs d'État et de gouvernement des États parties. Elle est présidée par le chef de l'État ou de gouvernement dont le pays assure la présidence du Conseil des Ministres[237] ».

Elle est compétente pour connaître de toutes les questions relatives au Traité et, à l'instar des autres organisations multinationales, elle se réunit à l'initiative de son Président ou à celle des deux tiers des États membres. La Conférence est valablement réunie lorsque les deux tiers des États parties sont représentés, et les décisions sont prises par consensus ou, à défaut, à la majorité absolue des États présents[238].

II- Le Conseil des Ministres

Le « Traité de Port Louis » n'ayant pas prévu de « conférence des chefs d'État », le conseil des ministres se trouve être, à l'origine, l'organe suprême de l'OHADA.

---

[237] Art. 27/1 du Traité révisé.
[238] Art. 27/1 du Traité révisé.

1- Composition du Conseil des Ministres

Il est composé des ministres de la Justice et des ministres des Finances des États membres. Cette composition est originale, car, en règle générale, les Conseils des Ministres des organisations sous-régionales ou régionales sont composés de ministres d'un même département. Trois raisons peuvent expliquer cette composition conjointe :

- D'abord, il s'agit de matières judiciaires et, d'autre part, une raison historique, car l'idée du projet d'harmonisation est une idée des ministres de la Justice qui a été reprise par les ministres des Finances. Cela explique la présence des ministres de la Justice ;
- Ensuite, les domaines relevant du droit des affaires ont surtout une prédominance économique et financière ;
- Enfin et surtout, à notre sens, pour responsabiliser des ministres des Finances quant au devenir de l'OHADA. En effet, nombre d'organisations ont cessé d'exister par manque de crédits, les ministres des Finances étant souvent réticents pour effectuer des inscriptions budgétaires et/ou débloquer des crédits pour des contributions aux organisations sous-régionales ou régionales, alors même qu'il existe d'autres urgences ou priorités. Réticence que l'on comprend aisément quand on sait les difficultés financières auxquelles sont confrontés ces États.

Au-delà de ces considérations, la « mixité » de cette composition peut être révélatrice de la volonté des chefs d'État de faire de cette organisation un instrument d'intégration techniquement performant et bien conduit. En effet, la présence du ministre de la Justice est un gage du respect des normes juridiques pour l'élaboration des Actes, tandis que celle du ministre des Finances est un gage de respect des engagements économiques et financiers pris par les États membres dans le cadre de leur intégration, le tout constituant un ensemble cohérent.

2- Fonctionnement du Conseil des Ministres

1- La présidence du Conseil est assurée, à tour de rôle et par ordre alphabétique, par chaque État membre pour un mandat d'un an. Toutefois, « les États adhérents assurent pour la première fois la présidence du Conseil des Ministres dans l'ordre de leur adhésion, après le tour des pays signataires du Traité[239] ». Lorsqu'un État n'est pas en mesure d'assurer la présidence quand elle lui revient, il est remplacé par celui qui vient immédiatement après lui selon l'ordre alphabétique ; lorsque la cause de l'empêchement aura cessé, ledit État saisit en temps utile le Secrétariat Permanent pour décision à prendre par le Conseil des Ministres relativement à son tour de présidence.

Il s'agit là peut-être d'un débat théorique, car, en règle générale, s'agissant surtout de questions judiciaires, le Conseil est présidé par le ministre de la Justice.

2- Le Conseil des Ministres se réunit au moins une fois par an sur convocation de son Président à son initiative ou à l'initiative d'un tiers des États parties. L'ordre du jour de la réunion est arrêté par le Président du Conseil sur proposition du Secrétaire Permanent de l'OHADA.

3- Lorsqu'il est réuni, le Conseil délibère valablement lorsque les deux tiers des États parties sont représentés. Chaque État dispose d'une voix et les décisions sont valablement adoptées à la majorité absolue des États présents et votants. Toutefois, les décisions relatives à l'adoption des Actes Uniformes sont prises à l'unanimité des États présents et votants.

3- Attributions du Conseil des Ministres

Aux termes de l'article 4 du Traité révisé, « des Règlements pour l'application du présent Traité et des décisions seront pris, chaque fois que de besoin, par le Conseil des Ministres ». Celui-ci est compétent pour :

- Adopter et modifier les Actes Uniformes ;
- Déterminer le domaine du droit des affaires ;
- Arrêter les cotisations annuelles des États parties ;
- Adopter le budget de Secrétariat Permanent et de la CCJA ;
- Approuver les comptes annuels de l'OHADA ;
- Nommer le Secrétaire Permanent et le Directeur Général de l'ERSUMA ;
- Élire les membres de la CCJA ;
- Prendre les règlements nécessaires à l'application du Traité ;

[239] Art. 27/2 al. 4 du Traité révisé.

- Approuver le programme annuel d'harmonisation du droit des affaires.

Finalement, le Conseil des Ministres exerce des fonctions administratives et des fonctions législatives. En effet, il est un organe législatif en tant qu'il approuve le programme annuel d'harmonisation du Droit des Affaires et adopte les Actes Uniformes aux lieux et place des Parlements des États parties.

III- Le Secrétariat Permanent (SP)

Le Secrétariat Permanent est l'organe administratif de l'OHADA. Le gouvernement camerounais et l'OHADA ont signé un Accord de siège, le 30 juillet 1997, en vertu duquel le siège du Secrétariat Permanent est fixé à Yaoundé (Cameroun)[240].

1- Organisation du Secrétariat Permanent

Il est dirigé par un Secrétaire Permanent nommé par le Conseil des Ministres pour un mandat de quatre ans renouvelable une fois. Le Secrétaire Permanent est assisté de trois Directeurs chargés des affaires suivantes :

- Affaires juridiques et relations avec les institutions ;
- Finances et comptabilité ;
- Administration générale et Journal Officiel de l'OHADA.

Les Directeurs sont nommés par le Secrétaire Permanent dans les conditions prévues par l'article 40 Alinéa 2 du Traité.

2- Attributions du Secrétaire Permanent

Le Secrétaire Permanent représente l'OHADA et assiste le Conseil des Ministres ; il a pour principales attributions[241] :

1- L'évaluation des domaines dans lesquels l'uniformisation du droit est nécessaire et propose au Conseil des Ministres, pour approbation, le programme annuel d'harmonisation. A cet effet, le Secrétariat Permanent se réfère à la liste des matières faisant partie du Droit des Affaires. Il convient de rappeler ici que lorsque le Directoire a été mis

---

240 Adresse : B.P. 10071 Yaoundé (Cameroun). Tél. (237) 22 21 09 05 ; Fax. (237) 22 21 67 45 ; www.ohada.org.

241 Pour les attributions du Secrétaire Permanent, voir aussi les arts. 6, 7, 11, 29, 40 et 61 du Traité.

en place par les chefs d'État, il a d'abord procédé au *« listing »* de toutes les matières pouvant être harmonisées[242]. Les matières ainsi retenues font l'objet de l'article 2 du Traité, mais il ne s'agit pas d'une liste figée, car l'article 2 dispose que rentrent également dans le domaine du droit des affaires toutes matières que le Conseil des Ministres décide à l'unanimité d'y inclure, conformément à l'objet du Traité. Ainsi, sur proposition du Secrétariat Permanent, plusieurs autres matières ont été ajoutées par une décision du Conseil des Ministres de l'OHADA en date du 23 mars 2001[243] comme faisant partie du domaine du Traité[244].

Le Directoire a effectué un inventaire exhaustif et comparatif des textes qui existent dans tous les États et a mandaté des experts chargés de « rechercher la formulation juridique commune la plus simple, la plus moderne, la mieux adaptée et donc la plus efficace[245] ».

Le domaine du Droit des Affaires ayant été circoncis, il appartient désormais au Secrétaire Permanent de proposer chaque année un programme d'harmonisation.

2- Le Secrétaire Permanent prépare les projets d'Actes Uniformes : à cet effet, il coordonne le travail des experts et des autorités participant, dans chaque État, à l'élaboration des Actes. Il requiert ensuite l'avis de la CCJA. Après l'adoption des Actes par le Conseil des Ministres, il assure leur publication au Journal Officiel de l'OHADA.

3- Il coordonne les activités des différents organes de l'OHADA et suit les travaux de l'Organisation.

4- Le Secrétaire Permanent propose au Président du Conseil des Ministres l'ordre du jour du Conseil ; organise l'élection des membres de la CCJA ; assure la tutelle de l'ERSUMA, dont il est Président du Conseil d'Administration.

---

[242] Les matières suivantes ont été retenues : le droit des sociétés ; le droit commercial général ; le droit des transports ; le droit de la vente de marchandises ; le droit des procédures collectives ; le droit des sûretés ; le droit du recouvrement des créances ; le droit de l'arbitrage. Le droit du travail a été ajouté à la demande des chefs d'Etat et des opérateurs économiques.

[243] Décision n° 002/2001/CM relative au programme d'harmonisation du Droit des Affaires en Afrique.

[244] Il s'agit : du droit bancaire, du droit de la propriété intellectuelle, du droit des sociétés coopératives et mutualistes, du droit des sociétés civiles, du droit de la concurrence, du droit des contrats et du droit de la preuve ; voir à cet égard : Boris Martor et Sébastien Thouvenot, « L'uniformisation du droit des affaires en Afrique par l'OHADA », *op. cit.*

[245] Martin Kirsch, « Revue Penant », n° 827, *op. cit.*

5- Enfin, le Secrétaire Permanent est compétent pour procéder à la nomination de ses collaborateurs.

IV- La Cour Commune de Justice et d'Arbitrage (CCJA)[246]

1- Outre l'uniformisation des instruments juridiques, deux autres préoccupations animent des chefs d'Etat comme des opérateurs économiques et des praticiens du droit, il s'agit de l'uniformisation de la jurisprudence des affaires, d'une part, et, d'autre part, celle de l'interprétation des Actes Uniformes.

Pour uniformiser la jurisprudence, la solution consiste désormais à soumettre tout différend relatif à l'application des Actes d'abord aux juridictions nationales des premier et second degrés, puis à la censure d'une juridiction supérieure commune à tous les États membres. En outre, pour uniformiser l'interprétation des Actes Uniformes, cette interprétation est désormais confiée à la juridiction commune.

2- Enfin, le souci de vulgarisation de l'utilisation de l'arbitrage pour le règlement des différends commerciaux, associé à la volonté de promouvoir une nouvelle conception de l'arbitrage, qui ne doit plus être perçu comme une défiance au magistrat, amènent le législateur communautaire à faire intervenir la juridiction communautaire dans le processus de la décision arbitrale.

Au regard des fonctions qui seront dévolues à la CCJA, à l'occasion du séminaire d'Abidjan des 19 et 20 avril 1993, les travaux de l'atelier n° III se sont focalisés sur la question de savoir s'il n'est pas plus adéquat de créer deux juridictions distinctes : l'une pour la fonction juridictionnelle et l'autre pour la fonction d'arbitrage. Les participants ont également émis des inquiétudes quant au coût élevé pour les justiciables[247] et ont suggéré de faciliter l'accès à la Cour en organisant des sessions foraines ou encore en déplaçant les juges dans les Cours Suprêmes nationales.

Finalement, face à ces préoccupations, le législateur communautaire a trouvé les réponses adéquates :

---

[246] Voir Joseph Issa-Sayegh, Jacqueline Lohoues-Oble, « OHADA-Harmonisation du droit des affaires », *op. cit.*, numéros 390 à 582, pp. 163-222.

[247] Sur les dépens, voir Art. 43 du Règlement de Procédure de la CCJA.

- Il est plus important de créer une seule juridiction eu égard aux problèmes financiers auxquels sont confrontés les États membres et compte tenu de la rareté du personnel qualifié ;
- La Cour n'interviendrait qu'en lieu et place des Cours Suprêmes ou Cours d'État, d'une part, et, d'autre part, la procédure peut être orale ou écrite. Enfin, l'article 19 du Règlement de Procédure de la CCJA dispose que la Cour peut se réunir sur le territoire d'un État partie autre que l'État du siège.

En considération de ce qui précède, le Conseil des Ministres, réuni à N'Ddjamena (Tchad) le 18 avril 1996, adopte les textes suivants :
- Le Règlement de Procédure de la Cour Commune de Justice et d'Arbitrage (CCJA) ;
- Les statuts de la CCJA ;
- Le Règlement de Procédure d'Arbitrage.

La Cour fut officiellement installée à Abidjan, lieu de situation de son siège[248], et devient rapidement opérationnelle[249]. Appréciant la pertinence de la création de la CCJA, le Pr Gilles Cistac écrit : « L'attractivité du système OHADA procède largement de la confiance en une instance judiciaire supranationale, à l'abri de l'incompétence, de la corruption, des pressions politiques et du trafic d'influence. Ainsi, la création d'une juridiction supranationale contribue à promouvoir la sécurité judiciaire[250] ».

1- Composition de la CCJA

La CCJA est composée de neuf juges[251] ; « toutefois, le Conseil des Ministres peut, compte tenu des nécessités de service et des possibilités financières, fixer un nombre de juges supérieur (....)[252] ».

---

[248] Adresse : (01) B.P. 8702 Abidjan (01) Côte d'Ivoire ; tél. : (225) 20 33 60 51/52 ; fax : (225) 20 33 60 53 ; www.ohada.org.

[249] Abidjan (Côte d'Ivoire), le 22 juillet 1996 : mise en place de la CCJA ; le 4 avril 1997 : installation officielle de la CCJA à Abidjan (Côte d'Ivoire) ; du 4 au 10 avril 1997 : première session de la CCJA. ; approbation de l'Acte Uniforme sur le Droit Commercial Général.

[250] Gilles Cistac, « L'intégration juridique dans « tous » ses états : SADC et OHADA », *op. cit.*

[251] Art. 31 al. 1 du Traité révisé.

[252] Art. 31 al. 2 du Traité révisé.

Les juges sont élus au scrutin secret par le Conseil des Ministres pour un mandat de sept ans non renouvelable. Aux fins d'élection desdits juges, le Secrétaire Permanent invite chaque État à présenter ses candidats à la Cour, au moins quatre mois avant la date des élections. Toutefois, chaque État ne peut présenter que deux candidats au plus.

En outre, ne peuvent être présentées que les personnalités énumérées par l'article 31 du Traité, à savoir [253] :

- Les Magistrats ayant au moins quinze ans d'expérience professionnelle et « réunissant les conditions requises pour l'exercice dans leurs pays respectifs de hautes fonctions judiciaires[254] » ;
- Les Avocats inscrits au Barreau de l'un des l'États parties et ayant au moins quinze ans d'expérience professionnelle ;
- Et les Professeurs de Droit ayant au moins quinze ans d'expérience professionnelle.

Le tiers des juges de la CCJA doit appartenir aux catégories d'Avocats et de Professeurs de Droit.

Une fois élus, les membres de la CCJA jouissent de l'immunité diplomatique ; ils sont inamovibles et ne peuvent exercer aucune fonction politique ou administrative. Toutefois, ils peuvent exercer des activités rémunérées après en avoir été autorisés par la Cour.

En cas de vacance d'un siège, pour décès ou démission d'un magistrat, il est procédé à son remplacement selon la procédure de renouvellement[255].

Enfin, les membres de la Cour sont renouvelés par septième chaque année.

Les membres de la Cour élisent en leur sein un Président et deux Vice-Présidents pour un mandat de trois ans et six mois non renouvelables[256].

Le Président de la Cour nomme le Greffier en Chef de la Cour après avis de celle-ci, parmi des candidats présentés par les États membres et ayant exercé leur fonction pendant au moins quinze ans.

---

[253] Sur les conditions d'éligibilité : voir Etienne NSIE, « La CCJA », Revue Penant, n° 828, septembre-décembre 1998, pp. 308 et suiv.

[254] Art. 31/1 du Traité révisé.

[255] Cette procédure est identique à la procédure de nomination.

[256] Les élections se déroulent conformément aux articles 37 et 38 du Traité et 6, 7 et 8 du Règlement de Procédure.

Le Greffier en Chef assure le Secrétariat de la Cour, et propose au Président les candidats aux autres emplois de la Cour[257].

Enfin, « après avis de la Cour, le Président nomme également le Secrétaire Général chargé d'assister celle-ci dans l'exercice de ses attributions d'administration de l'arbitrage, selon les critères définis par le règlement du Conseil des Ministres[258] ».

Le Greffier en Chef et le Secrétaire Général, selon le cas, peuvent proposer au Président les candidats aux autres emplois de la Cour[259].

2- Compétences de la CCJA

L'article 14 al. 1 du Traité révisé dispose que la CCJA « assure l'interprétation et l'application communes du Traité ainsi que des règlements pris pour son application, des actes uniformes et des décisions ».

L'examen de ses attributions révèle que la CCJA est investie de pouvoirs juridictionnels et consultatifs et intervient dans les procédures d'arbitrage.

a- Les fonctions juridictionnelles[260]

Elles sont à la fois contentieuses et consultatives.

a1- Les fonctions contentieuses de la CCJA

1- La CCJA est juge de cassation pour tout différend relatif au droit uniforme. Les juridictions nationales connaissent, en première instance et en appel, des différends relatifs à l'application des Actes Uniformes.

---

[257] Sur les nominations et les fonctions du Greffier en Chef : voir article 39 du Traité et art. 10 à 18 du Règlement de Procédure.

[258] Art. 39 al. 2 du Traité révisé.

[259] Sur les nominations et les fonctions du Greffier en Chef : voir article 39 du Traité et articles 10 à 18 du Règlement de Procédure.

[260] Il s'agit ici d'un exposé sommaire des principes généraux de cette procédure. Celle-ci est essentiellement décrite par les articles 13 et suivants du Traité et par les articles 23 et suivants du Règlement de Procédure.

La Cour est saisie par voie de recours en cassation des arrêts d'appel des juridictions nationales « à l'exception des décisions appliquant des sanctions pénales[261] ». Elle est saisie « soit directement par une des parties à l'instance soit sur renvoi d'une juridiction nationale[262] ». Cette saisine suspend toute procédure de cassation engagée devant une juridiction nationale à l'exception des procédures d'exécution.

La CCJA peut également être saisie par le gouvernement d'un État partie ou par le Conseil des Ministres de l'OHADA.

S'agissant des modalités de la saisine de la CCJA, un auteur écrivait : « C'est par le mécanisme de la question préjudicielle que les juridictions nationales devraient interroger la Cour[263] ».

L'obligation faite aux parties de se pourvoir en cassation devant la CCJA, et non devant une juridiction nationale, quand il s'agit des questions impliquant l'application des Actes Uniformes, entraîne un abandon partiel de souveraineté par les États parties au profit de l'OHADA ; cette obligation entraîne aussi une conséquence heureuse, à savoir l'uniformisation de la jurisprudence. A cet égard, TG de Lafond écrivait : « Un droit uniforme appelle une jurisprudence uniforme[264] ».

La CCJA assure également l'harmonisation de l'interprétation des Actes Uniformes, comme signalé ci-dessous, en matière consultative.

2- La procédure devant la CCJA est contradictoire et essentiellement écrite ; les audiences sont publiques et le ministère d'un Avocat est obligatoire. Lorsque la Cour est saisie, « le Président désigne un juge rapporteur chargé de suivre l'instruction de l'affaire et de faire rapport à la Cour [265] ».

Pour le règlement du différend, il peut être procédé soit suivant une procédure écrite, soit suivant une procédure orale[266].

Lorsqu'elle prononce la cassation, la Cour évoque l'affaire et statue sur le fond sans renvoi à une juridiction nationale du fond ; dès lors, elle constitue un degré de juridiction : s'agit-il alors d'un

---

261 Art. 14 al. 3 du Traité

262 Art. 15 du Traité

263 Tristan Gervais de Lafond, « Le Traité relatif à l'harmonisation du droit des affaires en Afrique », GP des 20 et 21 septembre 1995, p. 2.

264 *Ibidem*. En ce sens, voir aussi Gaston Kenfack Douajni, *op. cit.*

265 Art. 26 du Règlement de Procédure de la CCJA.

266 Sur ces deux procédures : voir article 27 et suivants du Règlement de Procédure.

troisième degré de juridiction[267] ? On est tenté de répondre par l'affirmative. Ce droit d'évocation permet un gain de temps aux parties, qui n'auront plus besoin de retourner devant une Cour d'Appel pour rejuger l'affaire.

3- Les Arrêts de la CCJA jouissent de l'autorité de la chose jugée et de la force obligatoire à dater de leur prononcé. Ils sont susceptibles d'exécution forcée sur le territoire de chaque État partie selon les règles de procédure civile applicables dans l'État concerné. Ainsi, les arrêts de la CCJA sont assimilés aux décisions des juridictions nationales avec toutes les conséquences liées à cette assimilation.

Dans chaque État partie, la formule exécutoire est apposée sur les Arrêts de la CCJA, après contrôle de l'authenticité du titre, par une autorité désignée par le gouvernement de l'État concerné[268].

4- Toutefois, des voies de recours extraordinaires peuvent être exercées contre les Arrêts de la CCJA ; il s'agit de la tierce-opposition, de la demande d'interprétation du dispositif de l'arrêt ou encore de la demande en révision d'un Arrêt[269].

Dans l'exercice de ses activités juridictionnelles et consultatives, la CCJA a rendu, à fin juin 2003, 40 décisions judiciaires et 14 avis consultatifs[270].

a2- Les fonctions consultatives de la CCJA

En vertu de l'article 14 al. 2 du Traité, la CCJA est compétente pour :
- Donner un avis sur les projets d'Actes Uniformes avant leur présentation au Conseil des Ministres ;
- Interpréter et veiller à l'application des Actes Uniformes dans les États parties ;
- Interpréter le Traité, les Règlements pris pour son application, et les Actes Uniformes ;
- Rendre des avis consultatifs à la demande des États, du Conseil des Ministres ou des juridictions nationales.

---

[267] En ce sens, voir G. Kenfack Douajni, *op. cit.* ; voir aussi Etienne NSIE, *op. cit.*
[268] Voir Philippe Tiger, *op. cit.*, p. 40.
[269] Sur ces procédures, voir article 47 et suivants du Règlement de Procédure.
[270] Voir Allocution de Madame le Garde des Sceaux du Gabon à la réunion des bailleurs de fonds, Libreville, le 27 juin 2003.

L'article 53 et les suivants du Règlement de Procédure déterminent les modalités d'exercice de ce rôle. En vertu de ces dispositions :

1- La Cour peut être consultée par tout État partie ou par le Conseil des Ministres sur les questions relatives à l'interprétation et à l'application du Traité, des Règlements pris pour son application et des Actes Uniformes.

La demande d'avis est formulée sous forme de requête écrite adressée à la CCJA, accompagnée, le cas échéant, de tout document pouvant aider à clarifier le problème à régler ; ce dernier doit faire l'objet d'une présentation précise. Le Greffier en Chef notifie cette demande aux États membres et requiert leurs observations dans les délais fixés par le Président de la Cour. La réponse de chaque État est communiquée aux États ayant répondu ainsi qu'au demandeur, et mise en discussion entre le demandeur et les auteurs des observations pendant un délai fixé par le Président. Au terme de ce délai, le Président décide s'il y a lieu à audience.

2- Elle peut également être consultée par les juridictions nationales saisies d'un contentieux relatif à l'application du droit harmonisé.

La demande est transmise, par la juridiction concernée, à la CCJA, avec précision de la question sur laquelle l'avis de la Cour est sollicité. Il doit être joint à cette demande tout document pouvant servir à élucider la question. Le Greffier en Chef notifie la demande aux parties en litige et aux États membres et requiert leurs observations ; ensuite, il est procédé comme dans le cas de demande d'avis émanant d'un État ou du Conseil des Ministres.

3- Lorsque la Cour rend son avis, celui-ci contient les mentions ci-après :

- « l'indication qu'il est rendu par la Cour ;
- la date du prononcé ;
- les noms des juges qui y ont pris part, ainsi que celui du Greffier ;
- les motifs ;
- la réponse à la question posée à la Cour[271] ».

Cette procédure permet une uniformisation de l'interprétation du droit harmonisé. Elle présente l'avantage d'impliquer non seulement les parties demanderesses, mais aussi les États. Ainsi, l'interprétation donnée, *in fine*, est le produit d'un consensus résultant

[271] Article 58 du Règlement de Procédure de la CCJA.

des avis donnés par tous les intervenants ; dès lors, son acceptation, par tous, ne posera pas de difficultés majeures.

b- Le rôle de la CCJA dans une procédure d'arbitrage[272]

Dans le Préambule du « Traité de Port Louis », on peut lire que les États signataires sont « désireux de promouvoir l'arbitrage comme instrument de règlement des différends contractuels ». Pour ce faire, le Conseil des Ministres de l'OHADA, réuni à Ouagadougou (Burkina Faso) le 11 mars 1999, adopte l'Acte Uniforme relatif au Droit de l'Arbitrage (AU/DA) et le Règlement d'Arbitrage (RA) de la CCJA.

Bien que certains pays africains francophones[273] disposent de centres d'arbitrage, cette procédure n'est pas vulgarisée sur le continent. La CCJA n'ayant pas le monopole de l'arbitrage, il faudra distinguer selon qu'il s'agit d'une procédure d'arbitrage institutionnel ou d'une procédure d'arbitrage *ad hoc* ; il revient aux parties, au moment de la rédaction de la convention d'arbitrage, de choisir l'une ou l'autre procédure[274].

b1- Dans une procédure d'arbitrage institutionnel

Il s'agit, ici, de l'arbitrage organisé par la CCJA, qui joue, pour la circonstance, le rôle d'un centre d'arbitrage[275]. La CCJA

---

[272] Sur les procédures devant la CCJA : voir Etienne NSIE, *op. cit., Adde* Jacqueline Lohoues-Oble, « L'apparition d'un droit international des affaires en Afrique », RIDC-3, 1999, pp. 543 et suiv. ; Philippe Fouchard, « Le système d'arbitrage de l'OHADA : le démarrage », « Petites Affiches », n° 205 du 13 octobre 2004, pp. 52-58 ; Nanette Pilkington et Sébastien Thouvenot, « Les innovations de l'OHADA en matière d'arbitrage », « La Semaine Juridique », n° 44, du 28 octobre 2004, Supplément n° 5, pp. 28-35.

[273] Notamment : le Togo, la Côte d'Ivoire, le Sénégal, le Cameroun. Voir Alhousseini Mouloul, « L'Arbitrage dans l'espace OHADA », doc. Conférence Internationale sur le Droit des Affaires de l'OHADA, Hanoï (Vietnam), le 28 janvier 2010.

[274] Sur la comparaison des deux systèmes, voir Nanette Pilkington et Sébastien Thouvenot, « Les innovations de l'OHADA en matière d'arbitrage », *op. cit.*

[275] Voir Alhousseini Mouloul, « L'arbitrage dans l'espace OHADA », Conférence Internationale sur le Droit des Affaires de l'OHADA, le 28 janvier 2010, doc. Maison du Droit Vietnamo-Française.

« accompagne », contrôle la procédure qui se déroule devant l'instance arbitrale ; elle administre la procédure d'arbitrage conformément au Traité et au Règlement d'Arbitrage (RA).

1- Lorsqu'une partie (personne physique ou morale, de droit public ou de droit privé) à un contrat est domiciliée dans un État membre de l'OHADA, ou y réside habituellement, ou lorsque le contrat en cause doit être exécuté, en totalité ou en partie, sur le territoire d'un État partie, les contractants peuvent décider, par une clause compromissoire ou un compromis d'arbitrage, de soumettre tout litige qui naîtrait de l'exécution dudit contrat à la procédure d'arbitrage, cela même si une instance est engagée devant une autre juridiction[276].

2- La CCJA n'aura pas pour mission de régler le différend, mais elle suit le déroulement de l'instance, elle nomme ou confirme le ou les arbitres qui formeront le tribunal arbitral. Au terme de la procédure, elle apprécie le projet de sentence arbitrale.

3- Deux aspects nous semblent essentiels en ce qui concerne le rôle administratif ainsi dévolu à la Cour : la nomination ou la confirmation des arbitres[277], et l'appréciation de la sentence arbitrale.

- En effet, en vue de donner une solution au différend, les parties peuvent désigner un arbitre unique ou trois arbitres qui seront confirmés par la CCJA. Celle-ci intervient aussi dans la nomination des arbitres lorsque :

- Les parties sont convenues de désigner un arbitre unique et, à défaut d'entente entre elles sur la personne de l'arbitre, dans un délai de trente jours à dater du jour de la notification de la demande d'arbitrage à l'autre partie, l'arbitre est nommé par la CCJA.

- Les parties sont convenues que le litige sera tranché par trois arbitres : chaque partie en désigne un, et le troisième, qui assurera la présidence du tribunal arbitral, est nommé par la Cour, à moins que les parties n'aient convenu qu'il sera désigné par les deux autres. Dans ce dernier cas, la Cour confirme cette nomination. Toutefois, à défaut d'entente entre les deux arbitres sur la personne du troisième, et à l'expiration d'un délai qui leur est imparti soit par les parties, soit par la Cour, le troisième arbitre est nommé par la CCJA.

---

[276] Sur la procédure d'arbitrage : voir l'Acte Uniforme sur le droit de l'arbitrage (AU/DA) et le Règlement d'Arbitrage de la CCJA ; *Adde* Jacqueline Lohoues-Oble, *op. cit.* ; Philippe Leboulanger, « L'arbitrage et l'harmonisation du droit des affaires en Afrique », « Revue de l'Arbitrage », 1999, n° 3, p. 541 ; Etienne Nsie, *op. cit.*

[277] *Cf.* Article 2-2 et article 3 du Règlement d'Arbitrage de la CCJA.

- Les parties n'ont pas fixé le nombre des arbitres d'un commun accord : la Cour nomme un arbitre unique, sauf si l'importance de l'affaire semble justifier la nomination de trois arbitres. Dans ce dernier cas, un délai de quinze jours est accordé aux parties pour procéder à leur nomination.
- Les parties doivent présenter à la Cour des propositions conjointes pour la désignation d'un arbitre et, lorsqu'elles ne s'accordent pas dans les délais impartis, la CCJA peut nommer la totalité du tribunal arbitral.
- Enfin, la CCJA statue sur les récusations d'arbitres[278].
4- Le ou les arbitres ne peuvent signer une sentence arbitrale qu'après avoir recueilli l'avis de la CCJA, à laquelle le projet doit être présenté. Toutefois, ne sont soumis à l'examen de la Cour, avant leur signature, que « les projets de sentences sur la compétence, de sentences partielles qui mettent un terme à certaines prétentions des parties, et de sentences définitives…[279]» ; les autres projets ne sont transmis à la Cour que pour information.

Outre qu'elle peut proposer « des modifications de pure forme », la Cour donne à l'arbitre « les indications nécessaires à la liquidation des frais d'arbitrage[280] », et notamment fixe le montant des honoraires de l'arbitre[281].
5- Les sentences arbitrales bénéficient de l'autorité de la chose jugée et sont susceptibles d'exécution forcée sur le territoire de chaque État partie, en vertu d'une décision d'exequatur donnée par la CCJA[282].

L'exequatur ne peut être refusée que dans quatre cas :
- Lorsque l'arbitre a statué sans convention d'arbitrage ou sur la base d'une convention nulle ;
- Lorsqu'il a statué sans se conformer à la mission qui lui a été confiée ;
- Lorsque le principe de la procédure contradictoire n'a pas été respecté ;

[278] Sur cette procédure, voir l'article 4 du Règlement d'arbitrage de la CCJA.
[279] Article 23-1 du Règlement d'arbitrage de la CCJA.
[280] Sur les frais d'arbitrage, voir art. 24 du Règlement d'arbitrage.
[281] Article 23-2 du Règlement d'arbitrage.
[282] Voir articles 24 et 25 du Traité ; voir aussi articles 29, 30 et 31 du Règlement d'arbitrage. L'exécution est accordée par ordonnance du Président de la CCJA ou du juge qu'il délègue à cet effet ; cette ordonnance est susceptible d'opposition dans un délai de 15 jours à dater de son prononcé.

- Enfin, lorsque la sentence arbitrale est contraire à l'ordre public international des États parties.

Dans ces quatre cas, l'opposition à exequatur est ouverte. Ainsi l'exequatur n'est pas accordée lorsque la CCJA est saisie d'une requête en contestation de validité de la sentence arbitrale.
6- Il résulte des termes de l'article 25 al. 1 du Traité que les sentences arbitrales bénéficient d'une reconnaissance de plein droit dans les États parties, d'une part, et, d'autre part, ayant l'autorité définitive de chose jugée, elles ne peuvent faire l'objet ni d'opposition ni d'appel, et l'Acte Uniforme exclut le pourvoi en cassation.

Toutefois, les sentences arbitrales sont susceptibles :
- D'un recours en annulation dans les cas prévus par l'article 26 de l'AU/DA, porté devant le juge compétent de l'État dans lequel la sentence a été rendue ; l'arrêt rendu par cette dernière juridiction, qui est souvent une Cour d'Appel, est passible d'un pourvoi en cassation devant la CCJA ;
- D'un recours en révision devant le tribunal arbitral ;
- Et d'une tierce opposition devant le tribunal arbitral.

b2- Dans le cadre d'un Arbitrage *ad hoc*

Cette procédure d'arbitrage est régie, quant à elle, par l'Acte Uniforme relatif au Droit de l'Arbitrage (AU/DA) ; toutefois, quand elles peuvent déroger aux dispositions dudit Acte, il est loisible aux parties de déterminer la procédure[283] et la loi applicable au fond. Dans ce type d'arbitrage, l'autonomie de la volonté est prédominante[284].

V- L'École Régionale Supérieure de la Magistrature (ERSUMA)

Pour remédier au faible niveau de spécialisation des magistrats, ainsi qu'à l'absence de système de formation continue et à l'insuffisance de formation juridique, entre autres motivations, les États membres de l'OHADA ont décidé de créer une école pour la formation et le perfectionnement des magistrats et auxiliaires de

[283] Voir Joseph Issa-Sayegh, Jacqueline Lohoues-Oble, « OHADA-Harmonisation du droit des affaires », *op. cit.*, n° 492, pp. 198 et 199.
[284] Voir Alhousseini Mouloul, « L'Arbitrage dans l'espace OHADA », *op. cit.*

justice. C'est pour répondre à ce souci que l'ERSUMA a été créée le 17 octobre 1993 et son siège est fixé à Porto-Novo (Bénin)[285].

L'article 41 al. 1er du Traité révisé dispose : « il est institué un établissement de formation, de perfectionnement et de recherche en droit des affaires dénommé Ecole Régionale Supérieure de la Magistrature (ERSUMA) ».

Le statut régissant l'ERSUMA a été adopté à Bamako (Mali) par le Conseil des Ministres réuni les 2 et 3 octobre 1995. Le statut détermine son organisation, son fonctionnement, ses ressources et les prestations qu'elle offre.

Les organes de l'ERSUMA sont : le Conseil des Ministres, le Conseil d'Administration et le Conseil d'établissement et la Direction (Direction Générale, Direction des Études et des Stages, Direction des Affaires Administratives et Financières)[286].

Justifiant la création de l'école communautaire, le Directeur Général de l'ERSUMA déclarait à l'occasion du séminaire de sensibilisation au droit harmonisé tenu à Niamey (Niger) les 9 et 10 juin 1998 : « On ne peut pas réussir l'harmonisation du droit des affaires si l'on ne forme pas des hommes capables de connaître ce droit, de le faire connaître, de le comprendre, et de l'appliquer de manière efficace et uniforme dans l'ensemble de l'espace communautaire OHADA[287] ».

Outre cette mission de formation/perfectionnement, l'ERSUMA est aussi un centre de documentation en matière juridique et judiciaire ; elle est chargée :

- De la promotion et du développement de la recherche en droit africain ;
- D'œuvrer à l'harmonisation du droit et de la jurisprudence en relation avec la juridiction communautaire et les juridictions nationales ;
- Et d'assurer toute mission qui lui serait confiée par le Conseil des Ministres ou son Conseil d'Administration.

---

[285] Adresse : 02 B.P. 353 Porto-Novo (Bénin). Tél : (229) 20 24 58 04 ; fax : (229) 20 24 82 82 ; www.ohada.org / www.ersuma.bj.refer.org.

[286] Sur ces organes, voir Joseph Issa-Sayegh, Jacqueline Lohoues-Oble, « OHADA-Harmonisation du droit des affaires », *op. cit.*, n° 374 à 389, pp. 159-163.

[287] *In* Actes du séminaire, p. 32.

VI- Le financement de l'OHADA

La rapidité avec laquelle le processus de création de l'OHADA et l'élaboration du droit harmonisé ont été menés témoigne de la volonté des États parties de mener à bien cette entreprise. Compte tenu des espoirs placés en elle, tant par les gouvernements que par les opérateurs économiques pour occuper une position confortable dans les circuits du commerce international, cette entreprise ne doit pas subir le même sort que plusieurs autres initiatives qui ont fini par s'évanouir par manque de moyens de fonctionnement, notamment les moyens financiers. A cet égard, l'article 43 du Traité énumère les ressources de l'OHADA ; mais cette énumération est semblable à celle des ressources des autres organisations sous-régionales ou régionales. Ces sources de financement ont donné la preuve de leur faible fiabilité.

C'est pour faire face à cette délicate question que le Conseil des Ministres a approuvé un mode original de financement de l'OHADA en recourant à la création d'un Fonds de Capitalisation d'un montant de douze milliards de FCFA. Le projet OHADA étant conçu pour douze ans, ces fonds sont destinés à couvrir les dépenses de fonctionnement des institutions de l'OHADA pendant une dizaine d'années. Le Fonds de Capitalisation est provisionné comme suit : chaque État membre contribue au capital pour un montant de trois cent soixante-quinze millions de francs CFA, soit un total de six milliards. Les autres six milliards de francs CFA ont été financés par les partenaires extérieurs.

La réunion du Conseil des Ministres (CM) de l'OHADA, tenue à Dakar (Sénégal) le 5 février 1997, décide de confier la gestion des ressources financières de l'OHADA au PNUD.

A l'occasion du séminaire de Niamey (Niger) des 9 et 10 juin 1998, le Directeur Général de l'ERSUMA donnait quelques précisions quant aux besoins de financement des institutions de l'OHADA en déclarant : « ...le montant total des besoins de financement de l'ERSUMA pour la durée du projet (douze ans) est de trois milliards de FCFA pour le fonctionnement (contre 7,7 milliards pour la CCJA et 2,1 milliards pour le Secrétariat Permanent de l'OHADA). Il est de onze milliards de FCFA pour le programme d'activités (contre un milliard pour la CCJA et un milliard pour le Secrétariat

Permanent)[288] ». Pour faire face aux besoins de financement de la nouvelle organisation, une Table Ronde des Bailleurs de Fonds a été organisée à Genève les 29 et 30 avril 1997 sous l'égide du PNUD.

Elle a enregistré plusieurs annonces de contributions :

- France : quatre milliards de FCFA dont deux milliards versés le 17 janvier 1998 ;
- Japon : 500 000 $ US ;
- Belgique : 1 000 000 $ US
- Union Européenne : un milliard de FCFA pour le financement d'activités spécifiques des institutions de l'OHADA ;
- PNUD : 1 000 000 $ US pour l'assistance technique aux institutions de l'OHADA.

Soit un montant total d'environ 6,5 milliards de FCFA[289].

Les fonds ainsi réunis ont servi au lancement des activités de la nouvelle organisation ; mais ils sont arrivés à épuisement en 2004. Aussi, pour ne pas pénaliser lesdites activités et pour assurer à l'organisation des ressources sûres et régulières, un Conseil Extraordinaire des ministres des Finances et de la Justice de l'OHADA a été réuni à Libreville (Gabon) les 17 et 18 octobre 2003, à l'occasion du 10e anniversaire du Traité OHADA ; le Conseil a décidé d'instituer une taxe constituée par un prélèvement direct au cordon douanier de chaque État membre, taxe dite « Prélèvement OHADA », dont le montant est fixé à 0,05 % du montant des importations de produits originaires de pays tiers mis à la consommation dans les États membres. Les chefs d'Etat et de gouvernement de l'OHADA, réunis à Québec le 17 octobre 2008, ont adopté la déclaration dont la teneur suit : « Les ministres chargés des finances des États membres de l'OHADA ont mandat de prendre toutes les dispositions utiles pour l'application effective du mécanisme de financement autonome de l'OHADA découlant du Règlement n° 002/2003/CM du 18 octobre 2003 relatif au mécanisme de financement autonome de l'OHADA et ce, à compter du 1er janvier 2009 ».

Ce nouveau mécanisme de financement permet de doter l'OHADA de ressources plus sûres que celles qui dépendent des cotisations des États parties.

---

[288] Voir Actes du séminaire, p. 28.

[289] Au taux de 1$ US = 600 F CFA.

D- Œuvre d'intégration juridique

Avant d'examiner l'œuvre d'intégration juridique effectuée dans le cadre de l'OHADA, il convient d'analyser la technique choisie pour réaliser l'harmonisation juridique, ensuite la procédure suivie pour la préparation et l'adoption des instruments juridiques. Nous analyserons, enfin, la place de ces instruments dans la hiérarchie des normes dans l'espace OHADA.

I- Le choix de la technique d'intégration juridique

Les expériences d'intégration juridique ont souvent varié entre deux techniques principales : l'harmonisation et l'uniformisation.

a- L'option pour l'uniformisation

Pour la préparation des instruments juridiques de la nouvelle organisation, il a fallu choisir entre l'uniformisation et l'harmonisation. A l'occasion du séminaire d'Abidjan, Me Kéba M'Baye explique, dans son exposé introductif, le choix du Directoire : « … une convention unifiante peut être applicable sans entraîner l'obligation d'abroger le droit national dès lors que celui-ci ne lui est pas contraire », et « les lois uniformes contiennent des règles substantielles qui doivent être introduites dans chaque État pour y être applicables. C'est la technique qui semble rencontrer la faveur des autorités politiques de nos pays… les lois uniformes doivent devenir lois nationales et être aussi complètes que possible afin de ne pas donner lieu à interprétations divergentes [290] ».

Analysant le modèle d'intégration choisi, Gaston Kenfack Douajni écrivait que le Traité de l'OHADA « vise à doter les États parties d'un droit uniforme dans chacune des disciplines[291] » énumérées par l'article 2 dudit Traité. Cette appréciation est également celle de Georges Taty, qui écrivait que « les auteurs du

---

[290] *In* Synthèse des travaux du séminaire d'Abidjan, p. 20.

[291] G. Kenfack Douajni, « L'abandon de souveraineté dans le Traité OHADA », Revue Penant, n° 830, mai-août 1999, p. 125 et suiv. *Adde* Henri-Désiré Modi Koko Bebey, « L'harmonisation du droit des affaires en Afrique : regard sous l'angle de la théorie générale du droit », *op. cit.*, pp. 13-15.

Traité… mettaient le cap vers un droit unifié [292] ». Nonobstant la qualification donnée par ces éminents jurisconsultes, l'article 1er du Traité dispose que le « Traité a pour objet l'harmonisation du droit des affaires des États parties »…, d'une part, et, d'autre part, l'organisation elle-même s'appelle « Organisation pour l'Harmonisation en Afrique du Droit des Affaires ». Enfin, Me Kéba M'Baye, responsable de la Mission d'Expert, puis du Directoire, écrivait : « Finalement, l'option retenue a été l'harmonisation, bien que l'analyse du système actuellement en vigueur au sein de l'OHADA, c'est-à-dire l'adoption par le Conseil des ministres de la Justice et des ministres des Finances d'actes uniformes qui sont immédiatement applicables sur le territoire de chaque État partie, soit véritablement une œuvre d'unification[293] ».

A l'examen du contenu des Actes Uniformes déjà adoptés et au regard de leur applicabilité directe, on est fondé à conclure qu'il s'agit plutôt d'une uniformisation, d'où leur appellation « Actes Uniformes ». Cette unification est réalisée au moyen desdits Actes et par l'institution d'une Cour Commune qui veille à l'application du droit unifié dans tous les États membres.

L'unification présente l'avantage de faciliter « la réalisation d'opérations transfrontalières complexes[294] ». En effet, « il est évident que, pour une entreprise qui exerce ses activités dans plusieurs pays, l'unité de règles applicables facilite considérablement ses opérations, qu'il s'agisse de son organisation juridique, de son fonctionnement ou de ses échanges commerciaux et financiers[295] ».

Avec l'unification du droit des affaires, l'OHADA devient un catalyseur de l'intégration économique et instaure un État de droit économique propice à la reprise des investissements qui se sont considérablement ralentis durant la décennie 1980-1990.

---

[292] Georges Taty, « Brèves réflexions à propos de l'entrée en vigueur d'une réglementation commune du droit des affaires des États membres de la zone franc », « Penant », n° 830, mai-août 1999, p. 227 et suiv. *Adde* Yves Guyon, « Conclusion », « Petites Affiches », n° 205, du 13 octobre 2004, pp. 59-63 ; Jean Paillusseau, « Le droit de l'OHADA : un droit très important et original », « La Semaine Juridique », n° 44, du 28 octobre 2004, Supplément n° 5, pp. 1-5.

[293] *In* « L'histoire et les objectifs de l'OHADA », *op. cit.*

[294] Yves Guyon, « Conclusion », *op. cit.*

[295] Jean Paillusseau, « Le droit de l'OHADA… », *op. cit.*

Finalement, comme le disait Me Kéba M'Baye, l'OHADA est « un outil juridique imaginé et réalisé par l'Afrique pour servir l'intégration économique et la croissance[296] ».

b- La préparation et l'adoption des Actes Uniformes[297]

1. Les Actes Uniformes sont destinés à instaurer une législation commune aux États membres pour régir les matières identifiées comme faisant partie du « droit des affaires ». Chaque État partie intervient dans le processus d'élaboration de cette législation uniforme. En effet, le Secrétariat Permanent prépare les projets d'Actes Uniformes qu'il propose aux gouvernements des États parties ; ceux-ci disposent d'un délai de quatre-vingt-dix jours pour transmettre leurs observations au Secrétariat Permanent. Aux termes de l'article 7 al. 2 du Traité révisé, ce délai « peut être prorogé d'une durée équivalente en fonction des circonstances et de la nature du texte à adopter, à la diligence du Secrétariat Permanent ». A l'expiration du délai imparti, le Secrétaire Permanent établit un rapport auquel il joint les observations susvisées et le projet d'Acte Uniforme ; l'ensemble est transmis à la CCJA pour avis. Celle-ci dispose d'un délai de soixante jours pour émettre son avis. Au terme de ce délai, le Secrétaire Permanent prépare le texte définitif du projet d'Acte Uniforme qu'il propose à l'ordre du jour de la prochaine session du Conseil des Ministres.

Dans ce processus, une procédure non prévue par le Traité est souvent utilisée : en novembre 1992, les ministres de la Justice réunis à Dakar (Sénégal) ont décidé de créer dans chaque État membre une Commission Nationale[298] composée de cinq membres et chargée, au

---

[296] Me Kéba M'Baye, « L'histoire et les objectifs de l'OHADA », *op. cit.*

[297] Sur cette procédure, voir Joseph Issa-Sayegh, Jacqueline Lohoues-Oble, « OHADA-Harmonisation du droit des affaires », *op. cit*, numéros 279 à 288, pp. 123-126.

[298] Au Niger, l'arrêté n°15/MJ du 1er avril 1993 porte création et composition d'une commission nationale *ad hoc* chargée de l'harmonisation du droit des affaires dans la Zone Franc. Aux termes de l'article 2 de cet arrêté, la commission est présidée par le vice-président de la Cour d'Appel et comprend 5 autres membres. Cet article fut modifié par un autre arrêté (n° 21/MJ/GS/SG) du 11 juin 1993, qui lui-même a été modifié par l'arrêté n° 27/MJ//GS du 2 août 1995. Aux termes de l'article 2 de ce nouvel arrêté, la commission *ad hoc* est présidée par le secrétaire général du

niveau national, de contribuer à l'étude des Actes Uniformes. Ces commissions tiennent leur premier séminaire à Ouagadougou (Burkina Faso) les 14 et 15 mars 1994. Ce séminaire consacre l'adoption d'une méthode de travail commune. Pour l'élaboration des Actes Uniformes, chaque gouvernement fait examiner le projet d'Acte par « sa » Commission Nationale, qui fait des observations ou propose des amendements qui seront transmis au Secrétariat Permanent. Après réception des observations des Commissions Nationales, le Secrétariat Permanent organise une session desdites Commissions[299] avant que le projet ne soit transmis à la CCJA pour avis.

Au regard de la procédure[300] qui vient d'être décrite, tous les États participent à l'élaboration des Actes Uniformes et il est tenu compte des spécificités de chaque État membre à travers la prise en compte des observations émises.

Finalement, bien que cela ne soit pas explicite dans le Traité, trois organes interviennent dans la préparation des Actes Uniformes : le Secrétariat Permanent, les Commissions Nationales et la CCJA, avant qu'ils ne soient adoptés par le Conseil des Ministres de l'OHADA.

Cette procédure enlève aux Parlements nationaux et aux organes de l'exécutif leur pouvoir législatif et réglementaire, car les Actes Uniformes déterminent non seulement les principes généraux, mais aussi leurs modalités d'application[301]. Dorénavant, le pouvoir législatif est exercé, dans l'espace OHADA, pour toutes les matières concernées par l'harmonisation par le Conseil des Ministres de cette Organisation.

2. Pour l'adoption d'un Acte Uniforme, les deux tiers au moins des États membres doivent être présents ou représentés, et l'Acte est valablement adopté à l'unanimité des États présents et votants. Il

---

ministère de la Justice et comprend huit membres, dont un vice-président représentant le ministère des Finances et du Plan.

[299] Bamako (Mali) les 11 et 17 octobre 1995 : Session des Commissions Nationales pour l'adoption du projet d'Acte Uniforme sur les Sociétés Commerciales et le Groupement d'Intérêt Economique (AU/DSC/GIE). Dakar (Sénégal) les 11 et 16 décembre 1995 : Session des Commissions Nationales pour l'examen des avants-projets d'Actes Uniformes sur les Sûretés, les Voies d'Exécution, le Droit Comptable : adoption de ces textes.

[300] Sur l'élaboration des Actes Uniformes, voir Jacqueline Lohoues-Oble, « L'apparition d'un droit international des affaires en Afrique », RIDC-3 - 1999, pp. 542 et suiv.

[301] En ce sens, voir G. Kenfack Douajni, *op. cit.*

résulte de cette disposition que, d'une part, l'abstention d'un État ne fait pas obstacle à l'adoption d'un Acte, car seul le vote négatif y fait obstacle, et, d'autre part, chaque État dispose d'une prérogative analogue à un droit de veto pour s'opposer à cette adoption par un vote négatif.
3. Une fois adopté, l'Acte est publié par le Secrétariat Permanent au Journal Officiel de l'OHADA dans les soixante jours de cette adoption. Les Actes Uniformes sont applicables dans les États parties, sauf disposition particulière qui pourrait être prévue dans le texte de l'Acte, quatre-vingt-dix jours à dater de la publication sus-visée. L'Acte Uniforme doit aussi être publié dans le Journal Officiel de chaque État membre ; cette publicité peut être réalisée « par tout autre moyen approprié[302] », d'une part, et, d'autre part, elle n'a aucune incidence sur l'entrée en vigueur de l'Acte.
4. Les Actes Uniformes peuvent être modifiés à la demande d'un État membre ou du Secrétariat Permanent, selon la procédure prévue aux articles 6 et 9 nouveaux du Traité.

Dans le cadre de la mise en œuvre de la mission qui lui a été assignée, le Conseil des Ministres de l'OHADA a adopté, à ce jour, neuf Actes Uniformes et plusieurs textes permettant leur mise en œuvre[303] :

---

[302] Article 9 du Traité.

[303] Cotonou (Bénin), le 17 avril 1997 : réunion du Conseil des Ministres de l'OHADA : adoption des projets d'AU (AU/DSC/GIE, AU/DCG, AU/DS) et du Règlement de Procédure de la CCJA. Le 1er octobre 1997 : publication au JO de l'OHADA des AU suivants : AU/DCG, AU/DSC/GIE, AU/DS ; le 1er janvier 1998 : entrée en vigueur des AU ci-dessus.

Lomé (Togo), le 30 janvier 1998 : réunion du Conseil des Ministres de l'OHADA : adoption des textes datés du 30 janvier 1998 ci-après :

- le Règlement Financier des institutions de l'OHADA ;
- le Règlement portant statut des fonctionnaires de l'OHADA ;
- Règlement portant réforme applicable au personnel non permanent de l'OHADA.

Libreville (Gabon), le 10 avril 1998 : réunion du Conseil des Ministres de l'OHADA, qui prend plusieurs décisions : adoption de deux AU (l'AU/PCAP et l'AU/PSR/VE) ; création d'un Comité de Concertation et de Suivi (CCS). ; fixation du siège de l'ERSUMA à Porto-Novo (Bénin). Le 10 juillet 1998 : entrée en vigueur de l'AU/PSR/VE et, le 1er janvier 1999 : entrée en vigueur de l'AU/PCAP.

Ouagadougou (Burkina Faso), les 11 et 12 mars 1999 : réunion du Conseil des Ministres de l'OHADA : adoption de l'AU sur le Droit de l'Arbitrage (AU/DA) et des décisions sur les frais d'arbitrage (décision n° 004/99/CM du 12 mars 1999). Le 11 juin 1999 : entrée en vigueur de l'AU/DA Yaoundé (Cameroun), le 24 mars 2000, adoption de l'AU portant Droit Comptable de l'OHADA. Sur l'exclusion des Parlements nationaux de cette procédure, voir Joseph Issa-Sayegh, Jacqueline

1- L'Acte Uniforme relatif au Droit des Sociétés Commerciales et du GIE (AU/DSC/GIE), entré en vigueur le 1er janvier 1998 ;
2- L'Acte Uniforme relatif au Droit Commercial Général (AU/DCG), entré en vigueur le 1er janvier 1998 ;
3- L'Acte Uniforme sur le Droit des Sûretés (AU/DS), entré en vigueur le 1er janvier 1998 ;
4- L'Acte Uniforme sur les Procédures Simplifiées de Recouvrement et des Voies d'Exécution (AU/PSR/VE), entré en vigueur le 10 juillet 1998 ;
5- L'Acte Uniforme sur les Procédures Collectives d'Apurement du Passif (AU/PCAP), entré en vigueur le 1er janvier 1999 ;
6- L'Acte Uniforme relatif au Droit de l'Arbitrage (AU/DA), entré en vigueur, conformément à l'article 9 du Traité, le 11 juin 1999 ;
7- L'Acte Uniforme portant Organisation et Harmonisation de la Comptabilité des Entreprises (AU/HCE)[304], entré en vigueur en deux phases :

. Les comptes personnels des entreprises : le 1er janvier 2001 ;
. Les comptes consolidés et les comptes combinés : le 1er janvier 2002.

8- L'Acte Uniforme relatif aux Contrats de Transport de Marchandises par Route (AU/CTMR), entré en vigueur le 1er janvier 2004.
9- L'Acte Uniforme relatif au Droit des Sociétés Coopératives, adopté à Lomé (Togo) le 15 décembre 2010 et entré en vigueur le 16 mai 2011[305].

Cependant, plusieurs de ces Actes Uniformes ont été révisés[306].

Lohoues-Oble, « OHADA-Harmonisation du droit des affaires », *op. cit.*, n° 287 et 288, pp. 125 et 126.

304 A cet « AU », est annexé le Système Comptable de l'OHADA (le SYSCOHADA).

305 Voir JO OHADA n° 23, du 15 février 2011.

306 L'AU/DCG révisé à Lomé le 15 décembre 2010 et entré en vigueur le 16 mai 2011 (voir « JO » de l'OHADA n° 23 du 15 février 2011) ; l'AU/DS révisé à Lomé le 15 décembre 2010 et entré en vigueur le 16 mai 2011 (voir JO/OHADA n° 22 du 15 février 2011) ; l'AU/DSC/GIE révisé à Ouagadougou le 30 janvier 2014 et entré en vigueur le 5 mai 2014 (voir JO Spécial OHADA du 4 février 2014) ; l'AU/PCAP révisé à Grand-Bassam le 10 septembre 2015 et entré en vigueur le 24 décembre 2015 (voir JO Spécial OHADA du 25 septembre 2015).

D'autres Actes Uniformes sont en chantier, notamment celui relatif au Droit du Travail dont le projet est en cours d'examen et l'Acte Uniforme relatif au Droit des Contrats dont le projet est en étude depuis quelques années.

Désormais, les Actes Uniformes font partie de l'ordre juridique interne de chaque État partie ; les juridictions nationales comme les professionnels du droit doivent tenir compte de cette nouvelle réalité.

Au regard de ce qui précède, l'OHADA a rendu effective l'œuvre d'intégration juridique la plus importante jamais réalisée en Afrique.

Il convient à présent d'examiner le choix de l'OHADA pour procéder à l'harmonisation ou à l'uniformisation juridique continentale et quelle est la place de cet arsenal juridique par rapport aux textes déjà en vigueur dans les domaines concernés.

II- Caractères des instruments juridiques de l'OHADA

1- Les dispositions du Traité et celles des Actes Uniformes sont d'ordre public. Toutefois, bien que la plupart des dispositions soient impératives, certains Actes peuvent contenir des dispositions supplétives ou optionnelles[307].

Aucune réserve n'est admise au Traité[308], conclu pour une durée indéterminée ; il ne peut être dénoncé avant dix années à dater de son entrée en vigueur[309].

Lorsqu'un Acte Uniforme est entré en vigueur, il devient directement applicable et obligatoire, « nonobstant toute disposition contraire de droit interne, antérieure ou postérieure[310] » ; il se substitue aux règles de droit interne. L'applicabilité directe est consacrée par l'article 10 du Traité, qui dispose : « Les Actes Uniformes sont directement applicables et obligatoires dans les États

---

[307] Voir Boris Martor et Sébastien Thouvenot, « L'uniformisation du droit des affaires en Afrique par l'OHADA », *op. cit.*

[308] Art. 54 du Traité.

[309] Art. 62 al.1 du Traité.

[310] Article 10 du Traité. *Adde* Filiga Michel Sawadogo et Luc Marius Ibriga, « L'applicabilité des droits communautaires UEMOA et OHADA par le juge national » (communication présentée lors du séminaire régional de sensibilisation sur la sécurité juridique et judiciaire des activités économiques au sein de l'UEMOA, de la CEDEAO et de l'OHADA. Ouagadougou, du 6 au 10 octobre 2003), www.juriscope.org.

parties, nonobstant toute disposition contraire de droit interne, antérieure ou postérieure » ; il en résulte un principe de primauté du droit communautaire sur le droit interne[311]. L'applicabilité directe, les caractères obligatoire et abrogatoire distinguent les Actes Uniformes des Directives européennes, dont l'application dépend de la volonté des États qui doivent les transposer dans le droit interne ; toutefois, les Actes Uniformes se rapprochent des Règlements européens, car ceux-ci sont directement applicables dans les États membres[312].

2- Le Traité ainsi que les Actes Uniformes ont un caractère supranational. Cette supranationalité est une manifestation de l'abandon partiel de souveraineté par chaque État partie au profit de l'OHADA pour les matières concernées par l'harmonisation[313]. La procédure d'adoption des Actes Uniformes et le caractère obligatoire et abrogatoire de ces derniers consacrent aussi la supranationalité des instruments juridiques de l'OHADA.

L'effet abrogatoire et le caractère supranational se trouvent confirmés par un avis rendu par la CCJA aux termes duquel l'article 10 du Traité contient « une règle de supranationalité, parce qu'il prévoit l'application directe et obligatoire des actes uniformes et institue, par ailleurs, leur suprématie sur les dispositions de droit interne antérieures ou postérieures [314] ».

3- Si la suprématie du droit communautaire sur les normes nationales de caractère législatif ou réglementaire ne semble pas poser de difficulté, la question est plutôt controversée en ce qui concerne la primauté de ce droit sur les Constitutions des États membres. En Europe, la supra constitutionnalité des Traités est loin de faire l'unanimité[315], tandis que, dans le cas de l'OHADA[316], le Traité fondateur semble reconnaître implicitement la supériorité des Constitutions nationales.

---

[311] En ce sens, voir Filiga Michel Sawadogo et Luc Marius Ibriga, *op. cit.*

[312] Georges A. Cavalier, « L'environnement juridique des affaires en Afrique noire francophone », contribution à la Conférence Internationale sur « l'harmonisation du droit commercial en Afrique et ses avantages pour les investissements chinois en Afrique », Université de Macao, le 27 novembre 2007.

[313] Voir, en ce sens, Gaston Kenfack Douajni, *op. cit.*. *Adde* Philippe Tiger, *op. cit.*, p. 32.

[314] Avis n° 001/2001 PC, séance du 30 avril 2001.

[315] Sur la « supra-constitutionnalité » du droit communautaire, voir Filiga Michel Sawadogo et Luc Marius Ibriga, *op. cit.*

[316] Voir article 52 al. 1er et article 116 du Traité OHADA.

Quid des conflits possibles entre une norme de droit communautaire OHADA et une autre norme de droit international ?

Da Cruz Rodrigues propose des critères à prendre en compte pour gérer les conflits entre normes internationales, en suggérant que, en « règle générale, ce conflit étant considéré comme équivalent au conflit entre normes de droit interne, il est tranché selon les règles usuelles (*lex superior*, *lex posterior*, hiérarchie des valeurs, moindre grief, proportionnalité et harmonisation des intérêts en présence) quand on n'aboutit pas à une interprétation qui réussisse à harmoniser les normes [317] » ; tandis que Filiga Michel Sawadogo et Luc Marius Ibriga[318] proposent « de tenir compte également du caractère universel ou non de la convention ou du traité, du nombre effectif de signataires et, surtout, des membres ayant ratifié le traité » ; selon les mêmes auteurs « M. Carreau affirme la supériorité du droit universel sur le droit international régional, de ce dernier sur le droit d'origine bilatérale ainsi que la supériorité de la charte constitutive des organisations internationales sur leurs droits dérivés[319] ».

Enfin, quid des conflits entre normes de droit international communautaire, notamment entre les Actes Uniformes de l'OHADA et les normes de l'UEMOA ?

Dans ce cas, deux hypothèses doivent être distinguées :

- Lorsqu'il s'agit d'un conflit entre un AU et une norme UEMOA adoptée sous la forme de loi uniforme (par exemple une Directive) par les Parlements nationaux, qui sont des normes de droit interne, « ce sont les Actes Uniformes qui prévaudront en vertu de leur supériorité sur les lois internes[320] » ;
- Lorsqu'il s'agit de conflits entre normes d'application directe, notamment un Règlement UEMOA et un Acte Uniforme de l'OHADA, on ne peut se satisfaire de ce que ces deux normes semblent, a priori, de même niveau, et appliquer soit le critère chronologique, donc la règle *lex posterior derogant priori*, ou le critère de spécialité pour appliquer la règle *specialia generalibus derogant* ou la règle *generalia specialibus non derogant*[321]. Pour dépasser ce conflit, Filiga Michel Sawadogo et Luc Marius Ibriga suggèrent la prise en compte de quelques considérations dont il ressort

[317] *In* Filiga Michel Sawadogo et Luc Marius Ibriga, *op. cit.*

[318] *Op. cit.*

[319] *Ibidem.*

[320] *In* Filiga Michel Sawadogo et Luc Marius Ibriga, *op. cit.*

[321] Voir Filiga Michel Sawadogo et Luc Marius Ibriga, *op. cit.*

que les AU de l'OHADA prévalent : la finalité des organisations communautaires dont les normes sont en conflit, « le nombre d'États participant à chaque traité constitutif » et « le mécanisme judiciaire du contrôle de l'application des normes[322] ».

Finalement, dans les deux hypothèses, les Actes Uniformes prévalent sur les normes de l'UEMOA.

Depuis le 17 octobre 1993, une nouvelle organisation est née ; elle s'est attelée à l'unification du droit des affaires dans les États membres. A cet effet, plusieurs Actes Uniformes ont été adoptés et sont entrés en vigueur, d'autres le seront, sans doute, dans les années à venir. Ce nouvel ensemble de règles constitue un droit des activités économiques qui fait désormais partie du corpus juridique de chacun des États membres. Il appartient désormais aux praticiens du droit (les magistrats comme les avocats ou les notaires) et aux opérateurs économiques de rendre effective l'intégration juridique du droit des affaires dans l'espace OHADA. Il appartient également aux États de veiller à l'application effective du nouveau droit des affaires.

Comme l'écrivait G. Taty[323], pour assurer l'efficacité du Traité, un certain nombre de mesures semblent nécessaires ; il s'agit notamment de :

1- La mise en place d'une commission d'harmonisation dans chaque État partie. A cet égard, la commission mise en place au Niger est une commission *ad hoc*, dont le rôle consiste essentiellement à apprécier les projets d'Actes Uniformes qui lui sont soumis ; dès lors, elle nous semble mal indiquée pour la diffusion du nouveau droit.

2- La maîtrise de l'environnement juridique régional grâce à un enseignement adapté. Il s'agit là de l'une des mesures les plus efficaces pour assurer la diffusion du droit harmonisé. A cet effet, aussi bien dans les écoles professionnelles que dans les universités, les programmes du droit devront être révisés et le contenu des cours doit être axé sur le droit harmonisé. Les responsables desdits établissements doivent veiller à l'adaptation effective des programmes et des cours, faute de quoi ils dispenseraient un enseignement dont le contenu n'est plus adapté. Pour l'harmonisation des programmes d'enseignement, l'ERSUMA pourrait jouer un rôle important.

---

[322] *Ibidem.*

[323] Georges Taty, « Brèves réflexions à propos de l'entrée en vigueur d'une réglementation commune du droit des affaires des États membres de la zone franc », Revue Penant, n° 830, mai-août 1999, pp. 227 et suiv.

3- La mise en place dans chaque État d'associations regroupant des professionnels du droit. A cet égard, des associations et/ou clubs OHADA ont été créés dans la plupart des États parties. Il est essentiel que ces clubs soient opérationnels afin d'organiser ou d'encadrer la diffusion du droit harmonisé. Ces clubs ou associations doivent réunir aussi bien des praticiens du droit que des opérateurs économiques, d'une part, ils doivent être des centres de débats sur toutes les questions touchant au droit des affaires, d'autre part.
4- La création dans chaque ministère de la Justice, dans les États parties, d'un service des affaires internationales, dont le rôle sera, entre autres, le suivi de l'élaboration et de l'application du droit harmonisé.
5- Pour faciliter la réception du droit communautaire et sa cohérence avec le droit interne, l'implication des seules commissions *ad hoc* nationales ne nous paraît pas suffisante. En effet, il est souhaitable que les Assemblées Nationales et les Chambres de Commerce soient étroitement associées à l'élaboration des textes.
6- Enfin, les magistrats devront désormais fonder toutes leurs décisions relatives au droit des affaires sur le droit harmonisé, d'une part, et, d'autre part, les avocats devront tirer leurs arguments dudit droit pour assurer la défense de leurs clients.

Cet ensemble de mesures concerne essentiellement la diffusion du droit harmonisé aux plans interne et régional ; ces mesures peuvent être complétées par d'autres actions qui offriront l'avantage de faire connaître ce droit tant dans l'espace OHADA que sur le plan international. Il s'agit notamment :
1- du rôle que jouent les jurisconsultes par la publication d'articles dans la presse spécialisée. Ainsi se constituera une doctrine du droit des affaires de l'OHADA qui facilitera sa connaissance par tous, investisseurs et professionnels du Droit ;
2- du rôle que joue l'Association par l'Unification du Droit en Afrique (UNIDA)[324] par la publication et la diffusion du droit uniforme. Il faudra saluer le rôle déterminant que joue cette association pour faire connaître le nouveau droit des affaires en Afrique et pour mobiliser les fonds privés à cet effet[325].

---

[324] L'UNIDA, créée en janvier 1998, a été placée sous la présidence de Me Kéba M'Baye. Elle est aujourd'hui présidée par le juge Seydou BA. Adresse : 7, av. de Ségur, 75007 Paris. Tél/Fax (33) 1 53 59 96 05 ; email : unida@wanadoo.fr.
[325] A cet égard, voir Jeanne Tietcheu, « Vulgariser les textes de l'OHADA », JAE du 30 mars au 12 avril 1998, p. 57.

Finalement, s'il est vrai que les Actes Uniformes permettent de régler, en partie, le problème de l'éparpillement du droit des affaires dans chacun des États membres de l'OHADA, il est tout aussi vrai que cet éparpillement demeure encore une réalité. En effet, dans chacun des États parties, les Actes Uniformes ne sont pas les seuls textes applicables au droit des affaires ; il existe divers autres textes de droit interne[326] dont les dispositions ne sont pas incompatibles avec celles des Actes Uniformes, d'une part, et, d'autre part, sont également applicables les textes relatifs aux sanctions pénales en particulier. Enfin, chacun desdits États a souscrit à des conventions régionales et/ou internationales qui concernent les matières du droit des affaires.

En considération de ce qui précède, chaque État partie, outre qu'il devra légiférer pour combler les vides juridiques, doit envisager l'élaboration d'un recueil des textes applicables au droit des affaires. Ce recueil constituera un outil précieux pour les professionnels du droit et les opérateurs économiques ; il contiendrait l'ensemble des textes applicables à la matière, textes tant communautaires que nationaux. Alors sera résolu le problème de l'éparpillement des textes ; la codification permettra de régler le problème de la connaissance de la règle de droit applicable en cas de litige.

Enfin, dans les États africains francophones, la volonté politique de réaliser l'harmonisation juridique est réelle ; elle a été réaffirmée à l'occasion de la réunion de la IVe session de la Conférence des Ministres de la Justice des pays ayant le français en partage[327], en ces termes : les ministres réaffirment leur détermination à œuvrer pour « l'instauration d'un environnement juridique stable, favorable aux échanges et aux investissements, autant d'éléments qui sont déterminants pour promouvoir la paix et le développement durable » ; ils s'engagent afin « de contribuer à faire de la justice un atout pour renforcer l'attractivité économique et réaffirmer à cet égard la pertinence du modèle de diffusion du droit harmonisé des affaires, notamment celui des institutions de l'OHADA ». Ainsi, nous nous devons de recommander à tous les États africains francophones de traduire cette volonté politique en acte concret en adhérant à l'OHADA afin de créer un vaste ensemble juridique harmonisé dont l'attractivité entraînera l'adhésion des États non francophones.

---

[326] D'autres textes seront certainement adoptés dans chacun de ces États.

[327] Paris, le 14 février 2008.

CONCLUSION GÉNÉRALE

1- Sur le plan continental, le processus d'intégration économique, à travers les CER, est engagé depuis la décennie 1990, mais évolue diversement selon les régions. En effet, comme nous l'avons signalé, l'objectif ultime des CER est la mise en place de la CEA en six phases qui s'étalent sur une période de trente-quatre ans[328].

Cependant, en mars 2009, des progrès mitigés ont été réalisés, car[329] :

- La 1re et la 2e phase sont achevées, sauf pour l'IGAD, qui mène une étude sur sa ZLE ;
- La 3e phase enregistre des progrès ;
- Les 4e, 5e et 6e phases n'enregistrent pas de progrès notables.

Globalement, en mai 2009, la situation se présente comme suit[330] :

- Création de Zone de Libre Echange : CEDEAO, UEMOA, COMESA (octobre 2000), CEN-SAD, CEEAC, CEMAC, SADC ; l'IGAD et la CEN-SAD sont en bonne voie pour instaurer lesdites zones.
- Marché Commun : COMESA en 2014 ; CAE/CAO en 2009 ; SADC en 2015 ;
- Unions Douanières : CAE/CAO (sans passer par la mise en place d'une ZLE) ; CEMAC ; CEDEAO en 2009, UEMOA ; COMESA en 2009 ; CEEAC en 2010 ; SADC en 2010 ;
- Tarif Extérieur Commun (TEC) : SACU, CEMAC, UEMOA, CAE/CAO.
- Unions Monétaires : CEMAC (mise en place de l'Union Economique et Monétaire) ; CEDEAO en 2009 ; COMESA en 2018.

Au plan du commerce intra-africain, la situation partielle se présente comme suit[331] :

---

328 Voir *supra*.

329 Voir « Situation de l'intégration en Afrique » (SIA), 7-8 mai 2009, *op. cit.*, n° 422, p. 130.

330 Voir « Situation de l'intégration en Afrique (SIA) », Réunion du Comité d'experts de la 2e réunion annuelle conjointe de la Conférence des Ministres de l'Economie et des Finances de l'UA et de la Conférence des Ministres africains des Finances, de la Planification et du Développement économique de la CEA, doc. AU/CAMEF/EXP/7 (IV), mai 2009, p. 9 et suiv. *Adde* UA, doc. Assembly AU/12 (XI), *op. cit.*, p. 73, n° 531.

- CEDEAO : suppression des tarifs sur les produits non transformés et sur les produits de l'artisanat traditionnel (1981) ;
- CEEAC : adoption d'un programme de libéralisation des échanges à exécuter par étapes ;
- Les pays de la SADC membres de l'Union Douanière d'Afrique Australe (SACU/UDAA), notamment l'Afrique du Sud, doivent procéder à la réduction des tarifs sur le commerce à l'intérieur de la SADC ;
- UMA : Signature d'un Protocole sur l'élimination des tarifs sur les produits originaires, mais ces tarifs ne sont pas totalement éliminés ;
- COI : Application du régime commercial du COMESA et PRIDE ;

Malgré ces quelques avancées, enregistrées dans toutes les régions, le maintien des barrières douanières limite les flux des importations et des exportations, freinant ainsi l'amélioration du volume du commerce intra-régional. Il en est de même des barrières non-tarifaires auxquelles les pays les moins développés semblent être les plus exposés.

Enfin, sur le plan des réalisations sectorielles, la situation se présente comme suit[332] :

- Dans les domaines du commerce et de la libre circulation des personnes, des biens, des services et des capitaux des progrès sont en train d'être faits par toutes les CER, notamment en ce qui concerne l'harmonisation des codes des investissements, la mise en circulation de passeports régionaux, la simplification des procédures douanières, la suppression des barrières tarifaires et non tarifaires, la création de ZLE ;
- Des études ont été réalisées ou sont en cours de réalisation, sous l'égide de l'UA, dans les domaines suivants : la rationalisation des CER (l'étude a été achevée en 2007), la révision du Traité d'Abuja et l'élaboration du Programme Minimum d'Intégration (PMI) ; l'harmonisation des législations des affaires et des finances ;
- Courant 2008 devrait être finalisée l'étude portant sur la création de la Bourse des Valeurs Pan-Africaines ;
- Les mécanismes de coordination ont été renforcés avec la signature, à l'occasion du Sommet réuni à Addis-Abeba le 27 janvier 2008, d'un Protocole entre la Commission de l'UA et les CER ;

---

[331] Voir TRID-ECA, Présentation du Rapport sur le commerce intra-africain, « Evaluation des efforts d'intégration régionale : promouvoir le commerce intra-africain », 21 mars 2005.

[332] Voir UA, doc. Assembly AU/12 (XI*) op. cit.*, p. 89, n° 617 et suiv.

- Le processus de mise en place de trois institutions financières de l'UA se précise :

. En septembre 2007, signature avec la Jamahiriya Arabe Libyenne de l'accord en vue d'abriter le siège de la Banque Africaine d'Investissement ;

. Courant 2008 devraient être signés avec le Cameroun et le Nigéria les accords pour abriter les sièges, respectivement, du Fonds Monétaire Africain et de la Banque Centrale Africaine.

Au regard de la lenteur du processus d'intégration, la Conférence des Ministres Africains de l'Intégration (COMAI) s'est réunie à Ouagadougou (Burkina Faso) les 30 et 31 mars 2006 (COMAI I), puis à Kigali (Rwanda) les 26 et 27 juillet 2007 (COMAI II). Outre qu'elle ait recommandé le suivi du processus d'intégration, la Conférence a mis l'accent sur certaines questions majeures :

- L'examen du Traité d'Abuja en tenant compte de la Déclaration de Syrte du 9 septembre 1999 ;
- L'élaboration d'un Programme d'Intégration Minimum (PIM) pour les CER ;
- L'harmonisation des politiques et des programmes au sein des CER, en tant que stratégie de renforcement du processus de rationalisation ;
- La promotion de la libre circulation des personnes, des capitaux et des services au sein et à travers toutes les CER, en vue d'accélérer l'intégration continentale.

La Commission de l'UA a procédé à une première évaluation du processus d'intégration africaine en 2008 ; son rapport a été soumis à la 3e COMAI (COMAI III), réunie à Abidjan les 22 et 23 mai 2008, puis à la Conférence des chefs d'État et de gouvernement de l'UA réunie à Sharm El Sheikh (Egypte) du 30 juin au 1er juillet 2008.

La libre circulation des personnes étant l'un des principaux facteurs de l'intégration africaine, la Conférence des chefs d'État et de gouvernement de l'UA, réunie à Addis-Abeba en fin janvier 2016, a décidé de l'instauration d'un Passeport Africain, par décision EX.CL/Dec.908 XXVIII. La cérémonie de lancement dudit passeport s'est déroulée lors de la 27e session de la Conférence réunie à Kigali (Rwanda) les 17 et 18 juillet 2016. Les deux premiers exemplaires du nouveau passeport ont été délivrés à SE Idris Déby Itno, président de la République du Tchad, alors président de la Conférence des chefs d'État et de gouvernement de l'UA et à SE Paul Kagame, président de la République du Rwanda. La délivrance de ces passeports sera étendue à tous les ressortissants des pays africains à partir de l'année 2018.

Dans l'ensemble, des progrès ont été réalisés dans la voie de l'intégration économique, mais le processus est encore lent et la création de la CEA est entravée par des conflits et par des problèmes politiques, économiques et de gouvernances qui se posent dans certains pays africains. L'une des recommandations majeures à l'endroit des États africains afin d'accélérer le processus de leur intégration consiste à faire preuve de plus de volonté politique en appliquant les traités et protocoles qu'ils ont conclus.

2- En ce qui concerne l'harmonisation juridique, les résultats obtenus doivent être analysés à deux niveaux :

2.1- L'harmonisation juridique ne semble pas être un objectif prioritaire pour la quasi-totalité des CER ; dès lors, l'harmonisation juridique à travers les CER donne des résultats peu satisfaisants, d'une part, et, d'autre part, le degré d'intégration varie selon les régions. La CEDEAO, de manière indirecte à travers l'UEMOA, semble être la CER qui a le mieux réussi son intégration juridique ;

2.2- L'harmonisation juridique par pans de droit au niveau continental semble donner de meilleurs résultats.

Prenant conscience de cette réalité, le 4 mars 1999, l'OHADA et la CEMAC signent un accord de coopération en vertu duquel :

- les deux parties collaboreront pour :

. La définition des domaines d'harmonisation du droit des affaires ;

. La mise en œuvre des politiques d'intégration et de coopération juridique et judiciaire entre les États membres ;

. L'élaboration de programmes de formation communautaire pour l'intégration juridique des États de l'UEAC ;

- Chaque partie participera, comme observateur, aux travaux des instances (Conseil des Ministres et commissions techniques) de l'autre ;
- Les experts des deux parties se réuniront périodiquement pour évaluer et dynamiser la coopération entre les deux parties.

Ce type d'accord doit être étendu aux autres CER afin d'harmoniser leurs législations des affaires avec les Actes Uniformes de l'OHADA. Cette procédure permettra d'accélérer l'intégration juridique continentale. En outre, une harmonisation des législations issues des organisations d'intégration juridique sectorielle (CIMA, OAPI, etc.) et les Actes Uniformes de l'OHADA est nécessaire pour aboutir à la naissance d'un véritable droit harmonisé des activités économiques au niveau continental. A cet égard, il faut noter que des contradictions et incompatibilités entre les textes issus des organisations sectorielles d'intégration juridique et ceux de l'OHADA peuvent freiner la construction d'un espace juridique continental harmonisé. Parlant de l'application des actes uniformes de l'OHADA par des États autres que ceux de l'UEMOA, un auteur[333] écrit que « … les textes de l'OHADA, dans les États qui en sont membres, ont une valeur juridique supérieure à celle des dispositions communautaires insérées dans leur ordre juridique interne par la voie législative prévue par la Constitution. Or, compte tenu du fait que les autres États de la CEEAC n'adhèrent pas à ces organisations[334], des conflits de textes applicables pourraient surgir en cas de litiges lors d'une transaction commerciale, situation qui n'est pas de nature à rassurer les investisseurs et les opérateurs économiques. Il est donc essentiel de parer à une telle éventualité en procédant à une harmonisation des règles et instruments devant régir les zones de libre échange (ZLE) des deux communautés, qui s'imbriquent l'une dans l'autre ». Dès lors, il est important que les États africains engagent une réflexion en vue de définir une hiérarchie des normes.

---

[333] Daniel Duplex Nde Tawembe, *op. cit.*

[334] A la seule exception de la République Démocratique du Congo, dont le processus d'adhésion à l'OHADA est en cours, et dont l'aboutissement est attendu dans un futur proche.

BIBLIOGRAPHIE

I- TEXTES

1- Accord de Bangui du 2 mars 1977 portant création de l'OAPI.
2- Traité portant création de la CEEAC, signé à Libreville (Gabon) le 18 octobre 1983.
3- Traité portant création du COMESA.
4- Convention du 17 janvier 1992 portant harmonisation de la réglementation bancaire des Etats de l'Afrique Centrale.
5- Traité du 10 juillet 1992 instituant la CIMA.
6- Traité du 21 septembre 1993 portant création d'AFRISTAT.
7- Traité du 21 septembre 1993 portant création de la CIPRES.
8- Règlement CEMAC du 29 avril 2000 portant réglementation des changes au sein des Etats membres de la CEMAC et avec l'étranger.
   - Traité instituant la Conférence Interafricaine de la Prévoyance Sociale en date du 22 septembre 1993 ;
   - Traité portant création du COMESA ;
9- Traité portant création de l'OHADA en date du 17 octobre 1993.
10- Traité portant révision du Traité relatif à l'harmonisation du droit des affaires en Afrique, signé à Port Louis (Ile Maurice), le 17 octobre 1993.
11- Déclaration de Québec sur le « Mécanisme de Financement Autonome », Québec, le 17 octobre 2008.
12- Déclaration de Québec sur les « Arrangements de N'Ddjamena », Québec, le 17 octobre 2008.
13- Déclaration de Syrte, le 9 septembre 1999.
14- Les Actes Uniformes (AU/DSC/GIE ; AU/DCG ; AU/DS ; AU/PCAP ; AU/PSR/VE ; AU/DA).
15- Règlement de Procédure de la CCJA en date du 18 avril 1996.
16- Règlement d'arbitrage de la CCJA en date du 11 mars 1999.
17- Loi n° 95-006 du 4 avril 1995 relative à la ratification du Traité OHADA.
18- Arrêté n° 15/MJ du 1er avril 1993 portant création et composition d'une commission nationale *ad hoc* chargée de l'harmonisation du Droit des Affaires dans la Zone Franc.

19- Arrêté n° 21/MJ/GS/SG du 11 juin 1993 modifiant l'arrêté n° 15/MJ du 1er avril 1993.
20- Arrêté n° 27/MJ/GS du 2 août 1995 modifiant l'arrêté n° 21/MJ/GS/SG du 11 juin 1993.

II- OUVRAGES

1- ISSA-SAYEGH Joseph, LOHOUES-OBLE Jacqueline, « OHADA - Harmonisation du Droit des Affaires », Editions BRUYLANT- JURISCOPE, 2002.
2- MARTOR Boris, PILKINGTON Nanette, SELLERS David, THOUVENOT Sébastien, « Le droit uniforme africain des affaires issu de l'OHADA », LITEC, juillet 2004.
3- MEISSONNIER Georges et GAUTRON Jean-Claude : « Encyclopédie juridique de l'Afrique ». Tome 7, NEA.
4- MOULOUL Alhousseini, « Comprendre l'OHADA », 1re édition, Ed. NIN, avril 2000.
5- MOULOUL Alhousseini, « Le régime juridique des sociétés commerciales dans l'espace OHADA : l'exemple du Niger », Thèse de doctorat (Université de Paris I Panthéon-Sorbonne), Editions LGDJ - EJA, mars 2005.
6- MOULOUL Alhousseini, « Comprendre l'OHADA », 2e édition, octobre 2008.
7- TIGER Philippe : « Le droit des Affaires en Afrique - OHADA » Que sais-je ? Ed. PUF, novembre 1999.

III- DOCTRINE / ÉTUDES

1- ADOTEVI Armand (Me), « Les lacunes du droit des affaires harmonisé », JAE du 1er au 14 juin 1998, p. 136.
2- Cabinet SAI, « Contraintes aux échanges commerciaux intra-CEEAC », Etude réalisée sous la supervision de la Chambre de Commerce, d'Industrie, d'Agriculture et des Métiers de Pointe Noire, Rapport Final, octobre 2006.
3- CEREXHE Etienne, « Problématique de l'entreprise et de l'harmonisation du droit des sociétés », RJPIC, 1978, n°1.
4- Daniel Duplex Nde Tawembe, « L'impact des chevauchements entre Communautés Economiques Régionales sur le processus de l'intégration en Afrique : le cas de l'Afrique Centrale ».

5- EDPCM-PERFORMANCES Management Consulting, « Diagnostic institutionnel, fonctionnel et organisationnel de la CEMAC », Tome I, Rapport final, février 2006.
6- FENEON Alain, « Le nouveau droit de l'arbitrage commercial en Afrique », Cabinet FENEON, Paris, 1999.
7- GAULME François, « L'intégration régionale dans le cadre de la zone franc : un mouvement promoteur », Marchés tropicaux, du 15 novembre 1991.
8- GUYON Yves, « Conclusion », « Petites Affiches », n° 205, du 13 octobre 2004, pp. 59-63.
9- ISSA-SAYEGH Joseph, « L'intégration juridique des États africains de la zone franc », « Revue Penant », n° 823, janvier-avril 1997, p. 5.
10- KENFACK DOUAJNI Gaston, « L'abandon de souveraineté dans le Traité OHADA », « Revue Penant », n° 830, mai-août 1999, p. 125.
11- KIRSCH Martin, « Historique de l'OHADA », « Revue Penant », n° 827, mai-août 1998, p. 129.
12- LOHOUES-OBLE Jacqueline, « L'apparition d'un droit international des affaires en Afrique », RIDC-3, 1999, p. 543.
13- LAFOND Tristan Gervais (de), « Le Traité relatif à l'harmonisation du droit des affaires en Afrique », GP des 20 et 21 septembre 1995, p. 2.
14- LEBOULANGER Philippe, « L'Arbitrage et l'harmonisation du droit des affaires en Afrique », « Revue de l'arbitrage », 1999, n° 3, p. 541.
15- MARTIN Septime, Economiste - pays, BAD, Département ORSB, « Les Communautés Economiques Régionales au sein du NEPAD, quelles perspectives pour un développement économique et social durable en Afrique ? » (CEA - Addis-Abeba).
16- MARTOR Boris et THOUVENOT Sébastien, « L'uniformisation du droit des affaires en Afrique par l'OHADA », « La Semaine Juridique », n° 44 du 28 octobre 2004, Supplément n° 5, pp. 5-9.
17- M'BAYE Kéba *in* Synthèse des Travaux du Séminaire d'Abidjan.
18- M'BAYE Kéba, « L'histoire et les objectifs de l'OHADA », « Petites Affiches », n° 205, du 13 octobre 2004, pp. 4-7.

19- MEISSONNIER Georges, « Analyse de la législation africaine en matière de droit des sociétés », RJPIC 1976, n° 3, p. 331.
20- MODI KOKO BEBEY Henri-Désiré, « La réforme du droit des affaires de l'OHADA au regard de la mondialisation de l'économie », www.ohada.com.
21- MODI KOKO BEBEY Henri-Désiré, « L'harmonisation du droit des affaires en Afrique : regard sous l'angle de la théorie générale du droit », www.ohada.com.
22- MORAND Geneviève, « Structures et fonctions de la CEPGL dans le domaine de la science et de la technologie », Rapport à l'intention de la CEPGL, UNESCO 1983.
23- NSIE Etienne, « La Cour Commune de Justice et d'Arbitrage » « Revue Penant », n° 828, septembre-décembre 1998, p. 308.
24- PAILLUSSEAU Jean, « L'Acte Uniforme sur le droit des sociétés », « Petites Affiches », n° 205, du 13 octobre 2004, pp. 19-29.
25- PAILLUSSEAU Jean, « Le droit de l'OHADA - Un droit très important et original », « La Semaine Juridique », n° 44, du 28 octobre 2004, Supplément n° 5, pp. 1-5.
26- PILKINGTON Nanette et THOUVENOT Sébastien, « Les innovations de l'OHADA en matière d'arbitrage », « La Semaine Juridique », n° 44, du 28 octobre 2004, Supplément n° 5, pp. 26-35.
27- TATY Georges, « Brèves réflexions à propos de l'entrée en vigueur d'une réglementation commune du droit des affaires des Etats membres de la zone franc », « Revue Penant », n° 830, mai-août 1999, p. 227.
28- TIETCHEU Jeanne, « Vulgariser les textes de l'OHADA », JAE du 30 mars au 12 avril 1998, p. 57 ; « L'OHADA avance à petits pas », JAE du 18 au 31 mai 1998, p. 52.
29- TRID-ECA, Présentation du Rapport sur le commerce intra-africain, « Evaluation des efforts d'intégration régionale : promouvoir le commerce intra-africain », 21 mars 2005.
30- UNION AFRICAINE, « Situation de la mise en œuvre du programme d'intégration régionale africaine », doc Assembly/AU/12(XI), XIe session ordinaire de la Conférence de l'UA, Sharm El Sheikh, 30 juin-1er juillet 2008.
31- UN/ECA, Etude sur l'état de l'intégration régionale en Afrique.

32- ECDPM-PERFORMANCES-Management-Consulting, « Diagnostic institutionnel, fonctionnel et organisationnel de la CEMAC », Tome 1, Rapport Final, février 2006.
33- « Situation de l'intégration en Afrique (SIA) », Réunion du Comité d'Experts de la deuxième réunion annuelle conjointe de la Conférence des Ministres de l'Economie et des Finances de l'UA et de la Conférence des Ministres Africains des Finances, de la Planification et du Développement Economique de la CEA, doc. AU/CAMEF/EXP/7 (IV), mai 2009.

IV- ACTES DES SÉMINAIRES ET CONFÉRENCES

1- Actes du séminaire sur l'harmonisation du droit des affaires dans les États africains de la Zone Franc - Abidjan, les 19 et 20 avril 1993.
2- Actes du séminaire de sensibilisation au droit harmonisé des affaires – Niamey, les 9 et 10 juin 1998.
3- Allocution de Madame le Garde des Sceaux de la République du Gabon, réunion des bailleurs de fonds, Libreville, le 27 juin 2003.
4- Alhousseini MOULOUL, « L'intégration juridique des États de la SADC et les perspectives d'adoption du droit des affaires de l'OHADA pour l'assainissement de l'environnement juridique des affaires », Actes de la « Conférence Internationale sur les questions de l'intégration régionale et le droit de la SADC », Université Eduardo Mondlane du Mozambique, Maputo, Faculté de Droit, du 23 au 25 avril 2008.
5- Alhousseini MOULOUL, « Comprendre l'OHADA », 2e édition, novembre 2008.
6- Alhousseini MOULOUL, « L'arbitrage dans l'espace OHADA », Conférence Internationale sur le Droit des Affaires de l'OHADA, Doc. Maison du Droit Vietnamo-Française, Hanoï, le 28 janvier 2010.
7- Georges A. CAVALIER, « L'environnement juridique des affaires en Afrique noire francophone », Contribution à la Conférence Internationale sur « L'harmonisation du droit commercial et ses avantages pour les investissements chinois en Afrique », Université de Macao, 27 novembre 2007.

8- Gilles CISTAC, « L'intégration juridique dans « tous » ses états : SADC et OHADA », Actes de la Conférence internationale sur « L'harmonisation du droit commercial et ses avantages pour les investissements chinois en Afrique », Université de Macao, Faculté de Droit, 27 novembre 2007.
9- EDU KOKU Raven, Contribution au symposium « Quel avenir pour l'Afrique ? La question de l'intégration régionale ». Forum des Peuples, Fana, 2005.
10- SAWADOGO Filiga Michel et IBRIGA Luc Marius, « L'application des droits communautaires UEMOA et OHADA par le juge national », communication au séminaire régional de sensibilisation sur la sécurité juridique et judiciaire des activités économiques au sein de l'UEMOA, de la CEDEAO et de l'OHADA », Ouagadougou, du 6 au 10 octobre 2003.
11- TRID - ECA, Présentation du Rapport sur le commerce intra-africain, « Evaluation des efforts d'intégration régionale : promouvoir le commerce intra-africain », le 21 mars 2005.
12- Amidou DEMBELE (Assistant à la Faculté des Sciences Juridiques et Politiques, Université de Bamako, Mali), « Intégration du Droit de la Propriété Intellectuelle (OAPI) et des Assurances (CIMA) », Congrès de Lomé (2008), sur « Le rôle du droit dans le développement économique. Intégration du Droit de la Propriété Intellectuelle ».

TABLE DES MATIÈRES

Pages

SOMMAIRE 7
ACRONYMES 11
INTRODUCTION 15

Chap. I- L'OPTION POUR L'INTÉGRATION ÉCONOMIQUE 17

1. Le processus d'intégration économique 17
2. Les avantages de l'intégration économique 21
3. Les instruments de l'intégration économique 22
4. Les contraintes de l'intégration économique 30
5. Le Droit, outil technique de l'intégration économique 31
6. Les avantages de l'intégration juridique 34

Chap. II- LA FAIBLESSE DE L'INTÉGRATION JURIDIQUE A TRAVERS LES COMMUNAUTÉS ÉCONOMIQUES RÉGIONALES (CER). 39

S1- L'INTÉGRATION ÉCONOMIQUE ET JURIDIQUE EN AFRIQUE ORIENTALE ET AUSTRALE 43
A- L'expérience de la Communauté de Développement de l'Afrique Australe (SADC). 43
I- Œuvre d'intégration régionale 50
1- Adoption de textes 50
2- Zone de Libre Echange 51
3- Libre circulation des personnes 52
4- Libre circulation des biens, des services et des capitaux 52
II- Les contraintes de la SADC 53

B- L'expérience du Marché Commun des États de l'Afrique de l'Est et de l'Afrique Australe (COMESA) *(Common Market for Eastern and Southern Africa)* 54
I- Œuvre d'intégration régionale 60
1- Dans le domaine de la libre circulation des personnes et des biens 60
2- L'établissement d'une zone de libre Échange 61
3- Libre circulation des biens, des services et des capitaux 61
4- L'intégration monétaire des États membres du COMESA 63
II- Les défis et les contraintes majeurs du COMESA 63
C- L'expérience de la Communauté de l'Afrique de l'Est (CAE), (*East African Community*, EAC) 64
I- Œuvre d'intégration régionale 66
1- Dans le domaine de la libre circulation des personnes 66
2- La libre circulation des biens, des services et des capitaux 66
3- L'intégration physique des États membres 68
4- Paix et sécurité 69
5- Autres actions d'intégration 69
II- Les défis 70
D- L'expérience de l'Autorité Intergouvernementale pour le Développement (IGAD) en Afrique de l'Est 72
I- Œuvre d'intégration régionale 74
1- Dans le domaine de la libre circulation des personnes 74
2- La libre circulation des biens, des services et des capitaux 75
3- Dans le domaine du maintien de la Paix et de la Sécurité 75
4- L'intégration physique des États membres 76
5- Autres actions d'intégration. 77
II- Les défis 77
E- Les regroupements sous-régionaux en Afrique Orientale et Australe 78
I- L'expérience de l'Union Douanière de l'Afrique Australe (*Southern African Custom Union*-SACU) 78

II- La Commission de l'Océan Indien (COI) 79
III- L'Association pour la Coopération Régionale des Pays Riverains de l'Océan Indien (ARC/IOR) 80

SII- L'INTÉGRATION ÉCONOMIQUE ET JURIDIQUE EN AFRIQUE CENTRALE 83
A- La Communauté Économique et Monétaire de l'Afrique Centrale (CEMAC) 83
I- Œuvre d'intégration régionale 86
1- Dans le domaine de la libre circulation des personnes 87
2- En ce qui concerne la libre circulation des biens 87
3- Le renforcement institutionnel 88
a- L'Union Économique de l'Afrique Centrale (UEAC) 88
b- L'Union Monétaire de l'Afrique Centrale (UMAC) 90
II- Difficultés de la CEMAC 90
III- Les défis 91
B- La Communauté Économique des États de l'Afrique Centrale (CEEAC) 92
I- Œuvre d'intégration régionale 96
1- La libre circulation des personnes 96
2- La libre circulation des biens, des services et des capitaux 97
3- Intégration humaine, paix et sécurité 98
4- Intégration physique 98
II- Difficultés de la CEEAC 99
C- La Communauté Economique des Pays des Grands Lacs (CEPGL) 100
I- Œuvre d'intégration sous-régionale 102
II- Contraintes 102

SIII- L'INTÉGRATION ÉCONOMIQUE ET JURIDIQUE EN AFRIQUE DU NORD : L'Union du Maghreb Arabe (UMA) 103
A- Œuvre d'intégration régionale 105
I- Les rencontres 106

II- Dans le domaine de la libre circulation des personnes, des biens, des services et des capitaux 107
III- Sur le plan de l'intégration physique 108
B- Difficultés et défis 108

SIV- L'INTÉGRATION ÉCONOMIQUE ET JURIDIQUE EN AFRIQUE DE L'OUEST 111
A- La Communauté Économique des États de l'Afrique de l'Ouest CEDEAO ou *ECOWAS*) 111
I- Œuvre d'intégration régionale 115
1- Libre circulation des personnes 115
2- Libre circulation des biens et des services 115
3- Intégration financière 117
4- Intégration physique 120
5- Paix et sécurité 122
II- Difficultés et défis 123
B- L'Union Économique et Monétaire de l'Afrique de l'Ouest (UEMOA) 124
I- L'œuvre d'intégration sous-régionale 129
1- Libre circulation des personnes 129
2- Libre circulation des biens, des services et des capitaux 130
a- Espace douanier de l'Union 131
b- Intégration financière et monétaire 132
3- Harmonisation des fiscalités 134
4- Harmonisation du Droit de la concurrence 135
5- Harmonisation des systèmes comptables 136
6- Divers 136
II- Les défis 137
C- L'Union du Fleuve Mano (UFM) 137
I- Les réalisations de l'Union 138
II- Difficultés 138

SV- La Communauté des États Sahélo-Sahariens (CEN-SAD) : organisation *sui generis* 141
A- Œuvre d'intégration régionale 143
I- Libre circulation des personnes 144
II- Libre circulation des biens, des services et des capitaux 144

III- Paix et sécurité 145
IV- Environnement et sécurité alimentaire 146
V- Intégration physique des États membres 147
B- Les défis 147

Chap. III- L'HARMONISATION DE CERTAINS PANS DU DROIT A L'ÉCHELLE CONTINENTALE L'HARMONISATION JURIDIQUE SECTORIELLE 149

SI- L'HARMONISATION DU DROIT DE LA SÉCURITÉ SOCIALE 151
A- L'expérience de la Convention générale de sécurité sociale de l'OCAM 151
B- La Conférence Interafricaine de la Prévoyance Sociale (CIPRES) 151

SII- L'ORGANISATION AFRICAINE DE LA PROPRIÉTÉ INTELLECTUELLE (OAPI) 157
A- Les objectifs de l'OAPI 158
B- Les organes de l'OAPI 159
C- L'harmonisation juridique 160

SIII- LA CONFÉRENCE INTERAFRICAINE DU MARCHÉ DES ASSURANCES (CIMA) 163

SIV- L'ORGANISATION POUR L'HARMONISATION EN AFRIQUE DU DROIT DES AFFAIRES (OHADA) 169
A- La genèse de l'OHADA 169
I- Les raisons de la création de l'OHADA 169
1- L'inadaptation de l'environnement juridique postcolonial 170
2- L'insécurité juridique et judiciaire 171
II- Les atouts en faveur de l'harmonisation juridique 173
1- L'existence d'expériences d'harmonisation juridique 175
2- L'existence de traditions juridiques communes et/ou voisines 176
3- L'existence de droits africains traditionnels 177
4- L'existence de la volonté politique 177

III- Le processus ayant conduit à la naissance de l'OHADA 177
B- Le Traité portant création de l'OHADA 181
I- Les objectifs de l'OHADA 182
II- L'entrée en vigueur du Traité portant création de l'OHADA 184
III- Les États membres de l'OHADA 185
C- Les Institutions de l'OHADA 186
I- La Conférence des Chefs d'État et de Gouvernement 187
II- Le Conseil des Ministres 187
1- Composition du Conseil des Ministres 188
2- Fonctionnement du Conseil des Ministres 188
3- Attributions du Conseil des Ministres 189
III- Le Secrétariat Permanent (SP) 190
1- Organisation du Secrétariat Permanent 190
2- Attributions du Secrétaire Permanent 190
IV- La Cour Commune de Justice et d'Arbitrage (CCJA) 192
1- Composition de la CCJA 193
2- Compétences de la CCJA 195
a- Les fonctions juridictionnelles 195
a1- Les fonctions contentieuses de la CCJA 195
a2- Les fonctions consultatives de la CCJA 197
b- Le rôle de la CCJA dans une procédure d'arbitrage 199
b1- Dans une procédure d'arbitrage institutionnel 199
b2- Dans le cadre d'un Arbitrage *ad hoc* 202
V- L'École Régionale Supérieure de la Magistrature (ERSUMA) 202
VI- Le financement de l'OHADA 204
D- Œuvre d'intégration juridique 206
I- Le choix de la technique d'intégration juridique 206
a- L'option pour l'uniformisation 206
b- La préparation et l'adoption des Actes Uniformes 208

II- Caractères des instruments juridiques de l'OHADA 212

CONCLUSION GÉNÉRALE 219
BIBLIOGRAPHIE 225

Économie et Entreprise aux éditions L'Harmattan

Dernières parutions

POLITIQUE ET ÉCONOMIE
10 mesures phares pour un monde meilleur
Marquez-Velasco Adrien
Dans ce livre est proposé un système économique d'une nouvelle ampleur qui s'intitule le «coordonnisme». Il s'agit d'un régime réunissant les qualités du capitalisme et du communisme. Il présente comme mesures la coordination des politiques monétaires, budgétaires et financières afin de réguler les consommations intérieures et extérieures, l'épargne, l'investissement, l'inflation et le chômage vers un taux optimal de croissance économique.
(Coll. L'Esprit Économique, série Krisis, 20.00 euros, 194 p.)
ISBN : 978-2-343-07529-7, ISBN EBOOK : 978-2-336-39887-7

AUX FRONTIÈRES DU MANAGEMENT
Manifeste pour un temps d'exigence
Massé Francis
Le management est l'une des clefs pour faire advenir une société meilleure, forte d'organisations efficaces. À cet égard, la notion de frontière fait sens. Le management s'inscrit dans une réalité, sinon il n'est rien. Le management traverse aussi des découpages disciplinaires multiples qu'il doit relier : il est frontière. Il constitue enfin un levier pour transgresser des limites artificielles et élargir le champ des possibles, où règnent l'imagination créatrice et l'innovation.
(Coll. Local et Global, 14.00 euros, 122 p.)
ISBN : 978-2-343-07517-4, ISBN EBOOK : 978-2-336-39760-3

LA LUTTE DES NORMES AU TRAVAIL
Faulkner Marcel - Préface de Jean-Pierre Durand
Aborder l'analyse du travail et de l'organisation sous l'angle de la normalisation permet d'atteindre deux objectifs. Comprendre que l'organisation est traversée par une lutte des normes dont les formes sont multiples et qui vont de la collaboration à la confrontation. Constater que cette lutte ne se limite pas au seul domaine des opérations courantes des organisations, mais qu'elle concerne aussi les choix stratégiques et les grands enjeux du travail et de l'emploi.
(Coll. Logiques sociales, 29.50 euros, 286 p.)
ISBN : 978-2-343-07381-1, ISBN EBOOK : 978-2-336-39859-4

GOUVERNANCE ET INTELLIGENCE ÉCONOMIQUE EN PME
Sous la direction de Daniel Corfmat, Marc Chambault et Georges Nurdin
L'intelligence économique est devenue un mode de gestion et de gouvernance de l'entreprise. Cet ouvrage réfléchit sur la démarche que le chef d'entreprise peut entreprendre pour éclairer ses décisions, garder sa marge de manœuvre de compétitivité et toutes ses possibilités de développement afin de sécuriser sa pérennité. Vous trouverez des recommandations pratiques qui tentent d'aider le dirigeant à aborder ce qui est devenu un enjeu majeur de la protection de son capital.
(Coll. Gouvernance et entreprise, 11.00 euros, 70 p.)
ISBN : 978-2-343-06861-9, ISBN EBOOK : 978-2-336-39734-4

LA POSTE, QUELLE AVENTURE !
L'informatisation du tri postal et autres chantiers hauts en couleur
Lenoir Olivier
Préface de Laurent Chaffard
Ce récit de quarante ans de carrière «aux PTT» parle du plaisir de créer, mais aussi des pesanteurs hiérarchiques et des souffrances du harcèlement moral. Il parle d'un avenir où les valeurs de coopération, d'entraide, de solidarité pourraient remplacer la course au profit, la concurrence illusoirement «libre» et le chacun pour soi. Le management et l'innovation, l'évolution de l'informatique et du service public sont des thèmes qui s'entrecroisent dans ce témoignage optimiste.
(17.50 euros, 164 p.)
ISBN : 978-2-343-07666-9, ISBN EBOOK : 978-2-336-39881-5

INTELLIGENCE DE L'INFORMATION
Entre état d'esprit et stratégie d'organisation
Mallowan Monica
En plus de contribuer à l'avancement des connaissances en matière de modèles traitant de management de l'information stratégique et des pratiques informationnelles, reliées à leur application en organisation, cet ouvrage aborde les champs de la littératie, de la culture et de l'intelligence de l'information. Une proposition est faite au sujet de leur mise en relation dialogique et systémique, dans un effort de construction d'une double mutation transdisciplinaire, celle du nouveau statut d'informateur et du concept de transculture de l'information.
(Coll. Intelligence économique, 36.00 euros, 354 p.)
ISBN : 978-2-343-06623-3, ISBN EBOOK : 978-2-336-39756-6

FISCALITÉ ENVIRONNEMENTALE
Entre impératifs fiscaux et objectifs environnementaux, une approche conceptuelle de la fiscalité environnementale
Caruana Nicolas
Préface de Thierry Lambert
La fiscalité environnementale intéresse relativement peu les juristes et représente en pratique une part très faible des recettes fiscales des États. Souvent limitée aux écotaxes, cette notion que cette thèse se propose de définir présente de multiples dimensions, tant fiscales qu'économiques, tant politiques qu'écologiques. Caractérisée par son efficience environnementale, elle n'a en réalité ni le champ d'application ni la portée que lui prête le discours politique.
(Coll. Finances publiques, 43.00 euros, 514 p.)
ISBN : 978-2-343-07550-1, ISBN EBOOK : 978-2-336-39716-0

LA MAGIE DES JUSTES PROPORTIONS
Restructuration financière d'un LBO avec apport de new money
Journo Albert
Comment opérer la restructuration financière du capital d'une entreprise de taille moyenne sous LBO (Leveraged Buy out) en période de turbulence opérationnelle ? Plusieurs scenarii sont imaginés selon l'évolution de la perception du pronostic de rétablissement. Un cas réel vient étalonner les raisonnements variés déterminant les nombreux paramètres suivant de justes proportions et des désirs, emportant d'emblée l'adhésion de tous. Cet ouvrage donne un éclairage original sur un comment faire.
(Coll. Ad valorem, 25.00 euros, 238 p.)
ISBN : 978-2-343-07914-1, ISBN EBOOK : 978-2-336-39861-7

L'ÉCONOMIE A-T-ELLE UN SENS ?
Essai
Vadjoux Philippe
Le profit est-il légitime s'il ne tient pas compte des coûts sociaux et environnementaux ? L'économie n'est pas d'origine divine ou naturelle, elle dépend de nous, elle évolue. La recherche d'une nouvelle économie plus démocratique, plus créative, plus diversifiée au service des êtres

humains et respectueuse de la planète n'est pas utopique. Elle existe au travers d'idées, de projets, d'expériences. Une mutation est possible.
(29.00 euros, 346 p.)
ISBN : 978-2-343-07479-5, ISBN EBOOK : 978-2-336-39587-6

L'ÉCOLOGIE AU SECOURS DE L'ÉCONOMIE
Inventer les outils d'une nouvelle prospérité
Coutouly Rodrigue
Comment expliquer notre difficulté à relancer l'économie ? Cet ouvrage explore une hypothèse originale : la reprise ne se fait pas car nous atteignons les limites de nos ressources naturelles. L'auteur travaille donc sur les différentes pistes possibles pour construire le développement durable d'une société et d'une économie qui retrouveraient leur cohérence. Les solutions devront s'appuyer sur des politiques publiques imaginatives, audacieuses autant que réalistes, particulièrement en matière de fiscalité et d'investissement.
(Coll. Sociologies et Environnement, 27.00 euros, 260 p.)
ISBN : 978-2-343-06652-3, ISBN EBOOK : 978-2-336-39638-5

L'ÉCONOMIE EN QUESTION
Regards et apports des spiritualités et des religions
Textes rassemblés par Jan-Luc Castel et Vincent Pilley
La vie économique est aujourd'hui bouleversée et altère même le lien social. Où puiser l'énergie de résister à ces dévastations ? Comment régénérer les liens humains dans la société ? Quelles ressources mobiliser pour «changer les règles du jeu» ? Juifs, bouddhistes, chrétiens, musulmans, athées, libres penseurs osent entrer en dialogue parce qu'ils croient en la possibilité d'un avenir commun.
(12.00 euros, 168 p.)
ISBN : 978-2-343-07824-3, ISBN EBOOK : 978-2-336-39689-7

LE CAPITALISME, CANCER DE L'HUMANITÉ
Une économie inhumaine et meurtrière, une société malade, la vie sur Terre en péril
Kornheiser Georges
En 2016, le patrimoine cumulé de 1 % de la population mondiale dépassera celui des 99 % restants, ce qui est sans précédent. Cette minorité possède tous les pouvoirs : économique, médiatique, politique, qu'ils soient étiquetés de droite ou de gauche, les partis de gouvernement sont tous convertis aux dogmes néolibéraux et pratiquent en fait la même politique une fois aux commandes. Le capitalisme est devenu fou. Un autre univers, plus juste et plus humain, est pourtant possible. Il n'est que temps de travailler à son avènement, avant que les dommages ne soient devenus irréversibles.
(Coll. Questions contemporaines, 39.00 euros, 436 p.)
ISBN : 978-2-343-07156-5, ISBN EBOOK : 978-2-336-39615-6

UNE ÉCONOMIE SOLIDAIRE PEUT-ELLE ÊTRE FÉMINISTE ?
Homo oeconomicus, mulier solidaria
Sous la direction de Christine Verschuur, Isabelle Guérin et Isabelle Hillenkamp
Comment expliquer le faible intérêt, dans la littérature sur l'économie sociale et solidaire, pour le genre et les théories féministes, alors que ces initiatives sont fortement genrées et que les femmes y sont surreprésentées ? À quelles conditions ces initiatives sont-elles une opportunité de réinvention de l'économie, réencastrée dans le social et le politique et au service de la justice sociale et de genre ? L'économie solidaire peut-elle constituer une source d'émancipation pour les femmes ou non ? (Articles en français, anglais, espagnol.)
(Coll. Genre et développement - Rencontres, 29.00 euros, 300 p.)
ISBN : 978-2-343-07602-7, ISBN EBOOK : 978-2-336-39514-2

CONVENTION COLLECTIVE NATIONALE DES ENTREPRISES DE SERVICES À LA PERSONNE ANNOTÉE
Dahan Alison, Granet Régis
La convention collective nationale des entreprises de services à la personne de septembre 2012, depuis son extension par arrêté du 3 avril 2014, a vocation à s'appliquer à toutes les entreprises

privées relevant du secteur des services à la personne. Cet ouvrage accompagnera les entreprises, les salariés et praticiens dans l'application de la règlementation en vigueur grâce aux explications simples intégrées tout au long de l'ouvrage.
(Coll. Défis, 28.50 euros, 288 p.)
ISBN : 978-2-343-07910-3, ISBN EBOOK : 978-2-336-39684-2

COMMERCE INTERNATIONAL, INVESTISSEMENTS DIRECTS ÉTRANGERS ET PARTICIPATION DES PAYS MÉDITERRANÉENS AUX CHAÎNES DE VALEUR MONDIALES
Sous la direction de Cécile Bastidon-Gilles, Azzedine Ghoufrane, Nassim Oulmane et Ahmed Silem ; préface de Saaïd Amzazi
Ce livre analyse les difficultés que rencontrent les pays sud-méditerranéens dans leur processus de participation aux chaînes de valeur mondiales. En prenant appui sur des stratégies de développement efficaces adoptées ailleurs, les auteurs expliquent comment remédier aux contraintes de l'offre pour favoriser l'attractivité à l'égard des investissements directs étrangers (IDE).
(23.50 euros, 220 p.)
ISBN : 978-2-343-07238-8, ISBN EBOOK : 978-2-336-39408-4

LES 8 VALEURS GAGNANTES
Des managers épanouis et performants
Andevert Christophe
L'ouvrage développe une approche managériale pragmatique. Les actes clés du management sont ainsi structurés à partir de processus efficaces et faciles à s'approprier. Des exemples sous format vidéo complètent les thèmes du livre. Après réflexion menée autour de la relation manager-collaborateur, l'auteur propose une approche par les ressemblances. Simple et efficiente, elle tend vers davantage de cohérence. Le manager œuvre alors dans le sens d'une performance qui se conjugue avec cohésion et bien-être.
(Coll. Vivre l'entreprise, série Management et Ressources Humaines, 19.00 euros, 180 p.)
ISBN : 978-2-343-07298-2, ISBN EBOOK : 978-2-336-39477-0

LE TEMPS DES ARTISANS
Permanences et mutations
Marché et Organisations 24
Sous la direction de Sophie Boutillier, Claude Fournier et Cédric Perrin
L'artisanat regroupe en France, comme dans tous les pays industrialisés et en développement, des entreprises dynamiques et innovantes aussi bien sur le plan technique que social. Mais si les artisans font notre quotidien, ils rencontrent de nombreuses difficultés économiques, politiques et sociales. L'ensemble de ces contributions traite de ces questions sous divers aspects, temporalités et aires géographiques. L'objectif de ce volume est de montrer par petites touches la diversité de l'artisanat aujourd'hui.
(25.50 euros, 238 p.) *ISBN : 978-2-343-07685-0, ISBN EBOOK : 978-2-336-39609-5*

ÉTHIQUE POUR ENTREPRENEURS
Pourquoi les entreprises et les pays ont tout à gagner avec la responsabilité sociale ?
Kliksberg Bernardo - Traduit par Odile Begué Girondo
Ce livre s'inscrit dans la lutte pour placer les grands thèmes éthiques au cœur des débats économiques en Amérique du Sud et promouvoir de nouvelles politiques publiques en faveur de l'insertion universelle et d'un changement dans le comportement des acteurs. L'auteur présente la Responsabilité Sociale de l'Entreprise (RSE), décrit les forces historiques qui l'ont fait progresser, explique en quoi elle est bénéfique aux entreprises. Il expose également ses possibilités d'action, la formation de ses futurs dirigeants et ses perspectives d'avenir.
(24.00 euros, 276 p.) *ISBN : 978-2-343-07851-9, ISBN EBOOK : 978-2-336-39605-7*

L'HARMATTAN ITALIA
Via Degli Artisti 15; 10124 Torino
harmattan.italia@gmail.com

L'HARMATTAN HONGRIE
Könyvesbolt ; Kossuth L. u. 14-16
1053 Budapest

L'HARMATTAN KINSHASA
185, avenue Nyangwe
Commune de Lingwala
Kinshasa, R.D. Congo
(00243) 998697603 ou (00243) 999229662

L'HARMATTAN CONGO
67, av. E. P. Lumumba
Bât. – Congo Pharmacie (Bib. Nat.)
BP2874 Brazzaville
harmattan.congo@yahoo.fr

L'HARMATTAN GUINÉE
Almamya Rue KA 028, en face
du restaurant Le Cèdre
OKB agency BP 3470 Conakry
(00224) 657 20 85 08 / 664 28 91 96
harmattanguinee@yahoo.fr

L'HARMATTAN MALI
Rue 73, Porte 536, Niamakoro,
Cité Unicef, Bamako
Tél. 00 (223) 20205724 / +(223) 76378082
poudiougopaul@yahoo.fr
pp.harmattan@gmail.com

L'HARMATTAN CAMEROUN
TSINGA/FECAFOOT
BP 11486 Yaoundé
699198028/675441949
harmattancam@yahoo.com

L'HARMATTAN CÔTE D'IVOIRE
Résidence Karl / cité des arts
Abidjan-Cocody 03 BP 1588 Abidjan 03
(00225) 05 77 87 31
etien_nda@yahoo.fr

L'HARMATTAN BURKINA
Penou Achille Some
Ouagadougou
(+226) 70 26 88 27

L'HARMATTAN SÉNÉGAL
10 VDN en face Mermoz, après le pont de Fann
BP 45034 Dakar Fann
33 825 98 58 / 33 860 9858
senharmattan@gmail.com / senlibraire@gmail.com
www.harmattansenegal.com

www.ingramcontent.com/pod-product-compliance
Lightning Source LLC
LaVergne TN
LVHW011012061026
849535LV00006B/1844